VOYAGE EN ORIENT.

CORBEIL, IMPRIMERIE DE CRÉTÉ.

SOUVENIRS, IMPRESSIONS,
PENSÉES ET PAYSAGES,
PENDANT UN VOYAGE EN ORIENT
(1832–1833),

OU

NOTES D'UN VOYAGEUR,

PAR

M. Alphonse de Lamartine,

MEMBRE DE L'ACADÉMIE FRANÇAISE.

TOME PREMIER.

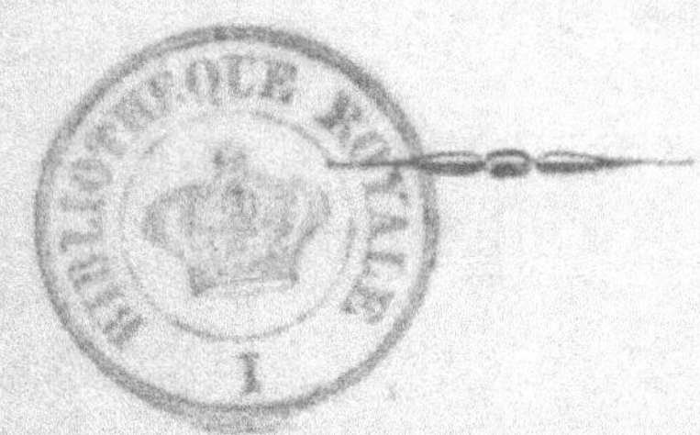

PARIS

LIBRAIRIE DE CHARLES GOSSELIN,

RUE SAINT-GERMAIN-DES-PRÉS, Nº 9;

LIBRAIRIE DE FURNE,

QUAI DES AUGUSTINS, Nº 39.

1835.

AVERTISSEMENT.

Ceci n'est ni un livre, ni un voyage : je n'ai jamais pensé à écrire l'un ou l'autre. Un livre, ou plutôt un poëme sur l'Orient, M. de Châteaubriand l'a fait dans l'*Itinéraire*; ce grand écrivain et ce grand poète n'a fait que passer sur cette terre de prodiges, mais il a imprimé pour toujours la trace du génie sur cette poudre que tant de siècles ont remuée. Il est allé à Jérusalem en pélerin et en chevalier, la Bible, l'Évangile et les Croisades à la main. J'y ai passé seulement en poëte et en philosophe; j'en ai rapporté de profondes impressions dans mon cœur, de hauts et de terribles enseignements dans mon esprit. Les études que j'y ai faites sur les religions, l'histoire, les mœurs, les traditions, les phases de l'humanité, ne sont pas perdues pour moi. Ces études qui élargissent l'horizon si étroit de la pensée, qui posent devant la raison les grands problèmes religieux et historiques, qui forcent l'homme a revenir sur ses pas, à scruter ses convictions sur parole, à s'en formuler de nouvelles; cette grande et intime éducation de la pensée par la pensée, par les lieux, par les faits, par les comparaisons des temps avec les temps, des mœurs avec les mœurs, des croyances avec les croyances, rien de tout cela n'est perdu pour le voyageur, le poète ou le philosophe; ce sont les éléments de sa poésie et de sa philosophie à venir. Quand il a amassé, classé, ordonné, éclairé, résumé l'innombrable multitude d'impressions, d'images, de pensées, que la terre et les hommes parlent à qui les interroge; quand il a mûri son ame et ses convictions, il parle à son tour, et, bonne ou mauvaise, juste ou fausse, il donne sa pensée à sa génération, ou sous la forme de poème, ou sous la forme philosophique. Il dit son mot, ce mot que tout homme qui pense est appelé à dire. Ce moment viendra peut-être pour moi; il n'est pas venu encore.

Quant à un voyage, c'est-à-dire à une description complète et fidèle des pays qu'on a parcourus, des événements personnels qui sont arrivés au voyageur, de l'ensemble des impressions des lieux, des hommes et des mœurs, sur lui, j'y ai encore moins songé. Pour l'Orient, cela est fait aussi; cela est fait en Angleterre, et cela se fait en France en ce moment, avec une conscience, un talent et un succès que je n aurais pu me flatter de surpasser. M. de Laborde écrit et dessine avec le talent du voyageur en Espagne, et le pinceau de nos premiers artistes. M. Fontanier, consul à Trébisonde, nous donne successivement des portraits exacts et vivants des parties les moins explorées de l'empire ottoman. Et la *Correspondance d'Orient*, par M. Michaud, de l'Académie française, et par son jeune et brillant collaborateur, M. Poujoulat, satisfait complétement à tout ce que la curiosité historique, morale et pittoresque peut desirer sur l'Orient. M. Michaud, écrivain expérimenté, homme fait, historien classique, enrichit la description des lieux qu'il parcourt de tous les souvenirs, vivants pour lui, des croisades ; il fait la critique des lieux par l'histoire, et de l'histoire par les lieux ; son esprit mûr et analytique se fait jour à travers le passé comme à travers les mœurs des peuples qu'il visite, et répand le sel de sa piquante et gracieuse sagesse sur les mœurs, les coutumes, les civilisations, qu'il parcourt ; c'est l'homme avancé en intelligence et en années, conduisant le jeune homme par la main et lui montrant, avec le sourire de la raison et de l'ironie, des scènes nouvelles pour lui. M. Poujoulat est un poète et un coloriste ; son style, frappé de l'impression et de la teinte des lieux, les réfléchit tout éclatants et tout chauds de la lumière locale. On sent que le soleil d'Orient luit et échauffe encore dans sa pensée jeune et féconde, pendant qu'il écrit à son ami ; ses pages sont des blocs du pays même, qu'il nous rapporte tout rayonnants de leur splendeur native. La diversité de ces deux talents s'achevant l'un par l'autre fait de la *Correspondance d'Orient* le recueil le plus complet que nous puissions desirer sur cet admirable pays ; c'est aussi la lecture la plus variée et la plus attrayante.

Pour la géographie, nous avons peu de choses encore ; mais les travaux de M. Caillet, jeune officier d'état-major que j'ai rencontré en Syrie, seront sans doute publiés bientôt et compléteront pour nous le tableau de cette partie du monde. M. Caillet a passé trois ans à explorer l'île de Cypre, la Caramanie, les différentes parties de la Syrie, avec ce zèle et cette intrépidité qui caractérisent les officiers instruits de l'armée française. Rentré depuis peu dans sa patrie, il lui rapporte des notions qui eussent été bien utiles à l'expédition de Bonaparte et qui peuvent en préparer d'autres.

Les notes que j'ai consenti à donner ici aux lecteurs n'ont aucun de ces mérites. Je les livre à regret; elles ne sont bonnes à rien qu'à mes souvenirs; elles n'étaient destinées qu'à moi seul. Il n'y a là ni science, ni histoire, ni géographie, ni mœurs; le public était bien loin de ma pensée quand je les écrivais : et comment les écrivais-je ? Quelquefois à midi pendant le repos du milieu du jour à l'ombre d'un palmier ou sous les ruines d'un monument du désert; plus souvent le soir, sous notre tente battue du vent ou de la pluie, à la lueur d'une torche de résine; un jour dans la cellule d'un couvent maronite du Liban; un autre jour au roulis d'une barque arabe, ou sur le pont d'un brick, au milieu des cris desmatelots, des hennissements des chevaux, des interruptions, des distractions de tout genre d'un voyage sur terre ou sur mer; quelquefois huit jours sans écrire; d'autres fois perdant les pages éparses d'un album déchiré par les chakals, ou trempé de l'écume de la mer.

Rentré en Europe, j'aurais pu, sans doute, revoir ces fragments d'impressions, les réunir, les proportionner, les composer et faire un voyage comme un autre. Mais je l'ai déja dit, un voyage à écrire n'était pas dans ma pensée. Il fallait du temps, de la liberté d'esprit, de l'attention du travail; je n'avais rien de tout cela à donner. Mon cœur était brisé, mon esprit était ailleurs, mon attention distraite, mon loisir perdu; il fallait ou brûler ou laisser aller ces notes telles quelles. Des circonstances inutiles à expliquer m'ont déterminé à ce dernier parti; je m'en repens, mais il est trop tard.

Que le lecteur les ferme donc avant de les avoir parcourues, s'il y cherche autre chose que les plus fugitives et les plus superficielles impressions d'un voyageur qui marche sans s'arrêter. Il ne peut y avoir un peu d'intérêt que pour des peintres; ces notes sont presque exclusivement pittoresques; c'est le regard écrit, c'est le coup d'œil d'un passager assis sur son chameau ou sur le pont de son navire, qui voit fuir des paysages devant lui, et qui, pour s'en souvenir le lendemain, jette quelques coups de crayon sans couleur sur les pages de son journal. Quelquefois le voyageur, oubliant la scène qui l'environne, se replie sur lui-même, se parle à lui-même, s'écoute lui-même penser, jouir ou souffrir; il grave aussi alors un mot de ses impressions lointaines, pour que le vent de l'Océan ou du désert n'emporte pas sa vie tout entière, et qu'il lui en reste quelque trace dans un autre temps, rentré au foyer solitaire, cherchant à ranimer un passé mort, à réchauffer des souvenirs froids, à renouer les chaînons d'une vie que les événements ont brisée à tant de places. Voilà ces notes : de l'intérêt, elles n'en ont point ; du succès, elles ne peuvent point en avoir ; de l'indulgence, elles n'ont que trop de droits à en réclamer.

SOUVENIRS,

IMPRESSIONS, PENSÉES
ET PAYSAGES,

PENDANT

UN VOYAGE EN ORIENT.

1832 - 1833.

MA mère avait reçu de sa mère au lit de mort une belle bible de Royaumont dans laquelle elle m'apprenait à lire, quand j'étais petit enfant. Cette bible avait des gravures de sujets sacrés à toutes les pages. C'était Sara, c'était Tobie et son ange, c'était Joseph, ou Samuel, c'était sur-tout ces belles scènes patriarcales où la nature solennelle et primitive de l'Orient était mêlée à tous les actes de cette vie simple et merveilleuse des premiers hommes. Quand j'avais bien récité ma leçon et lu à-peu-près sans faute la demi-page de l'Histoire Sainte, ma mère découvrait la gravure, et, tenant le livre ouvert sur ses genoux, me la faisait contempler en me l'expliquant pour ma récompense. Elle était douée par la nature d'une âme aussi pieuse que tendre, et de l'imagination la plus sensible et la plus colorée; toutes ses pensées étaient sentiments, tous ses sentiments étaient image; sa belle et noble et suave figure réfléchissait, dans sa physionomie rayonnante, tout ce qui brûlait dans

son cœur, tout ce qui se peignait dans sa pensée;
et le son argentin, affectueux, solennel et passionné de sa voix, ajoutait à tout ce qu'elle disait,
un accent de force, de charme et d'amour qui retentit encore en ce moment dans mon oreille,
hélas, après six ans de silence! La vue de ces gravures, les explications et les commentaires poétiques de ma mère, m'inspiraient dès la plus tendre
enfance des goûts et des inclinations bibliques; de
l'amour des choses au desir de voir les lieux où
ces choses s'étaient passées, il n'y avait qu'un pas.
Je brûlais donc, dès l'âge de huit ans, du desir
d'aller visiter ces montagnes où Dieu descendait;
ces déserts où les anges venaient montrer à Agar la
source cachée pour ranimer son pauvre enfant
banni et mourant de soif; ces fleuves qui sortaient
du paradis terrestre; ce ciel où l'on voyait descendre et monter les anges sur l'échelle de Jacob. Ce desir ne s'était jamais éteint en moi:
je rêvais toujours, depuis, un voyage en Orient,
comme un grand acte de ma vie intérieure : je
construisais éternellement dans ma pensée une
vaste et religieuse épopée dont ces beaux lieux
seraient la scène principale; il me semblait aussi
que les doutes de l'esprit, que les perplexités religieuses, devaient trouver là leur solution et
leur apaisement. Enfin, je devais y puiser des
couleurs pour mon poëme; car la vie pour mon
esprit fut toujours un grand poëme, comme pour
mon cœur elle fut de l'amour. Dieu, Amour
et Poésie sont les trois mots que je voudrais
seuls gravés sur ma pierre, si je mérite jamais une
pierre.

Voilà la source de l'idée qui me chasse maintenant vers les rivages de l'Asie. Voilà pourquoi je suis à Marseille et je prends tant de peine pour quitter un pays que j'aime, où j'ai des amis, où quelques pensées fraternelles me pleureront et me suivront.

∽∽

22 MAI, MARSEILLE.

J'AI nolisé un navire de 250 tonneaux, de 16 hommes d'équipage. Le capitaine est un homme excellent. Sa physionomie m'a plu. Il a dans la voix cet accent grave et sincère de la probité ferme et de la conscience nette : il a de la gravité dans l'expression de la physionomie, et dans le regard ce rayon droit, franc et vif, symptôme certain d'une résolution prompte, énergique et intelligente. C'est de plus un homme doux, poli et bien élevé. Je l'ai examiné avec le soin que l'on doit naturellement apporter dans le choix d'un homme à qui l'on va confier non seulement sa fortune et sa vie, mais la vie de sa femme et d'un enfant unique, où la vie des trois êtres est concentrée dans une seule. Que Dieu nous garde et nous ramène !

Le navire se nomme l'*Alceste*. Le capitaine est M. Blanc, de la Ciotat. L'armateur est un des plus dignes négociants de Marseille, M. Bruno-Rostand. Il nous comble de prévenances et de bontés. Il a résidé lui-même long-temps dans le Levant. Homme instruit et capable des emplois les plus éminents ; dans sa ville natale, sa probité et ses talents lui ont acquis une considération égale à sa fortune. Il en jouit sans ostentation, et, entouré d'une famille charmante, il ne s'occupe qu'à répandre parmi ses enfants les traditions de loyauté et de vertu. Quel pays que celui où l'on trouve de pareilles familles dans toutes les classes de la société ! Et quelle belle institution que celle de la famille, qui protége, conserve, perpétue la même sainteté de mœurs, la même noblesse de sentiments, les mêmes qualités traditionnelles dans la chaumière, dans le comptoir ou dans le château !

22 MAI.

MARSEILLE nous accueille comme si nous étions des enfants de son beau ciel ; c'est un pays de générosité de cœur, et de poésie d'ame ; ils reçoivent les poëtes en frères ; ils sont poëtes eux-mêmes, et j'ai trouvé parmi les hommes du commun de la société, de l'académie, et parmi les jeunes gens qui entrent à peine dans la vie, une foule de caractères et de talents qui sont faits pour honorer non seulement leur patrie, mais la France entière. — Le midi et le nord de la France me paraissent, sous ce rapport, bien supérieurs aux provinces centrales. L'imagination languit dans les régions intermédiaires, dans les climats trop tempérés ; il lui faut des excès de température. La poésie est fille du soleil ou des frimas éternels : Homère ou Ossian, le Tasse ou Milton.

28 MAI.

J'EMPORTERAI dans mon cœur une éternelle mémoire de la bienveillance des Marseillais. Il semble qu'ils veuillent augmenter en moi ces angoisses qui serrent le cœur quand on va quitter la patrie sans savoir si on la reverra jamais. Je veux emporter aussi les noms de ces hommes qui m'ont le plus particulièrement accueilli, et dont le souvenir me restera comme la dernière et douce impression du sol natal : M. J. Freyssinet, M. de Montgrand, MM. de Villeneuve, M. Vangaver, M. Autran, M. Dufeu, M. Jauffret, etc. etc., tous hommes distingués par une qualité éminente du cœur et de l'esprit, savants, administrateurs, écrivains ou poëtes ; puissé-je les revoir et leur payer à mon retour tous ces tributs de reconnaissance et d'amitié qu'il est si doux de devoir et si doux d'acquitter !

Voici des vers que j'ai écrits ce matin en me promenant sur la mer, entre les îles de Pomègue et la côte de Provence ; c'est un adieu à Marseille, que je quitte avec des sentiments de fils. Il y a aussi quelques strophes qui portent plus avant et plus loin dans mon cœur.

ADIEU.

HOMMAGE

A L'ACADÉMIE DE MARSEILLE.

Si j'abandonne aux plis de la voile rapide
Ce que m'a fait le ciel de paix et de bonheur ;
Si je confie aux flots de l'élément perfide
Une femme, un enfant, ces deux parts de mon cœur ;
Si je jette à la mer, aux sables, aux nuages,
Tant de doux avenirs, tant de cœurs palpitants,
D'un retour incertain sans avoir d'autres gages
    Qu'un mât plié par les antans ;

Ce n'est pas que de l'or l'ardente soif s'allume
Dans un cœur qui s'est fait un plus noble trésor ;
Ni que de son flambeau la gloire me consume
De la soif d'un vain nom plus fugitif encor ;
Ce n'est pas qu'en nos jours la fortune du Dante
Me fasse de l'exil amer manger le sel,
Ni que des factions la colère inconstante
    Me brise le seuil paternel.

Non, je laisse en pleurant, aux flancs d'une vallée
Des arbres chargés d'ombre, un champ, une maison
De tiédes souvenirs encor toute peuplée,
Que maint regard ami salue à l'horizon.
J'ai sous l'abri des bois de paisibles asiles
Où ne retentit pas le bruit des factions,
Où je n'entends, au lieu des tempêtes civiles,
    Que joie et bénédictions.

Un vieux père, entouré de nos douces images,
Y tressaille au bruit sourd du vent dans les créneaux,
Et prie, en se levant, le maître des orages
De mesurer la brise à l'aile des vaisseaux ;
De pieux laboureurs, des serviteurs sans maître,
Cherchent du pied nos pas absents sur le gazon,
Et mes chiens au soleil, couchés sous ma fenêtre,
    Hurlent de tendresse à mon nom.

J'ai des sœurs qu'allaita le même sein de femme,
Rameaux qu'au même tronc le vent devait bercer ;
J'ai des amis dont l'ame est du sang de mon ame,
Qui lisent dans mon œil et m'entendent penser ;
J'ai des cœurs inconnus, où la muse m'écoute,
Mystérieux amis, à qui parlent mes vers,
Invisibles échos répandus sur ma route
    Pour me renvoyer des concerts.

Mais l'ame a des instincts qu'ignore la nature,
Semblables à l'instinct de ces hardis oiseaux
Qui leur fait ; pour chercher une autre nourriture,
Traverser d'un seul vol l'abime aux grandes eaux.
Que vont-ils demander aux climats de l'aurore ?
N'ont-ils pas sous nos toits de la mousse et des nids ?
Et des gerbes du champ que notre soleil dore,
    L'épi tombé pour leurs petits ?

Moi, j'ai comme eux le pain que chaque jour demande,
J'ai comme eux la colline et le fleuve écumeux ;
De mes humbles desirs la soif n'est pas plus grande,
Et cependant je pars et je reviens comme eux ;
Mais, comme eux, vers l'aurore une force m'attire,
Mais je n'ai pas touché de l'œil et de la main
Cette terre de Cham, notre premier empire,
    Dont Dieu pétrit le genre humain.

Je n'ai pas navigué sur l'Océan de sable,
Au branle assoupissant du vaisseau du désert;
Je n'ai pas étanché ma soif intarissable
Le soir au puits d'Hébron de trois palmiers couvert;
Je n'ai pas étendu mon manteau sous les tentes,
Dormi dans la poussière où Dieu retournait Job,
Ni la nuit, au doux bruit des toiles palpitantes,
        Rêvé les rêves de Jacob.

Des sept pages du monde une me reste à lire:
Je ne sais pas comment l'étoile y branle aux cieux,
Sous quel poids de néant la poitrine respire,
Comment le cœur palpite en approchant des dieux!
Je ne sais pas comment, au pied d'une colonne,
D'où l'ombre des vieux jours sur le barde descend,
L'herbe parle à l'oreille, ou la terre bourdonne,
        Ou la brise pleure en passant.

Je n'ai pas entendu dans les cèdres antiques
Les cris des nations monter et retentir,
Ni vu du haut Liban les aigles prophétiques
S'abattre au doigt de Dieu sur les palais de Tyr;
Je n'ai pas reposé ma tête sur la terre
Où Palmire n'a plus que l'écho de son nom,
Ni fait sonner au loin, sous mon pied solitaire,
        L'empire vide de Memnon.

Je n'ai pas entendu, du fond de ses abîmes
Le Jourdain lamentable élever ses sanglots,
Pleurant avec des pleurs et des cris plus sublimes
Que ceux dont Jérémie épouvanta ses flots;
Je n'ai point écouté chanter en moi mon ame
Dans la grotte sonore où le barde des rois
Sentait au sein des nuits l'hymne à la main de flamme
        Arracher la harpe à ses doigts.

Et je n'ai pas marché sur les traces divines
Dans ce champ où le Christ pleura sous l'olivier ·
Et je n'ai pas cherché ses pleurs sur les racines
D'où les anges jaloux n'ont pu les essuyer !
Et je n'ai pas veillé pendant des nuits sublimes
Au jardin où , suant sa sanglante sueur ,
L'écho de nos douleurs et l'écho de nos crimes
     Retentirent dans un seul cœur.

Et je n'ai pas couché mon front dans la poussière
Où le pied du Sauveur en partant s'imprima ;
Et je n'ai pas usé sous mes lèvres la pierre
Où , de pleurs embaumé , sa mère l'enferma !
Et je n'ai pas frappé ma poitrine profonde
Aux lieux où , par sa mort conquérant l'avenir ,
Il ouvrit ses deux bras pour embrasser le monde ,
     Et se pencha pour le bénir.

Voilà pourquoi je pars , voilà pourquoi je joue
Quelque reste de jours inutile ici-bas.
Qu'importe sur quel bord le vent d'hiver secoue
L'arbre stérile et sec et qui n'ombrage pas !
L'insensé ! dit la foule. — Elle-même insensée !
Nous ne trouvons pas tous notre pain en tout lieu :
Du barde voyageur le pain c'est la pensée ,
     Son cœur vit des œuvres de Dieu !

Adieu donc, mon vieux père ; adieu , mes sœurs chéries ;
Adieu, ma maison blanche à l'ombre du noyer ;
Adieu , mes beaux coursiers oisifs dans mes prairies ;
Adieu , mon chien fidèle , hélas ! seul au foyer !
Votre image me trouble et me suit comme l'ombre
De mon bonheur passé qui veut me retenir.
Ah ! puisse se lever moins douteuse et moins sombre
     L'heure qui doit nous réunir !

Et toi, terre, livrée à plus de vents et d'onde
Que le frêle navire où flotte mon destin !
Terre qui porte en toi la fortune du monde !
Adieu ! ton bord échappe à mon œil incertain !
Puisse un rayon du ciel déchirer le nuage
Qui couvre trône et temple, et peuple et liberté,
Et rallumer plus pur sur ton sacré rivage
        Ton phare d'immortalité !

Et toi, Marseille, assise aux portes de la France
Comme pour accueillir ses hôtes dans tes eaux,
Dont le port sur ces mers, rayonnant d'espérance,
S'ouvre comme un nid d'aigle aux ailes des vaisseaux,
Où ma main presse encor plus d'une main chérie,
Où mon pied suspendu s'attache avec amour,
Reçois mes derniers vœux en quittant la patrie,
        Mon premier salut au retour !

---

15 JUIN.

Nous avons été visiter notre navire, notre maison pour tant de mois ! il est distribué en petites cabines où nous avons place pour un hamac et pour une malle. Le capitaine a fait percer de petites fenêtres qui donnent un peu de lumière et d'air aux cabines, et que nous pourrons ouvrir lorsque la vague ne sera pas haute ou que le brick ne se couchera pas sur le flanc. La grande chambre est réservée pour madame de Lamartine et pour Julia Les femmes de chambre coucheront dans la petite chambre du capitaine, qu'il a bien voulu nous céder. Comme la saison est belle, on mangera sur le pont, sous une tente dressée au pied du grand mât. Le brick est encombré de provisions de tout genre que nécessite un voyage de deux ans dans des pays sans ressources. Une bibliothèque de cinq cents volumes, tous choisis dans les livres d'histoire, de poésie ou de voyage; c'est le plus bel ornement de la plus grande chambre. Des faisceaux d'armes sont groupés dans les coins, et j'ai acheté, en outre, un arsenal particulier de fusils, de pistolets et de sabres pour armer nous et nos gens. Les pirates grecs infestent les mers de l'Archipel, nous sommes déterminés à combattre à outrance et à ne les laisser aborder qu'après avoir perdu la vie; j'ai à défendre deux vies qui me sont plus chères que la mienne. Quatre canons sont sur le pont, et l'équipage, qui connaît le sort réservé par les Grecs aux malheureux matelots qu'ils surprennent, est décidé à mourir plutôt que de se rendre à eux.

17 JUIN 1832.

J'EMMÈNE avec moi trois amis. Le premier est un de ces hommes que la Providence attache à nos pas, quand elle prévoit que nous aurons besoin d'un appui qui ne fléchisse pas sous le malheur ou sous le péril, Amédée de Parseval. Nous avons été liés dès notre plus tendre jeunesse par une affection qu'aucune époque de notre vie n'a trouvée en défaut. Ma mère l'aimait comme un fils; je l'ai aimé comme un frère; toutes les fois que j'ai été frappé d'un coup du sort, je l'ai trouvé là, ou je l'ai vu arriver pour en prendre sa part, la part principale, le malheur tout entier s'il l'avait pu. C'est un cœur qui ne vit que du bonheur ou qui ne souffre que du malheur des autres : quand j'étais, il y a quinze ans, à Paris, seul, malade, ruiné, désespéré et mourant, il passait les nuits à veiller auprès de ma lampe d'agonie ; quand j'ai perdu quelque être adoré, c'est lui toujours qui est venu me porter le coup pour me l'adoucir ; à la mort de ma mère, il arriva auprès de moi aussitôt que la fatale nouvelle, et me conduisit de deux cents lieues jusqu'au tombeau où j'allai vainement chercher le suprême adieu qu'elle m'avait adressé, mais que je n'avais pas entendu ! Plus tard !..... Mais mes malheurs ne sont pas finis, et je retrouverai son amitié tant qu'il y aura du désespoir à étancher dans mon cœur, des larmes à mêler aux miennes.

Deux hommes bons, spirituels, instruits, deux hommes d'élite, sont arrivés aussi pour nous accompagner dans ce pèlerinage. L'un est M. de Capmas, sous-préfet, privé de sa carrière par la révolution de juillet, et qui a préféré les chances précaires d'un avenir pénible et incertain à la conservation de sa place : un serment aurait répugné à sa loyauté, par là même qu'il eût semblé intéressé. C'est un de ces hommes qui ne calculent rien devant un scrupule de l'honneur, et chez qui les sympathies politiques ont toute la chaleur et la virginité d'un sentiment.

L'autre de nos compagnons est un médecin d'Hondschoote, M. de la Royère. Je l'ai connu chez ma sœur à l'époque où je méditais ce départ. La pureté de son ame, la grace originale et naïve de son esprit, l'élévation de ses sentiments politiques et religieux, me frappèrent. Je desirai l'emmener avec moi bien plus comme ressource morale, que comme providence de santé ; je m'en suis félicité depuis ; je mets bien plus de prix à son caractère et à son esprit qu'à ses talents, quoiqu'il en ait de très constatés. Nous causons ensemble de politique bien plus que de médecine. Ses vues et ses idées sur le présent et l'avenir de la France sont larges et nullement bornées par des affections ou des répugnances de personnes. Il sait que la Providence ne fait point acception de parti dans son œuvre, et il voit, comme moi, dans la politique humaine, des idées et non pas des noms propres. Sa pensée va au but sans s'inquiéter par qui et par où il faut passer ; et son esprit n'a aucun préjugé, aucune prévention, pas même ceux de sa foi religieuse, qui est sincère et fervente.

Six domestiques, presque tous anciens ou nés dans la maison paternelle, complétent notre équipage. Tous partent avec joie et mettent à ce voyage un intérêt personnel. Chacun d'eux croit voyager pour lui-même et brave gaiement les fatigues et les périls que je ne leur ai point dissimulés.

EN RADE, MOUILLÉ DEVANT LE PETIT GOLFE DE MONTREDON, LE 10 JUILLET 1832.

JE suis parti : les flots ont maintenant toute notre destinée. Je ne tiens plus à la terre natale que par la pensée des êtres chéris que j'y laisse encore, par la pensée sur-tout de mon père et de mes sœurs.

Pour m'expliquer à moi-même comment, touchant déja à la fin de ma jeunesse, à cette époque de la vie où l'homme se retire du monde idéal

pour entrer dans le monde des intérêts matériels,
j'ai quitté ma belle et paisible existence de Saint-
Point, et toutes les innocentes délices du foyer
domestique charmé par une femme, embelli par
un enfant; pour m'expliquer, dis-je, à moi-même
comment je vogue à présent sur la vaste mer
vers des bords et un avenir inconnus, je suis
obligé de remonter à la source de toutes mes pensées, et d'y chercher les causes de mes sympathies
et de mes goûts voyageurs. — C'est que l'imagination a aussi ses besoins et ses passions! Je suis né
poëte, c'est-à-dire plus ou moins intelligent de
cette belle langue, que Dieu parle à tous les
hommes, mais plus clairement à quelques uns,
par la voie de ses œuvres. Jeune, j'avais entendu ce
verbe de la nature, cette parole formée d'images
et non de sons, dans les montagnes, dans les forêts,
sur les lacs, au bord des abîmes et des torrents
de mon pays et des Alpes; j'avais même traduit
dans la langue écrite quelques uns de ses accents
qui m'avaient remué et qui à leur tour remuaient
d'autres ames; mais ces accents ne me suffisaient
plus; j'avais épuisé ce peu de paroles divines que
notre terre d'Europe jette à l'homme; j'avais soif
d'en entendre d'autres sur des rivages plus sonores
et plus éclatants. Mon imagination était amoureuse
de la mer, des déserts, des montagnes, des mœurs
et des traces de Dieu dans l'Orient. Toute ma vie
l'Orient avait été le rêve de mes jours de ténébres
dans les brumes d'automne et d'hiver de ma vallée
natale. Mon corps, comme mon ame, est fils du
soleil; il lui faut la lumière; il lui faut ce rayon
de vie, que cet astre darde, non pas du sein dé-

chiré de nos nuages d'Occident, mais du fond de ce ciel de pourpre, qui ressemble à la gueule de la fournaise ; ces rayons qui ne sont pas seulement une lueur, mais qui pleuvent tout chauds, qui calcinent en tombant les roches blanches, les dents étincelantes des pics des montagnes, et qui viennent teindre l'Océan de rouge comme un incendie flottant sur ses lames ! J'avais besoin de remuer, de pétrir dans mes mains un peu de cette terre qui fut la terre de notre première famille, la terre des prodiges ; de voir, de parcourir cette scène évangélique, où se passa le grand drame d'une sagesse divine aux prises avec l'erreur et la perversité humaines ! où la vérité morale se fit martyre pour féconder de son sang une civilisation plus parfaite ! Et puis j'étais, j'avais été, presque toujours, chrétien par le cœur et par l'imagination ; ma mère m'avait fait tel : j'avais quelquefois cessé de l'être, dans les jours les moins bons et les moins purs de ma première jeunesse ; le malheur et l'amour, l'amour complet qui purifie tout ce qu'il brûle, m'avaient également repoussé plus tard dans ce premier asile de mes pensées, dans ces consolations du cœur qu'on redemande à ses souvenirs et à ses espérances, quand tout le bruit du cœur tombe au dedans de nous ; quand tout le vide de la vie nous apparaît après une passion éteinte ou une mort qui ne nous laisse rien à aimer ! Ce christianisme de sentiment était redevenu une douce habitude de ma pensée ; je m'étais dit souvent à moi-même : Où est la vérité parfaite, évidente, incontestable ? Si elle est quelque part, c'est dans le cœur, c'est dans l'évidence sentie contre laquelle il n'y a pas de raisonnement qui prévale. Mais la vérité de l'esprit n'est complète nulle part ; elle est avec Dieu et non avec nous ; notre œil est trop étroit pour en absorber un seul rayon ; toute vérité, pour nous, n'est que relative ; ce qui sera le plus utile aux hommes, sera donc le plus vrai aussi ; la doctrine la plus féconde en vertus divines sera donc celle qui contiendra le plus de vérités divines ; car ce qui est bon est vrai ; toute ma logique religieuse était là ; ma philosophie ne montait pas plus haut ; elle m'interdisait les doutes, les dialogues interminables de la raison avec elle-même ; elle me laissait cette religion du cœur, qui s'associe si bien avec tous les sentiments infinis de la vie de l'ame ; qui ne résout rien, mais qui apaise tout.

∞∞∞

10 JUILLET, 7 HEURES DU SOIR.

JE me dis : ce pélerinage, sinon de chrétien, au moins d'homme et de poëte, aurait tant plu à ma mère ! Son ame était si ardente et se colorait si vite et si complètement de l'impression des lieux et des choses ! C'est elle dont l'ame se serait exaltée devant ce théâtre vide et sacré du grand drame de l'Evangile, de ce drame complet où la partie humaine et la partie divine de l'humanité jouent chacune leur rôle, l'une crucifiant, l'autre crucifiée. Ce voyage du fils qu'elle aimait tant doit lui sourire encore dans le séjour céleste où je la vois ; elle veillera sur nous : elle se placera comme une seconde providence entre nous et les tempêtes, entre nous et le simoûn, entre nous et l'Arabe du désert! Elle protégera contre tous les périls son fils, sa fille d'adoption, et sa petite-fille, ange visible de notre destinée, que nous emmenons avec nous par-tout. Elle l'aimait tant! elle reposait son regard avec une si ineffable tendresse, avec une volupté si pénétrante, sur le visage charmant de cet enfant, la dernière et la plus belle espérance de ses nombreuses générations! et s'il y a imprudence dans cette entreprise que nous avions souvent rêvée ensemble, elle me la fera pardonner là-haut en faveur des motifs qui sont : Amour, Poésie et Religion.

MÊME JOUR, LE SOIR.

LA politique revient nous assaillir jusqu'ici; la France est belle à voir dans un prochain avenir; une génération grandit qui aura, par la vertu de son âge, un détachement complet de nos rancunes et de nos récriminations de quarante ans; peu lui importe qu'on ait appartenu à telle ou telle dénomination haineuse de nos vieux partis; elle ne fut pour rien dans les querelles; elle n'a ni préjugés ni vengeance dans l'esprit. Elle se présente pure et pleine de force à l'entrée d'une nouvelle carrière avec l'enthousiasme d'une idée; mais cette carrière, nous la remplissons encore de nos haines, de nos passions, de nos vieilles disputes. Faisons-lui place; que j'aurais aimé à y entrer en son nom! à mêler ma voix à la sienne à cette tribune qui ne retentit encore que de redites sans écho dans l'avenir! où l'on se bat avec des noms d'hommes! L'heure serait venue d'allumer le phare de la raison et de la morale sur nos tempêtes politiques; de formuler le nouveau symbole social que le monde commence à pressentir et à comprendre : le symbole d'amour et de charité entre les hommes, la politique évangélique ! Je ne me reproche du moins, pour ma part, aucun égoïsme à cet égard; j'aurais sacrifié à ce devoir mon voyage même, ce rêve de mon imagination de seize ans ! Que le ciel suscite des hommes, car notre politique fait honte à l'homme, fait pleurer les anges. La destinée donne une heure par siècle à l'humanité pour se régénérer; cette heure c'est une révolution, et les hommes la perdent à s'entredéchirer : ils donnent à la vengeance l'heure donnée par Dieu à la régénération et au progrès !

MÊME JOUR, TOUJOURS A L'ANCRE.

LA révolution de juillet, qui m'a profondément affligé parceque j'aimais de race la vieille et vénérable famille des Bourbons, parcequ'ils avaient eu l'amour et le sang de mon père, de mon grand-père, de tous mes parents, parcequ'ils auraient eu le mien s'ils l'avaient voulu, cette révolution ne m'a cependant pas aigri parcequ'elle ne m'a pas étonné. Je l'ai vue venir de loin; neuf mois avant le jour fatal, la chute de la monarchie nouvelle a été écrite pour moi dans les noms des hommes qu'elle chargeait de la conduire. Ces hommes étaient dévoués et fidèles, mais ils étaient d'un autre siècle, d'une autre pensée; tandis que l'idée du siècle marchait dans un sens, ils allaient marcher dans un autre; la séparation était consommée dans l'esprit, elle ne pouvait tarder dans les faits; c'était une affaire de jours et d'heures. J'ai pleuré cette famille qui semblait condamnée à la destinée et à la cécité d'OEdipe! J'ai déploré sur-tout ce divorce sans nécessité entre le passé et l'avenir! L'un pouvait être si utile à l'autre! La liberté, le progrès social, auraient emprunté tant de force de cette adoption que les anciennes maisons royales, les vieilles familles, les vieilles vertus, auraient faite d'eux! Il eût été si politique et si doux de ne pas séparer la France en deux camps, en deux affections, de marcher ensemble, les uns pressant le pas, les autres le ralentissant pour ne pas se désunir en route! Tout cela n'est plus qu'un rêve! Il faut le regretter, mais il ne faut pas perdre le jour à le repasser inutilement! Il faut agir et marcher; c'est la loi des choses, c'est la loi de Dieu! Je regrette que ce qu'on nomme le parti royaliste, qui renferme tant de capacités, d'influence et de vertus, veuille faire une halte dans la question de juillet. Il n'était pas compromis dans cette affaire, affaire de palais, d'intrigue, de coterie, où la grande majorité royaliste n'avait eu aucune part. Il est toujours permis, toujours honorable, de prendre sa part du malheur d'autrui, mais il ne faut pas prendre gratuitement sa part d'une faute que l'on n'a pas commise; il fallait laisser à qui la revendique la faute des coups d'état et de la direction rétrograde, plaindre et pleurer les augustes victimes d'une erreur fatale, ne rien renier des affections honorables pour eux; ne point repousser les espé rances éloignees, mais légitimes, et pour tout le reste, rentrer dans les rangs des citoyens; penser, parler, agir, combattre avec la famille des familles, avec le pays! Mais laissons cela! Nous reverrons la France dans deux ans! Que Dieu la protége et tout ce que nous y laissons de cher et d'excellent dans tous les partis!

11 JUILLET 1832 A LA VOILE.

AUJOURD HUI, à cinq heures et demie du matin, nous avons mis à la voile. Quelques amis de peu de jours, mais de beaucoup d'affection, avaient devancé le soleil pour nous accompagner à quelques milles en mer, et nous porter plus loin leur adieu. Notre brick glissait sur une mer aplanie, limpide et bleue, comme l'eau d'une source à l'ombre dans le creux d'un rocher. A peine le poids des vergues, ces longs bras du navire chargés de voiles, faisaient-ils légèrement incliner tantôt un bord, tantôt un autre; un jeune homme de Marseille [1] nous récitait des vers admirables, où il confiait ses vœux pour nous aux vents et aux flots; nous étions attendris par cette séparation de la terre, par ces pensées qui revolaient au rivage, qui traversaient la Provence, et allaient vers mon père, vers mes sœurs, vers mes amis, par ces adieux, par ces vers, par cette belle ombre de Marseille, qui s'éloignait, qui diminuait sous nos yeux, par cette mer sans limite qui

[1] M. Autran.

allait devenir pour long-temps notre seule patrie.

O Marseille! ô France! tu méritais mieux; ce temps, ce pays, ces jeunes hommes, étaient dignes de contempler un véritable poëte, un de ces hommes qui gravent un monde et une époque dans la mémoire harmonieuse du genre humain! Mais moi, je le sens profondément, je ne suis rien qu'un de ces hommes sans effigie, d'une époque transitoire et effacée, dont quelques soupirs ont eu de l'écho parceque l'écho est plus poétique que le poëte. Cependant j'appartenais à un autre temps par mes desirs; j'ai souvent senti en moi un autre homme; des horizons immenses, infinis, lumineux de poésie philosophique, épique, religieuse, neuve, se déchiraient devant moi; mais, punition d'une jeunesse insensée et perdue! ces horizons se refermaient bien vite. Je les sentais trop vastes pour mes forces physiques; je fermais les yeux pour n'être pas tenté de m'y précipiter. Adieu donc à ces rêves de génie, de volupté intellectuelle! Il est trop tard. j'esquisserai peut-être quelques scènes, je murmurerai quelques chants, et tout sera dit : à d'autres; et, je le vois avec plaisir, il en vient d'autres. La nature ne fut jamais plus féconde en promesses de génie que dans ce moment. Que d'hommes dans vingt ans, si tous deviennent hommes!

Cependant, si Dieu voulait m'exaucer, voici tout ce que je lui demanderais : un poëme selon mon cœur et selon le sien! une image visible, vivante, animée et colorée, de sa création visible et de sa création invisible; voilà un bel héritage à laisser à ce monde de ténébres, de doute et de tristesse! un aliment qui le nourrirait, qui le rajeunirait pour un siècle! Oh! que ne puis-je le lui donner; ou, du moins, me le donner à moi-même, lors même que personne, autre que moi, n'en entendrait un vers!

***

MÊME JOUR A TROIS HEURES EN MER.

LE vent d'est, qui nous dispute le chemin, a soufflé avec plus de force; la mer a monté et blanchi; le capitaine déclare qu'il faut regagner la côte, et mouiller dans une baie à deux heures de Marseille. Nous y sommes; la vague nous berce doucement; la mer parle, comme disent les matelots; on entend venir de loin un murmure semblable à ce bruit qui sort des grandes villes; cette parole menaçante de la mer, la première que nous entendons, retentit avec solennité dans l'oreille et dans la poitrine de ceux qui vont lui parler de si près pendant si long-temps.

A notre gauche, nous voyons les îles de Pomègue et le château d'If, vieux fort avec des tours rondes et grises qui couronnent un rocher nu et ardoisé; en face, sur la côte élevée et entrecoupée de rochers blanchâtres, de nombreuses maisons de campagne dont les jardins entourés de murs ne laissent apercevoir que les sommités des arbustes ou les arceaux verts des treilles; à environ un mille plus loin dans les terres, sur un mamelon isolé et dépouillé, s'élèvent le fort et la chapelle de Notre-Dame-de-la-Garde, pèlerinage des marins provençaux avant le départ et au retour de tous leurs voyages. Ce matin, à notre insu, à l'heure même où le vent entrait dans nos voiles, une femme de Marseille, accompagnée de ses enfants, a devancé le jour, et est allée prier pour nous au sommet de cette montagne, d'où son regard ami voyait sans doute notre vaisseau comme un point blanc sur la mer.

Quel monde que ce monde de la prière! quel lien invisible, mais tout-puissant, que celui d'êtres connus ou inconnus les uns aux autres, et priant ensemble ou séparés les uns pour les autres! Il m'a toujours semblé que la prière, cet instinct si vrai de notre impuissante nature, était la seule force réelle, ou du moins la plus grande force de l'homme! L'homme ne conçoit pas son effet; mais que conçoit-il? le besoin qui pousse l'homme à respirer lui prouve seul que l'air est nécessaire à sa vie! L'instinct de la prière prouve aussi à l'ame l'efficacité de la prière : prions donc! Et vous qui nous avez inspiré cette merveilleuse communication avec vous, avec les êtres, avec les mondes invisibles! vous, mon Dieu, exaucez-nous beaucoup, exaucez-nous au-delà de nos désirs!

MÊME JOUR, ONZE HEURES DU SOIR.

UNE lune splendide semble se balancer entre les mâts, les vergues, les cordages, de deux bricks de guerre mouillés non loin de nous entre notre ancrage et les noires montagnes du Var; chaque cordage de ces bâtiments se dessine à l'œil sur le fond bleu et pourpre du ciel de la nuit

comme les fibres d'un squelette gigantesque et
décharné vu de loin à la lueur pâle et immobile
des lampes de Westminster ou de Saint-Denis. Le
lendemain, ces squelettes doivent reprendre la vie,
étendre des ailes repliées comme nous et s'envo-
ler ainsi que des oiseaux de l'Océan, pour aller se
poser sur d'autres rivages. Nous entendons du
pont où je suis, le sifflet aigu et cadencé du maître
d'équipage qui commande la manœuvre, les rou-
lements du tambour, la voix de l'officier de quart.
Les pavillons glissent du mât; les canots, les embarcations remontent ce bord comme au geste
rapide et vivant d'un être animé. Tout redevient
silence sur leurs bords et sur le nôtre.

Autrefois l'homme ne s'endormait pas sur ce
lit profond et perfide de la mer sans élever son
ame et sa voix à Dieu, sans rendre gloire à son
sublime auteur au milieu de tous ces astres, de
tous ces flots, de toutes ces cimes de montagnes,
de tous ces charmes, de tous ces périls de la nuit;
on faisait une prière le soir à bord des vaisseaux!
Depuis la révolution de juillet, on n'en fait plus.
La prière est morte sur les lèvres de ce vieux libé-
ralisme du xviiie siècle, qui n'avait lui-même rien
de vivant que sa haine froide contre les choses
de l'ame. Ce souffle sacré de l'homme, que les fils
d'Adam s'étaient transmis jusqu'à nous avec leurs
joies ou leurs douleurs, il s'est éteint en France
dans nos jours de dispute et d'orgueil; nous avons
mêlé Dieu dans nos querelles. L'ombre de Dieu
fait peur à certains hommes. Ces insectes qui viennent de naitre, qui vont mourir demain, dont le
vent emportera dans quelques jours la stérile

poussière, dont ces vagues éternelles jetteront les os blanchis sur quelque écueil, craignent de confesser, par un mot, par un geste, l'être infini que les cieux et les mers confessent; ils dédaignent de nommer celui qui n'a pas dédaigné de les créer; et cela pourquoi? parceque ces hommes portent un uniforme, qu'ils calculent jusqu'à une certaine quantité de nombres, et qu'ils s'appellent Français du dix-neuvième siècle! Heureusement le dix-neuvième siècle passe, et j'en vois approcher un meilleur, un siècle vraiment religieux, où, si les hommes ne confessent pas Dieu dans la même langue et sous les mêmes symboles, ils le confesseront au moins sous tous les symboles et dans toutes les langues!

MÊME NUIT.

JE me suis promené une heure sur le pont du vaisseau, seul, et faisant ces tristes ou consolantes réflexions; j'y ai murmuré du cœur et des lèvres toutes les prières que j'ai apprises de ma mère quand j'étais enfant; les versets, les lambeaux de psaumes que je lui ai si souvent entendu murmurer à voix basse en se promenant le soir dans l'allée du jardin de Milly, remontaient dans ma mémoire, et j'éprouvais une volupté intime et profonde à les jeter à mon tour à l'onde, au vent, à cette oreille toujours ouverte pour laquelle aucun bruit du cœur ou des lèvres n'est jamais perdu! La prière que l'on a entendu proférer par quelqu'un qu'on aima et qu'on a vu mourir est doublement sacrée!

Qui de nous ne préfère le peu de mots que lui a enseignés sa mère, aux plus belles hymnes qu'il pourrait composer lui-même? Voilà pourquoi, de quelque religion que notre raison nous fasse à l'âge de raison, la prière chrétienne sera toujours la prière du genre humain. J'ai fait seul ainsi la prière du soir et de la mer, pour cette femme qui ne calcule aucun péril pour s'unir à mon sort, pour cette belle enfant qui jouait pendant ce temps sur le pont dans la chaloupe avec la chèvre qui doit lui donner son lait, avec les beaux et doux levriers qui lèchent ses blanches mains, qui mordillent ses longs et blonds cheveux.

---

12 AU MATIN, A LA VOILE.

PENDANT la nuit, le vent a changé et il a fraîchi; j'entendais de ma cabine à l'entrepont les pas, les voix et le chant plaintif des matelots retentir long-temps sur ma tête avec les coups de la chaîne de l'ancre qu'on rattachait à la proue. On remettait à la voile; nous partions. Je me rendormis. Quand je me réveillai et que j'ouvris le sabord pour regarder les côtes de France que nous touchions la veille, je ne vis plus que l'immense mer vide, nue, clapotante avec deux voiles seulement, deux hautes voiles montant comme deux bornes, deux pyramides du désert dans ce lointain sans horizon.

La vague caressait doucement les flancs épais et arrondis de mon brick, et babillait gracieusement sous mon étroite fenêtre où l'écume s'élevait quelquefois en légères guirlandes blanches; c'était le bruit inégal, varié, confus, du gazouillement des hirondelles sur une montagne, quand le soleil se lève au-dessus d'un champ de blé. Il y a des harmonies entre tous les éléments, comme il y en a une générale entre la nature matérielle et la nature intellectuelle. Chaque pensée a son reflet dans un objet visible qui la répète comme un écho, la réfléchit comme un miroir, et la rend perceptible de deux manières : aux sens par l'image, à la pensée par la pensée; c'est la poésie infinie de la double création! les hommes appellent cela comparaison : la comparaison c'est le génie. La création n'est qu'une pensée sous mille formes. Comparer, c'est l'art ou l'instinct de découvrir des mots de plus dans cette langue divine des analogies universelles que Dieu seul possède, mais dont il permet à certains hommes de découvrir quelque chose. Voilà pourquoi le prophète, poëte sacré, et le poëte, prophète profane, furent jadis et par-tout regardés comme des êtres divins. On les regarde aujourd'hui comme des êtres insensés ou tout au moins inutiles, cela est logique; si vous comptez pour tout, le monde matériel et palpable, cette partie de la nature qui se résout en chiffres, en étendue, en argent ou en voluptés physiques, vous faites bien de mépriser ces hommes qui ne conservent que le culte du beau moral, l'idée de Dieu, et cette langue des images, des rapports mystérieux entre l'invisible et le visible! Qu'est-ce qu'elle prouve cette langue? Dieu et l'immortalité! Ce n'est rien pour vous!

13 JUILLET, MOUILLÉS DANS LE PETIT GOLFE DE LA CIOTAT.

LE vent favorable, un moment levé, s'est bientôt évanoui dans nos voiles. Elles retombaient le long des màts, et les laissaient osciller au gré des plus faibles lames. Belle image de ces caractères auxquels manque la volonté, ce vent de l'ame humaine, caractères flottants qui fatiguent ceux qui les possèdent ; ces caractères usent plus par la faiblesse, que les courageux efforts qu'une volonté vigoureuse imprime aux hommes d'énergie et d'action, comme les navires aussi qui, sur une mer calme et sans vent, se fatiguent davantage que sous l'impulsion d'un vent frais qui les pousse et les soutient sur l'écume des vagues.

Soit hasard, soit manœuvre secrète de nos officiers, nous nous trouvons forcés par le vent à entrer à trois heures dans le golfe riant de la Ciotat, petite ville de la côte de Provence, où notre capitaine et presque tous nos matelots ont leurs maisons, leurs femmes et leurs enfants. A l'abri d'un petit mole qui se détache d'une colline gracieuse, toute vétue de vignes, de figuiers et d'oliviers, comme une main amie que le rivage tend aux matelots, nous laissons tomber l'ancre. L'eau est sans ride et tellement transparente, qu'à vingt pieds de profondeur nous voyons briller les cailloux et les coquillages, ondoyer les longues herbes marines et courir des milliers de poissons aux écailles chatoyantes, trésors cachés du sein de la mer, aussi riche, aussi inépuisable que la terre en végétation et en habitants. La vie est par-tout comme l'intelligence! Toute la nature est animée, toute la nature sent et pense! Celui qui ne le voit pas n'a jamais réfléchi à l'intarissable fécondité de la pensée créatrice! Elle n'a pas dû, elle n'a pas pu s'arréter; l'infini est peuplé; et par-tout où est la vie, là aussi est le sentiment; et la pensée a des degrés inégaux sans doute, mais sans vide. En voulez-vous une démonstration physique? Regardez une goûtte d'eau sous le microscope solaire, vous y verrez graviter des milliers de mondes! des mondes dans une larme d'insecte; et si vous parveniez à décomposer encore chacun de ces milliers de mondes, des millions d'autres univers vous apparaîtraient encore! Si, de ces mondes sans bornes et infiniment petits, vous vous élevez tout-à-coup aux grands globes innombrables des voûtes célestes, si vous plongez dans les voies lactées, poussière incalculable de soleils dont chacun régit un système de globe plus vaste que la terre et la lune, l'esprit reste écrasé sous le poids des calculs; mais l'ame les supporte et se glorifie d'avoir sa place dans cette œuvre, d'avoir la force de la comprendre, d'avoir un sentiment pour en bénir, pour en adorer l'auteur! O mon Dieu! que la nature est une digne prière pour celui qui t'y cherche, qui t'y découvre sous toutes les formes, et qui comprend quelques syllabes de sa langue muette, mais qui dit tout!

GOLFE DE LA CIOTAT, 14 AU SOIR.

L E vent est mort et rien n'annonce son retour. La surface du golfe n'a pas un pli ; la mer est si plane qu'on y distingue çà et là l'impression des ailes transparentes des moustiques qui flottent sur ce miroir, et qui seules le ternissent à cette heure. Voilà donc à quel degré de calme et de mansuétude peut descendre cet élément qui soulève les vaisseaux à trois ponts sans connaître leur poids, qui ronge des lieues de rivage, use des collines et fend les rochers, brise des montagnes sous le choc de ses lames mugissantes ! Rien n'est si doux que ce qui est fort.

Nous descendons à terre sur les instances de notre capitaine qui veut nous présenter à sa femme et nous montrer sa maison. La ville ressemble aux jolies villes du royaume de Naples sur la côte de Gaëte. Tout est rayonnant, gai, serein ; l'existence est une fête continuelle dans les climats du midi. Heureux l'homme qui naît et qui meurt au soleil ! Heureux sur-tout celui qui a sa maison, la maison et le jardin de ses pères, aux bords de cette mer dont chaque vague est une étincelle qui jette sa lumière et son éclat sur la terre ! Les hautes montagnes exceptées, qui empruntent la clarté de leurs cimes et de leurs horizons aux neiges qui les couvrent, au ciel dans lequel elles plongent, aucun site de l'intérieur des terres, quelque riant, quelque gracieux que le fassent les collines, les arbres et les fleuves, ne peut lutter de beauté avec les sites que baignent les mers du midi. La mer est aux scènes de la nature ce que l'œil est à un beau visage ; elle les éclaire, elle leur donne ce rayonnement, cette physionomie qui les fait vivre, parler, enchanter, fasciner le regard qui les contemple.

MÊME JOUR.

Il est nuit, c'est-à-dire ce qu'on appelle la nuit dans ces climats. Combien n'ai-je pas compté de jours moins éclairés sur les flancs veloutés des collines de Richemond en Angleterre ! dans les brumes de la Tamise, de la Seine, de la Saône, ou du lac de Genève ! Une lune ronde monte dans le firmament ; elle laisse dans l'ombre notre brick noir qui repose immobile à quelque distance du quai. La lune en avançant a laissé derrière elle comme une trainée de sable rouge dont elle semble avoir semé la moitié du ciel ; le reste est bleu et blanchit à mesure qu'elle approche. A un horizon de deux milles à-peu-près, entre deux petites iles, dont l'une a des falaises élevées et jaunes comme le Colysée à Rome, et dont l'autre est violette comme des fleurs de lilas, on voit sur la mer le mirage d'une grande ville ; l'œil y est trompé : on voit étinceler des dômes, des palais aux façades éblouissantes, de longs quais inondés d'une lumière douce et sereine ; à droite et à gauche, les vagues blanchissent et semblent l'envelopper ; on dirait Venise ou Malte dormant au milieu des flots. Ce n'est ni une ile, ni une ville, c'est la réverbération de la lune au point où son disque tombe d'aplomb sur la mer ; plus près de nous, cette réverbération s'étend et se prolonge, et roule un fleuve d'or et d'argent entre deux rivages d'azur. A notre gauche, le golfe étend jusqu'à un cap élevé la chaîne longue et sombre de ses collines inégales et dentelées; à droite, c'est une vallée étroite et fermée où coule une belle fontaine à l'ombre de quelques arbres; derrière, c'est une colline plus haute couverte jusqu'au sommet d'oliviers que la nuit fait paraître noirs; depuis la cime de cette colline jusqu'à la mer, des tours grises, des maisonnettes blanches percent çà et là l'obscurité monotone des oliviers, et attirent l'œil et la pensée sur la demeure de l'homme. Plus loin encore, et à l'extrémité du golfe, trois énormes rochers s'élèvent sans bases sur les flots; de formes bizarres, arrondis comme des cailloux, polis par la vague et les tempêtes, ces cailloux sont des montagnes; jeux gigantesques d'un océan primitif dont nos mers ne sont sans doute qu'une faible image.

15 JUILLET.

Nous avons visité la maison du capitaine de notre brick. Jolie demeure, modeste, mais ornée; nous fûmes reçus par la jeune femme souffrante et triste du départ precipité de son mari. Je lui offris de la prendre à bord et de nous accompagner pendant ce voyage, qui devait être plus long que les voyages ordinaires d'un bâtiment de commerce. Sa santé s'y opposait; elle allait, seule, sans enfants, et malade, compter de longs jours et de longues années peut-être, pendant l'absence de son mari.

Sa figure douce et sensible portait l'empreinte de cette mélancolie de son avenir et de cette solitude de son cœur. La maison ressemblait à une maison flamande; ses murs étaient tapissés des portraits de vaisseaux que le capitaine avait commandés; non loin de là, il nous mena voir dans la campagne une maison où il se préparait, quoique jeune, un asile pour se retirer du vent et du flot. Je fus bien aise d'avoir vu l'établissement champêtre où cet homme méditait d'avance son repos et son bonheur pour sa vieillesse. J'ai toujours aimé à connaître le foyer, les circonstances domestiques de ceux avec qui j'ai dû avoir affaire dans ce monde. C'est une partie d'eux-mêmes; c'est une seconde physionomie extérieure qui donne la clé de leur caractère et de leur destinée.

La plupart de nos matelots sont aussi de ces villages. Hommes doux, pieux, gais, laborieux, maniant le vent, la tempête et la vague, avec cette régularité calme et silencieuse de nos laboureurs de Saint-Point maniant la herse ou la charrue; laboureurs de mer, paisibles et chantants comme les hommes de nos vallées, suivant aux rayons du soleil du matin leurs longs sillons fumants sur les flancs de leurs collines.

✦✦✦✦✦✦✦✦✦✦✦✦✦✦✦✦✦✦✦✦✦✦✦✦✦✦✦✦✦✦✦✦✦✦✦✦✦✦

16 JUILLET.

RÉVEILLÉ de bonne heure, j'entendis ce matin sur le pont immobile la voix des matelots avec le chant du coq et le bêlement de la chèvre et de nos moutons. Quelques voix de femmes et des voix d'enfants complétaient l'illusion; j'aurais pu me croire couché dans la chambre de bois d'une cabane de paysans, sur les bords du lac de Zurich ou de Soleure. Je montai; c'étaient les enfants de quelques uns de nos matelots que leurs femmes avaient amenés à leurs pères. Ceux-ci les asseyaient sur les canons, les tenaient debout sur les balustrades du navire, les couchaient dans la chaloupe, les berçaient dans le hamac avec cette tendresse dans l'accent et ces larmes dans les yeux qu'auraient pu avoir des mères ou des nourrices. Braves gens aux cœurs de bronze contre les dangers, aux cœurs de femmes pour ce qu'ils aiment, rudes et doux comme l'élément qu'ils pratiquent! Qu'il soit pasteur, qu'il soit marin, l'homme qui a une famille a un cœur pétri de sentiments humains et honnêtes. L'esprit de famille est la seconde ame de l'humanité; les législateurs modernes l'ont trop oublié; ils ne songent qu'aux nations et aux individualités; ils omettent la famille, source unique des populations fortes et pures, sanctuaire des traditions et des mœurs, où se retrempent toutes les vertus sociales; la législation, même après le christianisme, a été barbare sous ce rapport; elle repousse l'homme de l'esprit de famille, au lieu de l'y convier! Elle interdit à la moitié des hommes la femme, l'enfant, la possession du foyer et du champ; elle devait ces biens à tous, dès qu'ils ont âge d'homme; il ne fallait les interdire qu'aux coupables. La famille est la société en raccourci, mais c'est la société où les lois sont naturelles parcequ'elles sont des sentiments. Excommunier de la famille aurait pu être la plus grande réprobation, la dernière flétrissure de la loi; c'eût été la seule peine de mort d'une législation chrétienne et humaine : la mort sanglante devait être effacée depuis des siècles.

JUILLET, TOUJOURS MOUILLÉS PAR VENT CONTRAIRE.

A un mille à l'ouest, sur la côte, les montagnes sont cassées comme à coups de massue ; les fragments énormes sont tombés, çà et là, sur les pieds des montagnes ou sous les flots bleus et verdâtres de la mer qui les baigne. La mer y brise sans cesse ; et de la lame qui arrive avec un bruit alternatif et sourd contre les rochers, s'élancent comme des langues d'écume blanche qui vont lécher les bords salés. Ces morceaux entassés de montagnes, car ils sont trop grands pour qu'on les appelle rochers, sont jetés et pilés avec une telle confusion les uns sur les autres, qu'ils forment une quantité innombrable d'anses étroites, de voûtes profondes, de grottes sonores, de cavités sombres, dont les enfants de deux ou trois cabanes de pêcheurs du voisinage connaissent seuls les routes, les sinuosités et les issues. Une de ces cavernes, dans laquelle on pénètre par l'arche surbaissée d'un pont naturel, couvert d'un énorme bloc de granit, donne accès à la mer, et s'ouvre ensuite sur une étroite et obscure vallée que la mer remplit tout entière de ses flots limpides et aplanis comme le firmament dans une belle nuit. C'est une calangue connue des pêcheurs, où, pendant que la vague mugit et écume au dehors, en ébranlant de son choc les flancs de la côte, les

plus petites barques sont à l'abri; on y aperçoit à
peine ce léger bouillonnement d'une source qui
tombe dans une nappe d'eau. La mer y conserve
cette belle couleur d'un jaune verdâtre et moiré,
que voit si bien l'œil des peintres de marine, mais
qu'ils ne peuvent jamais rendre exactement, car
l'œil voit plus que la main ne peut imiter.

Sur les deux flancs de cette vallée marine montent à perte de vue deux murailles de rochers presque à pic, sombres et d'une couleur uniforme pareille à celle du mâchefer quelque temps après qu'il
est tombé de la fournaise. Aucune plante, aucune
mousse n'y trouve même une fente pour se suspendre et s'enraciner, pour y faire flotter ces guirlandes
de lianes et ces fleurs que l'on voit si souvent ondu-
ler sur les parois des rochers de la Savoie à des hauteurs où Dieu seul peut les respirer; nues, droites,
noires, repoussant l'œil, elles ne sont là que pour
défendre de l'air de la mer les collines de vignes et
d'oliviers qui végètent sous leur abri. Images de
ces hommes dominant une époque ou une nation,
exposés à toutes les injures du temps et des tempêtes pour protéger des hommes plus faibles et plus
heureux. Au fond de la calangue, la mer s'élargit
un peu, serpente, prend une teinte plus claire à
mesure qu'elle découvre plus de ciel, et finit enfin
par une belle nappe d'eau dormante sur un lit de
petits coquillages violets concassés et serrés comme
du sable. Si vous mettez le pied hors de la chaloupe
qui vous a porté jusque-là, vous trouvez à gauche,
dans le creux d'un ravin, une source d'eau douce
fraîche et pure; puis en tournant à droite un sentier de chèvres, pierreux, rapide, inégal, ombragé

de figuiers sauvages et d'azeroliers, qui descend des terres cultivées vers cette solitude des flots. Peu de sites m'ont autant frappé, autant alléché dans mes voyages. C'est ce mélange parfait de grace et de force qui forme la beauté accomplie dans l'harmonie des éléments comme dans l'être animé ou pensant. C'est cet hymen mystérieux de la terre et de la mer, surpris pour ainsi dire dans leur union la plus intime et la plus voilée. C'est cette image du calme et de la solitude la plus inaccessible, à côté de cet orageux et tumultueux théâtre des tempêtes, tout près du retentissement de ses flots. C'est un de ces nombreux chefs-d'œuvre de la création, que Dieu a répandus par-tout comme pour se jouer avec les contrastes, mais qu'il se plait à cacher le plus souvent, sur les cimes impraticables des monts escarpés, dans le fond des ravins sans accès, sur les écueils les plus inabordables de l'Océan, comme des joyaux de la nature qu'elle ne découvre que rarement à des hommes simples, à des bergers, à des pêcheurs, aux voyageurs, aux poëtes, ou à la pieuse contemplation des solitaires.

---

14 JUILLET 1832.

A dix heures brise de l'ouest qui s'élève; nous levons l'ancre à trois heures; nous n'avons bientôt plus que le ciel et les flots pour horizon; — mer étincelante, — mouvement doux et cadencé du brick, — murmure de la vague aussi régulier que la respiration d'une poitrine humaine. Cette alternation régulière du flot, du vent dans la voile, se retrouve dans tous les mouvements, dans tous les bruits de la nature; est-ce qu'elle ne respirerait pas aussi? Oui, sans aucun doute, elle respire, elle vit, elle pense, elle souffre et jouit, elle sent, elle adore son divin auteur. Il n'a pas fait la mort; la vie est le signe de toutes ses œuvres.

15 JUILLET 1832, EN PLEINE MER, HUIT HEURES DU SOIR.

Nous avons vu s'abaisser les dernières cimes des montagnes grises des côtes de France et d'Italie, puis la ligne bleue, sombre, de la mer à l'horizon a tout submergé; l'œil, à ce moment où l'horizon connu s'évanouit, parcourt l'espace et le vide flottant qui l'entoure, comme un infortuné qui a perdu successivement tous les objets de ses affections, de ses habitudes, et qui cherche en vain où reposer son cœur.

Le ciel devient la grande et unique scène de contemplation; puis le regard retombe sur ce point imperceptible noyé dans l'espace, sur cet étroit navire devenu l'univers entier pour ceux qu'il emporte.

Le maître d'équipage est à la barre; sa figure mâle et impassible, son regard ferme et vigilant, fixé tantôt sur l'habitacle pour y chercher l'aiguille, tantôt sur la proue pour y découvrir, à travers les cordages du mât de misaine, sa route à travers les lames; son bras droit posé sur la barre, et d'un mouvement imprimant sa volonté à l'immense masse du vaisseau: tout montre en lui la gravité de son œuvre, le destin du navire, la vie de trente personnes roulant en ce moment dans son large front et pesant dans sa main robuste.

A l'avant du pont, les matelots sont par groupes, assis, debout, couchés sur les planches de sapin luisant, ou sur les câbles roulés en vastes spirales; les uns raccommodant les vieilles voiles avec de grosses aiguilles de fer, comme de jeunes filles brodant le voile de leurs noces ou le rideau de leur lit virginal; les autres se penchant sur les balustrades, regardant sans les voir les vagues écumantes comme nous regardons les pavés d'une route cent fois battue, et jetant au vent avec indifférence les bouffées de fumée de leurs pipes de terre rouge. Ceux-ci donnent à boire aux poules dans leurs longues auges; ceux-là tiennent à la main une poignée de foin, et font brouter la chèvre dont ils tiennent les cornes de l'autre main; ceux-là jouent avec deux beaux moutons qui sont juchés entre les deux mâts dans la haute chaloupe suspendue; ces pauvres animaux élèvent leur tête inquiète au-dessus des bordages, et ne voyant que la plaine ondoyante blanchie d'écume, ils bêlent après le rocher et la mousse aride de leurs montagnes.

A l'extrémité du navire, l'horizon de ce monde flottant, c'est la proue aiguë précédée de son mât de beaupré incliné sur la mer; ce mât se dresse à l'avant du vaisseau comme le dard d'un monstre marin. Les ondulations de la mer, presque insensibles au centre de gravité au milieu du pont, font décrire à la proue des oscillations lentes et gigantesques. Tantôt elle semble diriger la route du vaisseau vers quelque étoile du firmament, tantôt le plonger dans quelque vallée profonde de l'Océan ; car la mer semble monter et descendre sans cesse quand on est à l'extrémité d'un vaisseau qui, par sa masse et sa longueur, multiplie l'effet de ces vagues ondulées.

Nous, séparés par le grand mât de cette scène de mœurs maritimes, nous sommes assis sur les bancs de quart, ou nous nous promenons avec les officiers sur le pont, regardant descendre le soleil et monter les vagues.

Au milieu de toutes ces figures mâles, sévères, pensives, une enfant, les cheveux dénoués et flottants sur sa robe blanche, son beau visage rose, heureux et gai, entouré d'un chapeau de paille de matelot, noué sous son menton, joue avec le chat blanc du capitaine, ou avec une nichée de pigeons de mer, pris la veille, qui se couchent sous l'affût d'un canon et auxquels elle émiette le pain de son goûter.

Cependant, le capitaine du navire, sa montre marine à la main, et épiant en silence à l'occident la seconde précise où le disque du soleil réfracté de la moitié de son disque semble toucher la vague et y flotter un moment avant d'y être submergé entier, élève la voix et dit : *Messieurs, la prière !* Toutes les conversations cessent, tous les jeux finissent, les matelots jettent à la mer leur cigare encore enflammé, ils ôtent leurs bonnets grecs de laine rouge, les tiennent à la main, et viennent s'agenouiller entre les deux mâts. Le plus jeune d'entre eux ouvre le livre de prières et chante l'*Ave, maris stella* et les litanies sur un mode tendre, plaintif et grave, qui semble avoir été inspiré au milieu de la mer et de cette mélancolie inquiète des dernières heures du jour où tous les souvenirs de la terre, de la chaumière, du foyer, remontent du cœur dans la pensée de ces hommes simples. Les ténèbres vont redescendre sur les flots et engloutir jusqu'au matin, dans leur obscurité dangereuse, la route des navigateurs et les vies de tant d'êtres qui n'ont plus pour phare que la Providence, pour asile que la main invisible qui les soutient sur les flots. Si la prière n'était pas née avec l'homme même, c'est là qu'elle eût été inventée, par des hommes seuls avec leurs pensées et leurs faiblesses en présence de l'abîme du ciel où se perdent leurs regards, de l'abîme des mers dont une planche fragile les sépare; au mugissement de l'Océan qui gronde, siffle, hurle, mugit comme les voix de mille bêtes féroces; aux coups du vent qui fait rendre un son aigu à chaque cordage; aux approches de la nuit qui grossit tous les périls et multiplie toutes les terreurs. Mais la prière ne fut jamais inventée; elle naquit du premier soupir, de la première joie, de la première peine du cœur humain, ou plutôt l'homme ne naquit que pour la prière; glorifier Dieu ou l'implorer, ce fut sa seule mission ici-bas; tout le reste périt avant lui ou avec lui; mais le cri de gloire, d'admiration ou d'amour, qu'il élève vers son créateur, en passant sur la terre, ne périt pas; il remonte, il retentit d'âge en âge à l'oreille de Dieu, comme l'écho de sa propre voix, comme un reflet de sa magnificence; il est la seule chose qui soit complètement divine en l'homme, et qu'il puisse exhaler avec joie et avec orgueil; car cet orgueil est un hommage à celui-là seul qui peut en avoir, à l'être infini.

A peine avions-nous roulé ces pensées ou d'autres pensées semblables, chacun dans notre silence, qu'un cri de Julia s'éleva au bord du vaisseau qui regardait l'Orient. Un incendie sur la mer! un navire en feu! Nous nous précipitâmes pour voir ce feu lointain sur les flots. En effet, un large charbon de feu flottait à l'orient sur l'extrémité de l'horizon de la mer, puis, s'élevant et s'arrondissant en peu de minutes, nous reconnûmes la pleine lune enflammée par la vapeur du vent d'ouest, et sortant lentement des flots comme un disque de fer rouge que le forgeron tire avec ses tenailles de la fournaise, et qu'il suspend sur l'onde où il va l'éteindre. Du côté opposé du ciel, le disque du soleil, qui venait de descendre, avait laissé à l'occident comme un banc de sable d'or, semblable au rivage de quelque terre inconnue. Nos regards flottaient d'un bord à l'autre entre ces deux magnificences du ciel. Peu-à-peu les clartés de ce double crépuscule s'éteignirent; des milliers d'étoiles naquirent au-dessus de nos têtes, comme pour tracer la route à nos mâts qui passèrent de l'une à l'autre; on commanda le premier quart de la nuit, on enleva du pont tout ce qui pouvait gêner la manœuvre, et les matelots vinrent l'un après l'autre dire au capitaine: Que Dieu soit avec nous!

Je continuai de me promener quelque temps en silence sur le pont; puis je descendis rendant grace à Dieu dans mon cœur d'avoir permis que je visse encore cette face inconnue de sa nature. Mon Dieu! mon Dieu! voir ton œuvre sous toutes ses faces, admirer ta magnificence sur les montagnes ou sur les mers, adorer et bénir ton nom qu'aucune lettre

ne peut contenir! c'est là toute la vie! Multiplie la
nôtre pour multiplier l'amour et l'admiration dans
nos cœurs! Puis tourne la page, et fais-nous lire
dans un autre monde les merveilles sans fin du livre
de ta grandeur et de ta bonté!

16 JUILLET 1832, EN PLEINE MER.

NOUS avons eu toute la nuit et tout le jour une
belle mais forte mer. Le soir, le vent fraîchit,
la lame se forme et commence à rouler pesamment sur les flancs du brick; lune éclatante qui
prolonge des torrents d'une clarté blanche et ondoyante dans les larges vallées liquides, creusées
entre les grandes vagues. Ces lueurs flottantes de la
lune ressemblent à des ruisseaux d'eau courante, à
des cascades d'eau de neige dans le lit des vertes
vallées du Jura ou de la Suisse. Le vaisseau descend
et remonte lourdement chacune de ces ravines profondes. Pour la première fois, dans ce voyage, nous
entendons les plaintes, les gémissements du bois;
les flancs écrasés du brick rendent, sous le coup de
chaque lame, un bruit auquel on ne peut rien
comparer que les derniers mugissements d'un tau-
reau frappé par la hache, et couché sur le flanc
dans les convulsions de l'agonie. Ce bruit mêlé dans
la nuit aux rugissements de cent mille vagues, aux
bonds gigantesques du navire, aux craquements
des mâts, au sifflement des rafales, à la poussière de l'écume qu'elles lancent et qu'on entend
pleuvoir en sifflant sur le pont, aux pas lourds et
précipités des hommes de quart qui courent à la

manœuvre, aux paroles rares, fermes et brèves de l'officier qui commande; tout cela forme un ensemble de sons significatifs et terribles qui ébranlent bien plus profondément l'ame humaine, que le coup de canon sur le champ de bataille. Ce sont de ces scènes auxquelles il faut avoir assisté, pour connaître la face pénible de la vie des marins, et pour mesurer sa propre sensibilité morale et physique!

La nuit entière se passe ainsi sans sommeil. Au lever du jour, le vent tombe un peu, la lame ne déferle plus; c'est-à-dire qu'elle ne se couronne plus d'écume; tout annonce une belle journée; nous apercevons à travers la brume colorée de l'horizon les hautes et longues chaînes des montagnes de Sardaigne. Le capitaine nous promet une mer calme et plane comme un lac entre cette île et la Sicile. Nous filons huit nœuds, quelquefois neuf; à chaque quart d'heure, les côtes éclatantes vers lesquelles le vent nous emporte, se dessinent avec plus de netteté; les golfes se creusent, les caps s'avancent, les rochers blancs se dressent sur les flots; les maisons, les champs cultivés commencent à se distinguer sur les flancs de l'île. A midi, nous touchons à l'entrée du golfe de Saint-Pierre; mais au moment de doubler les écueils qui le ferment, un ouragan subit de vent du nord éclate dans nos voiles; la lame déja grosse de la nuit donne prise au vent, et s'amoncèle en véritables collines mouvantes; tout l'horizon n'est qu'une nappe d'écume; le vaisseau chancèle tour-à-tour sur la crête de toutes les vagues, puis se précipite presque perpendiculairement dans les profondeurs qui les séparent; en vain nous persistons à vouloir chercher un abri dans le golfe.

A l'instant où nous doublons le cap pour y entrer, un vent furieux et sifflant comme une volée de flèches s'échappe de chaque vallon, de chaque anse de la côte, et jette le brick sur le flanc; on a le temps à peine de serrer les voiles; nous ne gardons que les voiles basses où nous serrons le vent; le capitaine court lui-même à la barre du gouvernail; le navire alors, comme un cheval contenu par une main vigoureuse et dont on tient la bride courte, semble piaffer sur l'écume du golfe; les flots rasent les bords du pont, du côté où le navire est incliné, et tout le flanc gauche jusqu'à la quille est hors de l'eau; nous filons ainsi environ vingt minutes, dans l'espoir d'atteindre la petite rade de la ville de Saint-Pierre; nous voyons déja les vignes et les maisonnettes blanches à une portée de canon; mais la tempête augmente, le vent nous frappe comme un boulet; nous sommes contraints de céder et de virer périlleusement de bord, sous le coup même le plus violent de la rafale. Nous réussissons, et nous sortons du golfe par la même manœuvre qui nous y a lancés; nous nous retrouvons au large sur une mer horrible. La fatigue de la nuit et du jour nous fait vivement desirer un abri avant une seconde nuit que tout nous fait appréhender comme plus orageuse encore. Le capitaine se décide à tout braver, même la rupture de ses mâts, pour trouver un mouillage sur la côte de Sardaigne. A quelques lieues du point où nous sommes, le golfe de Palma nous en promet un. Nous combattons, pour y entrer, la même furie des vents qui nous a chassés du golfe Saint-Pierre. Après deux heures de lutte, nous l'emportons et nous entrons, comme un oiseau de mer penché sur ses ailes, jusqu'au fond du beau golfe de Palma. La tempête n'est point tombée; nous entendons le mugissement incessant de la pleine mer à trois lieues derrière nous; le vent continue à siffler dans nos cordes; mais dans ce bassin cerné de hautes montagnes, il ne peut soulever que des bouffées d'écume dont il arrose et rafraîchit le pont, et enfin nous mouillons à trois encâblures de la plage de Sardaigne, sur un fond d'herbes marines, et dans des eaux tranquilles et à peine ridées. C'est une impression délicieuse que celle du navigateur échappé à la tempête à force de travail et de peine, quand il entend enfin rouler la chaîne de fer de l'ancre qui va l'attacher à un rivage hospitalier. Aussitôt que l'ancre a mordu, toutes les figures contractées des matelots se détendent; on voit que leurs pensées se reposent aussi; ils descendent dans l'entrepont, ils vont changer leurs habits mouillés, ils remontent bientôt avec leur costume des dimanches, et reprennent toutes les habitudes paisibles de leur vie de terre. Oisifs, gais, causeurs, ils sont assis, les bras croisés, sur les balustres du bordage, ou fument tranquillement leurs pipes, en regardant avec indifférence les paysages et les maisons du rivage.

17 JUILLET 1832.

MOUILLÉS dans cette rade paisible après une nuit de sommeil délicieux , nous déjeunons sur le pont à l'abri d'une voile qui nous sert de tente; la côte brûlée, mais pittoresque, de la Sardaigne, s'étend devant nous. Une embarcation armée de deux piéces de canon se détache de l'île de Saint-Antioche, à deux lieues de nous, et semble s'approcher. Nous la distinguons bientôt mieux , elle porte des marins et des soldats; elle est en peu de temps à portée de la voix; elle nous interroge, et nous ordonne d'aller à terre; nous délibérons; je me décide à y accompagner le capitaine du brick. Nous nous armons de plusieurs fusils et de pistolets pour résister si l'on voulait employer la force pour nous retenir. Nous mettons à la voile dans le petit canot. Arrivés près de la petite barque sarde qui nous précéde, nous descendons sur une plage au fond du golfe. Cette plage borde une plaine inculte et marécageuse. Du sable blanc, de grands chardons, quelques touffes d'aloës, çà et là quelques buissons d'un arbuste à l'écorce pâle et grise dont la feuille ressemble à celle du cèdre, des nuées de chevaux sauvages, paissant librement dans ces bruyères, qui viennent en galopant nous reconnaître et nous flairer, et partent ensuite en hennissant, comme des volées de corbeaux; à un mille de nous, des montagnes grises, nues , avec quelques taches senlement d'une végétation rabougrie sur leurs flancs; un ciel d'Afrique sur ces cimes calcinées; un vaste silence sur toutes ces campagnes; l'aspect de désolation et de solitude qu'ont toutes les plages de mauvais air dans la Romagne, dans la Calabre ou le long des marais Pontins, voilà la scène ; sept ou huit hommes à belle physionomie, le front élevé, l'œil hardi et sauvage, à demi nus, à demi vêtus de lambeaux d'uniformes, armés de longues carabines et tenant de l'autre main des perches de roseaux pour prendre nos lettres, ou nous présenter ce qu'ils ont à nous offrir, voilà les acteurs. Je réponds en mauvais patois napolitain à leurs questions ; je leur nomme quelques uns de leurs compatriotes avec qui j'ai été lié d'amitié en Italie dans ma jeunesse ; ces hommes deviennent polis et obligeants après avoir été insolents et impérieux ; je leur achète un mouton qu'ils équarrissent sur la plage. Nous écrivons ; ils prennent nos lettres dans la fente qu'ils ont faite à l'extrémité d'un long roseau, ils battent le briquet, arrachent quelques branches vertes de l'arbuste qui couvre la côte , allument un feu, et passent nos lettres , trempées dans l'eau de mer , à la fumée de ce feu , avant de les toucher. — Ils nous promettent de tirer un coup de fusil ce soir pour nous avertir de revenir à la côte lorsque nos autres provisions de légumes et d'eau douce seront prêtes. — Puis tirant de leurs bâtiments une immense corbeille de coquillages, *frutti di mare*, ils nous les offrent, sans vouloir accepter aucun salaire.

Nous revenons à bord : — heures de loisir et de contemplations délicieuses, passées sur la poupe du navire à l'ancre, pendant que la tempête résonne encore à l'extrémité des deux caps qui nous couvrent, et que nous regardons l'écume de la haute mer monter encore de trente ou quarante pieds contre les flancs dorés de ces caps.

---

13 JUILLET 1832.

ORTIS du golfe de Palma par une mer miroitée et plane, — un léger souffle d'Ouest, à peine suffisant pour sécher la rosée de la nuit qui brille sur les rameaux découpés des lentisques, seule verdure de ces côtes déja africaines : — en pleine mer, journée silencieuse, douce brise qui nous fait filer six à sept nœuds par heure; — belle soirée; — nuit étincelante; — la mer dort aussi.

---

19 JUILLET 1832.

OUS nous réveillons à vingt-cinq lieues de la côte d'Afrique. Je relis l'histoire de saint Louis pour me rappeler les circonstances de sa mort sur la plage de Tunis, près du cap de Carthage, que nous devons voir ce soir ou demain.

Je ne savais pas dans ma jeunesse pourquoi certains peuples m'inspiraient une antipathie pour ainsi dire innée, tandis que d'autres m'attiraient et me ramenaient sans cesse à leur histoire par un attrait irréfléchi. — J'éprouvais pour ces vaines ombres du passé, pour ces mémoires mortes des nations, exactement ce que j'éprouve avec un irrésistible empire pour ou contre les physionomies des hommes avec lesquels je vis ou je passe. — J'aime ou j'abhorre dans l'acception physique du mot; à première vue, en un clin d'œil, j'ai jugé un homme ou une femme pour jamais. — La raison, la réflexion, la violence même, tentées souvent par moi contre ces premières impressions, n'y peuvent rien. — Quand le bronze a reçu son empreinte du balancier, vous avez beau le tourner et le retourner dans vos doigts, il la garde; — ainsi de mon ame; — ainsi de mon esprit. — C'est le propre des êtres chez lesquels l'instinct est prompt, fort, instantané, inflexible. On se demande : Qu'est-ce que l'instinct? et l'on reconnaît que c'est la raison suprême, mais la raison innée, la raison non raisonnée, la raison telle que Dieu l'a faite et non pas telle que l'homme la trouve. — Elle nous frappe comme l'éclair sans que l'œil ait la peine de la chercher. — Elle illumine tout du premier jet. — L'inspiration dans tous les arts comme sur un champ de bataille est aussi cet instinct, cette raison devinée. Le génie aussi est instinct et non logique et labeur. Plus on réfléchit, plus on reconnaît que l'homme ne possède rien de grand et de beau qui lui appartienne, qui vienne de sa force ou de sa volonté, mais que tout ce qu'il y a de souverainement beau vient immédiatement de la nature et de Dieu. — Le christianisme, qui sait tout, l'a compris du premier jour. — Les premiers apôtres sentirent en eux cette action immédiate de la divinité et s'écrièrent dès la première heure : *Tout don parfait vient de Dieu.*

Revenons aux peuples. — Je n'ai jamais pu aimer les Romains; je n'ai jamais pu prendre le moindre intérêt de cœur à Carthage, malgré ses malheurs et sa gloire. — Annibal ne m'a jamais paru qu'un général de la Compagnie des Indes, faisant une campagne industrielle, une brillante et héroïque opération de commerce dans les plaines de Trasimène. — Ce peuple, ingrat comme tous les peuples égoïstes, l'en récompensa par l'exil et la mort! — Pour sa mort, elle fut belle, elle fut pathétique, elle me réconcilie avec ses triomphes; j'en ai été remué dès mon enfance. — Il y a eu toujours pour moi, comme pour l'humanité toute entière, une sublime et héroïque harmonie entre la souveraine gloire, le souverain génie et la souveraine infortune. — C'est là une de ces notes de la destinée qui ne manque jamais son effet, sa triste et voluptueuse modulation dans le cœur humain! Il n'est point en effet de gloire sympathique, de vertu complète, sans l'ingratitude, la persécution et la mort. — Le Christ en fut le divin exemple, et sa vie comme sa doctrine explique cette mystérieuse énigme de la destinée des grands hommes par la destinée de l'homme divin!

Je l'ai découvert plus tard; le secret de mes sympathies ou de mes antipathies pour la mémoire de certains peuples est dans la nature même des institutions et des actions de ces peuples. — Les peuples comme les Phéniciens, Tyr, Sidon, Carthage, sociétés de commerce exploitant la terre à leur profit et ne mesurant la grandeur de leurs entreprises qu'à l'utilité matérielle et actuelle du résultat; — je suis pour eux comme le Dante, je regarde et je passe.

« Non ragionar di lor ma guarda e passa! »

N'en parlons pas. — Ils ont été riches et prospères, voilà tout. — Ils n'ont travaillé que pour le temps; l'avenir n'a pas à s'en occuper. — *Receperunt mercedem.*

Mais ceux qui, peu soucieux du présent qu'ils sentaient leur échapper, ont par un sublime instinct d'immortalité, par une soif insatiable d'avenir, porté la pensée nationale au-delà du présent, et le sentiment humain au-dessus de l'aisance, de la richesse, de l'utilité matérielle; — ceux qui ont consumé des générations et des siècles à laisser sur leur route une trace belle et éternelle de leur passage; ces nations désintéressées et généreuses qui ont remué toutes les grandes et pesantes idées de l'esprit humain, pour en construire des sagesses, des législations, des théogonies, des arts, des systèmes; — celles qui ont remué les masses de marbre ou de granit pour en construire des obélisques ou des pyramides, défi sublime jeté par elles au temps, voix muette avec laquelle elles parleront à jamais aux ames grandes et généreuses; — ces nations poëtes, comme les Égyptiens, les Juifs, les Indous, les Grecs, qui ont idéalisé la politique et fait prédominer dans leur vie de peuples le principe divin, — l'ame, sur le principe humain, l'utile; celles-là, je les aime, je les vénère, je cherche et j'adore leurs traces, leurs souvenirs, leurs œuvres écrites, bâties ou sculptées; je vis de leur vie, j'assiste en spectateur ému et partial au drame touchant ou héroïque de leur destinée, et je traverse volontiers les mers pour aller rêver quelques jours sur leur poussière et pour aller dire à leur mémoire le *memento* de l'avenir; celles-là ont bien mérité

des hommes, car elles ont élevé leurs pensées au-
dessus de ce globe de fange, au-delà de ce jour fugitif. — Elles se sont senties faites pour une destinée plus haute et plus large; et ne pouvant se
donner à elles-mêmes la vie immortelle que rêve
tout cœur noble et grand, elles ont dit à leurs œuvres : Immortalisez-nous, subsistez pour nous,
parlez de nous à ceux qui traverseront le Désert
ou qui passeront sur les flots de la mer Ionienne,
devant le cap Sygée ou devant le promontoire de
Sunium où Platon chantait une sagesse qui sera
encore la sagesse de l'avenir.

Voilà ce que je pensais en écoutant la proue, sur
laquelle j'étais assis, fendre les vagues de la mer
d'Afrique, et en regardant à chaque minute sous la
brume rose de l'horizon si je n'apercevais pas le
cap de Carthage.

La brise tomba, la mer se calma, le jour s'é-
coula à regarder en vain de loin la côte vaporeuse
d'Afrique : le soir un fort coup de vent s'éleva; le
navire, ballotté d'un flanc à l'autre, écrasé sous les
voiles semblables aux ailes cassées par le plomb
d'un oiseau de mer, nous secouait dans ses flancs
avec ce terrible mugissement d'un édifice qui
s'écroule; je passe la nuit sur le pont, le bras
passé autour d'un câble; des nuages blanchâtres
qui se pressent, comme une haute montagne dans
le golfe profond de Tunis, jaillissent des éclairs, et
sortent les coups lointains de la foudre. L'Afrique
m'apparait comme je me la représentais toujours,
ses flancs déchirés par les feux du ciel et ses sommets calcinés dérobés sous les nuages. A mesure
que nous approchons et que le cap de Biserte, puis

le cap de Carthage, se détachent de l'obscurité, et semblent venir au devant de nous, toutes les grandes images, tous les noms fabuleux ou héroïques qui ont retenti sur ce rivage, sortent aussi de ma mémoire et me rappellent les drames poétiques ou historiques dont ces lieux furent successivement le théâtre. Virgile, comme tous les poëtes qui veulent faire mieux que la vérité, l'histoire et la nature, a bien plutôt gâté qu'embelli l'image de Didon. — La Didon historique, veuve de Sichée, et fidèle aux manes de son premier époux, fait dresser son bûcher sur le cap de Carthage, et y monte, sublime et volontaire victime d'un amour pur et d'une fidélité, même à la mort! Cela est un peu plus beau, un peu plus saint, un peu plus pathétique que les froides galanteries que le poëte romain lui prête, avec son ridicule et pieux Enée, et son désespoir amoureux auquel le lecteur ne peut sympathiser.

Mais l'*Anna soror* et le magnifique adieu, et l'immortelle imprécation qui suivent, feront toujours pardonner à Virgile.

La partie historique de Carthage est plus poétique que sa poésie. La mort céleste et les funérailles de saint Louis; — l'aveugle Bélisaire; — Marius expiant parmi les bêtes féroces, sur les ruines de Carthage, bête féroce lui-même, les crimes de Rome; — la journée lamentable où, semblable au scorpion entouré de feux qui se perce lui-même de son dard empoisonné, Carthage, entourée par Scipion et Massinissa, met elle-même le feu à ses édifices et à ses richesses; — la femme d'Asdrubal, renfermée avec ses enfants dans le temple de Jupiter, reprochant à son mari de n'avoir pas su mourir et allumant elle-même la torche qui va consumer elle et ses enfants et tout ce qui reste de sa patrie, pour ne laisser que de la cendre aux Romains ! — Caton d'Utique, les deux Scipion, Annibal, tous ces grands noms s'élèvent encore sur le cap abandonné, comme des colonnes debout devant un temple renversé. — L'œil ne voit rien qu'un promontoire nu, s'élevant sur une mer déserte, quelques citernes vides ou remplies de leurs propres débris, quelques aqueducs en ruines, quelques moles ravagés par les flots et recouverts par la lame; une ville barbare auprès, où ces noms même sont inconnus comme ces hommes qui vivent trop vieux et qui deviennent étrangers dans leur propre pays. Mais le passé suffit là où il brille de tant d'éclat de souvenirs. — Que sais-je même si je ne l'aime pas mieux seul, isolé au milieu de ses ruines, que profané et troublé par le bruit et la foule des générations nouvelles? Il en est des ruines ce qu'il en est des tombeaux : — au milieu du tumulte d'une grande ville et de la fange de nos rues, ils affligent et attristent l'œil, ils font tache sur toute cette vie bruyante et agitée; — mais dans la solitude, aux bords de la mer, sur un cap abandonné, sur une grève sauvage, trois pierres jaunies par les siècles et brisées par la foudre, font réfléchir, penser, rêver ou pleurer.

La solitude et la mort, la solitude et le passé qui est la mort des choses, s'allient nécessairement dans la pensée humaine. Leur accord est une mystérieuse harmonie; j'aime mieux le promontoire nu de Carthage, le cap mélancolique de Sunium, la plage nue et infestée de Pæstum, pour y placer les scènes des temps écoulés, que les temples, les arcs, les Colysées de Rome morte, foulés aux pieds dans Rome vivante avec l'indifférence de l'habitude ou la profanation de l'oubli.

---

20 JUILLET 1832.

A dix heures, le vent s'adoucit, nous pouvons monter sur le pont, et filant sept nœuds par heure, nous nous trouvons bientôt à la hauteur de l'île isolée de Pantelleria, ancienne île de Calypso, délicieuse encore par sa végétation africaine et la fraîcheur de ses vallées et de ses eaux. C'est là que les empereurs exilèrent successivement les condamnés politiques.

Elle ne nous apparaît que comme un cône noir sortant de la mer, et vêtue jusqu'aux deux tiers de son sommet par une brume blanche qu'y a jetée le vent de la nuit. Nul vaisseau n'y peut aborder; elle n'a de ports que pour les petites barques qui y portent les exilés de Naples et de la Sicile, qui languissent depuis dix années, expiant quelques rêves de liberté précoces.

Malheureux les hommes qui en tout genre devancent leur temps! leur temps les écrase. — C'est notre sort à nous, hommes impartiaux, politiques, rationnels, de la France. — La France est encore à un siècle et demi de nos idées. — Elle veut en tout des hommes et des idées de secte et de parti : que lui importent du patriotisme et de la raison? c'est de la haine, de la rancune, de la persécution alterna-

ave, qu'il faut à son ignorance! Elle en aura jusqu'à ce que, blessée avec les armes mortelles dont
elle veut absolument se servir, elle tombe ou les
rejette loin d'elle pour se tourner vers le seul espoir
de toute amélioration politique, Dieu, sa loi; et la
raison, sa loi innée.

21 JUILLET 1832.

LA mer, à mon réveil, après une nuit orageuse, semble jouer avec le reste du vent d'hier;
—l'écume la couvre encore comme les flocons
à demi essuyés qui tachent les flancs du cheval fati-
gué d'une longue course, — ou comme ceux que son
mors secoue quand il abaisse et relève la tête, im-
patient d'une nouvelle carrière. — Les vagues courent vite, irrégulièrement, mais légères, peu profondes, transparentes; cette mer ressemble à un
champ de belle avoine ondoyant aux brises d'une
matinée de printemps, après une nuit d'averse; —
nous voyons les îles de Gozzo et de Malte surgir au-
dessous de la brume à cinq ou six lieues à l'horizon.

22 JUILLET 1832. ARRIVÉE A MALTE.

A mesure que nous approchons de Malte, la
côte basse s'élève et s'articule; mais l'aspect
est morne et stérile; bientôt nous apercevons
les fortifications et les golfes formés par les ports;
une nuée de petites barques, montées chacune par

deux rameurs, sort de ces golfes et accourt à la proue de notre navire; la mer est grosse et la vague les précipite quelquefois dans le profond sillon que nous creusons dans la mer; ils semblent près d'y être engloutis; le flot les relève, ils courent sur nos traces, ils dansent sur les flancs du brick, ils nous jettent de petites cordes pour nous remorquer dans la rade.

Les pilotes nous annoncent une quarantaine de dix jours et nous conduisent au port réservé sous les hautes fortifications de la cité Valette. — Le consul de France, M. Miége, informe le gouverneur, sir Frederick Ponsonby, de notre arrivée; il rassemble le conseil de santé, et réduit notre quarantaine à trois jours.

Nous obtenons la faveur de monter une barque et de nous promener le soir le long des canaux qui prolongent le port de quarantaine.—C'est un dimanche. — Le soleil brûlant du jour s'est couché au fond d'une anse paisible et étroite du golfe qui est derrière la proue de notre navire; la mer est là, plane et brillante, légèrement plombée, absolument semblable à de l'étain fraîchement étamé. — Le ciel au-dessus est d'une teinte orange, légèrement rosée. — Il se décolore à mesure qu'il s'élève sur nos têtes et s'éloigne de l'occident; à l'orient, il est d'un bleu gris et pâle, et ne rappelle plus l'azur éclatant du golfe de Naples, — ou même la profondeur noire du firmament au-dessus des Alpes de la Savoie. — La teinte du ciel africain participe de la brûlante atmosphère et de l'âpre sévérité de ce continent; la réverbération de ces montagnes nues frappe le firmament de sécheresse et de cha-

leur, et la poussière enflammée de ces déserts de
sable aride semble se mêler à l'air qui l'enveloppe,
et ternir la voûte de cette terre. — Nos rameurs
nous mènent lentement à quelques toises du rivage. — Le rivage bas et uni d'une grève qui vient
mourir à quelques pouces au-dessus de la mer est
couvert, pendant un demi-mille, d'une rangée de
maisons qui se touchent les unes les autres, et semblent s'être approchées le plus près possible du flot,
pour en respirer la fraîcheur et pour en écouter le
murmure. Voici une de ces maisons et une des
scènes que nous voyons répétées sur chaque seuil,
sur chaque terrasse, sur chaque balcon. — En
multipliant cette scène et cette vue par cinq ou six
cents maisons semblables, on aura un souvenir
exact de ce paysage, unique pour un Européen
qui ne connaît ni Séville, ni Cordoue, ni Grenade;
c'est un souvenir qu'il faut graver tout entier et avec
ses détails de mœurs, pour le retrouver une fois dans
la sombre et terne uniformité de nos villes d'Occident.
Ces souvenirs, retrouvés dans la mémoire pendant
nos jours et nos mois de neige, de brouillard et de
pluie, sont comme une échappée sur le ciel serein
pendant une longue tempête. — Un peu de soleil
dans l'œil, un peu d'amour dans le cœur, un rayon
de foi ou de vérité dans l'ame, c'est une même
chose. — Je ne puis vivre sans ces trois consolations de l'exil terrestre.—Mes yeux sont de l'Orient,
mon ame est amour, et mon esprit est de ceux qui
portent en eux un instinct de lumière, une évidence irréfléchie qui ne se prouve pas, mais qui ne
trompe pas et qui console. Voici donc le paysage.

Lumière dorée, douce et sereine, comme celle

qui sort des yeux et des traits d'une jeune fille avant que l'amour ait gravé un pli sur son front, jeté une ombre sur ses yeux. — Cette lumière, répandue également sur l'eau, sur la terre, dans le ciel, frappe la pierre blanche et jaune des maisons, et laisse tous les dessins des corniches, toutes les arêtes des angles, toutes les balustrades des terrasses, toutes les ciselures des balcons, s'articuler vides et nets sur l'horizon bleu, sous ce tremblement aérien, sous ce vague incertain et brumeux dont notre Occident a fait une beauté pour ses arts, ne pouvant corriger ce vice de son climat. — Cette qualité de l'air, cette couleur blanche, jaune, dorée, de la pierre, cette vigueur des contours, donne au moindre édifice du midi une fermeté et une netteté qui rassurent et frappent agréablement l'œil. — Chaque maison a l'air, non pas d'avoir été bâtie pierre à pierre, avec du ciment et du sable, mais d'avoir été sculptée vivante et debout dans le rocher vif, et d'être assise sur la terre, comme un bloc sorti de son sein, et aussi durable que le sol même. — Deux pilastres larges et élégants s'élèvent aux deux angles de la façade; ils s'élèvent seulement à la hauteur d'un étage et demi; là une corniche élégante, sculptée dans la pierre éclatante, les couronne et sert de base elle-même à une balustrade riche et massive, qui s'étend tout le long du faîte, et remplace ces toits plats, irréguliers, pointus, bizarres, qui déshonorent toute architecture, qui brisent toute ligne harmonieuse avec l'horizon, dans nos assemblages d'édifices bizarres, que nous appelons villes, en Allemagne, en Angleterre et en France. — Entre ces deux larges pilas-

tres qui s'avancent de quelques pouces sur la façade, trois ouvertures seulement sont dessinées par
l'architecte, une porte et deux fenêtres. — La porte,
haute, large et cintrée, n'a pas son seuil sur la rue;
elle s'ouvre sur un perron extérieur, qui empiète
sur le quai de sept ou huit pieds. Ce perron, entouré
d'une balustrade de pierre sculptée, sert de salon
extérieur autant que d'entrée à la maison. — Décri-
vons un de ces perrons, nous les aurons décrits
tous. — Un ou deux hommes, en veste blanche, à
figure noire, à l'œil africain, une longue pipe à la
main, sont nonchalamment étendus sur un divan de
jonc, à côté de la porte; devant eux, gracieusement
accoudées sur la balustrade, trois jeunes femmes,
dans différentes attitudes, regardent silencieusement passer notre barque, ou sourient entre elles de
notre aspect étranger. — Une robe noire qui ne
descend qu'à mi-jambe, un corset blanc à larges
manches plissées et flottantes, une coiffure de cheveux noirs, et, par-dessus les épaules et la tête, un
demi-manteau de soie noire semblable à la robe,
couvrant la moitié de la figure, une des épaules et
un des bras qui retient le manteau; ce manteau
d'étoffe légère, enflé par la brise, se dessine dans la
forme d'une voile gonflée sur un esquif, et, dans ses
plis capricieux, tantôt dérobe, tantôt dévoile la figure
mystérieuse qu'il enveloppe, et qui semble lui
échapper à plaisir. — Les unes lèvent gracieusement la tête pour causer avec d'autres jeunes filles
qui se penchent au balcon supérieur et leur jettent
des grenades ou des oranges; les autres causent
avec des jeunes hommes à longues moustaches, à
noire et touffue chevelure, en vestes courtes et pin-

cées, en pantalons blancs et ceintures rouges. — Assis sur le parapet du perron, deux jeunes abbés, en habit noir, en souliers bouclés d'argent, s'entretiennent familièrement, et jouent avec de larges éventails verts, tandis qu'au pied des dernières marches, un beau moine mendiant, les pieds nus, le front pâle, chauve et blanc découvert, le corps enveloppé des plis lourds de sa robe brune, s'appuie comme une statue de la mendicité sur le seuil de l'homme riche et heureux, et regarde d'un œil de détachement et d'insouciance ce spectacle de bonheur, d'aisance et de joie. — A l'étage supérieur, on voit sur un large balcon, supporté par de belles cariatides et recouvert d'une viranda indienne garnie de rideaux et de franges, une famille d'Anglais, ces heureux et impassibles conquérants de la Malte actuelle. — Là, quelques nourrices moresques, aux yeux étincelants, au teint plombé et noir, tiennent dans leurs bras ces beaux enfants de la Grande-Bretagne, dont les cheveux blonds et bouclés et la peau rose et blanche résistent au soleil de Calcutta comme à celui de Malte ou de Corfou. — A voir ces enfants sous le manteau noir et sous le regard brûlant de ces femmes demi-africaines, on dirait de beaux et blancs agneaux suspendus aux mamelles des tigresses du désert. — Sur la terrasse, c'est une autre scène; les Anglais et les Maltais se la partagent. — D'un côté, vous voyez quelques jeunes filles de l'île tenant la guitare sous le bras et jetant quelques notes d'un vieil air national, sauvage comme le climat; de l'autre, une jeune et belle Anglaise, mélancoliquement penchée sur son coude, contemplant indifféremment la scène

de vie qui passe sous ses regards et feuilletant les
pages des poëtes immortels de son pays.

Ajoutez à ce coup-d'œil les chevaux arabes montés par les officiers anglais, et courant, les crins
épars, sur le sable du quai; — les voitures mal-
taises, espéce de chaises à porteur sur deux roues,
attelées d'un seul cheval barbaresque que le con-
ducteur suit à pied au galop, les reins noués d'une
ceinture rouge à longues franges, et le front couvert de la résille ou du bonnet rouge, pendant jusqu'à la ceinture, du muletier espagnol; — les cris
sauvages des enfants nus qui se précipitent dans la
mer et nagent sous notre barque, les chants des
Grecs ou des Siciliens mouillés dans le port voisin
et se répondant en chœur d'un pont de navire à
l'autre, et les notes monotones et sautillantes de la
guitare, formant comme un doux bourdonnement
de l'air du soir au-dessous de tous ces sons aigus,
et vous aurez une idée d'un quai de l'Empsida le
dimanche au soir.

24 JUILLET 1832.

NTRÉE en libre pratique dans le port de la cité
Valette; le gouverneur, sir Frederick Ponsonby, revenu de sa campagne pour nous accueillir, nous reçoit au palais du Grand-Maître à deux
heures. — Excellente figure d'un honnête homme
anglais; — la probité est la physionomie de ces
figures d'homme; — élévation, gravité et noblesse,
voilà le type du véritable grand seigneur anglais.—
Nous admirons le palais; — magnifique et digne

simplicité; — beauté dans la masse et la nudité de vaines décorations au dehors et au dedans; — vastes salles; — longues galeries; — peintures sévères; — escalier large, doux et sonore; — salle d'armes de deux cents pieds de long, renfermant toutes les armures de toutes les époques de l'histoire de l'ordre de Saint-Jean de Jérusalem. — Bibliothèque de 40,000 volumes, où nous sommes reçus par le directeur, l'abbé Bollanti, jeune ecclésiastique maltais, tout-à-fait semblable aux abbés romains de la vieille école; — œil pénétrant et doux, bouche méditative et souriante, front pâle et articulé, langage élégant et cadencé, politesse simple, naturelle et fine. — Nous causons long-temps, car c'est l'espèce d'homme la plus propre à une longue, forte et pleine causerie. — Il y a en lui, comme dans tous ces ecclésiastiques distingués que j'ai rencontrés en Italie, quelque chose de triste, d'indifférent et de résigné, qui tient de la noble et digne résignation d'un pouvoir déchu. — Élevés parmi des ruines, — sur les ruines mêmes d'un monument écroulé, ils en ont contracté la mélancolie et l'insouciance sur le présent. — Comment, lui disais-je, un homme comme vous supporte-t-il l'exil intellectuel et la réclusion dans laquelle vous vivez dans ce palais désert et parmi la poudre de ces livres? — Il est vrai, me répondit-il, je vis seul et je vis triste; l'horizon de cette île est bien borné; le bruit que je pourrais y faire par mes écrits ne retentirait pas bien loin, et le bruit même que d'autres hommes font ailleurs retentit à peine jusqu'ici; mais mon ame voit au-delà un horizon plus libre et plus vaste, où ma pensée aime à se porter; nous avons

un beau ciel sur la tête, un air tiède autour de
nous, une mer large et bleue sous les regards ; cela
suffit à la vie des sens ; quant à la vie de l'esprit,
elle n'est nulle part plus intense que dans le silence
et dans la solitude. — Cette vie remonte ainsi di-
rectement à la source d'où elle émane, à Dieu, sans
s'égarer et s'altérer par le contact des choses et des
soucis du monde. — Quand saint Paul, allant porter la parole féconde du christianisme aux nations,
fit naufrage à Malte, et y resta trois mois pour y
semer le grain de sénevé, il ne se plaignit pas de
son naufrage et de son exil, qui valurent à cette île
la connaissance précoce du verbe et de la morale
divine ; dois-je me plaindre, moi, né sur ces rochers
arides, si le Seigneur m'y confine pour y conserver
sa vérité chrétienne dans les cœurs où tant de vérités sont près de s'éteindre ? — Cette vie a sa poésie,
ajoutait-il ; quand je serai libre enfin de mes classifications et de mes catalogues, peut-être écrirai-je
aussi cette poésie de la solitude et de la prière ! —
Je le quittai avec peine et desir de le revoir.

L'église de Saint-Jean, cathédrale de l'île, a tout
le caractère, — toute la gravité qu'on peut attendre
d'un pareil monument dans un pareil lieu, —
grandeur, noblesse, richesse ; les clés de Rhodes,
emportées, après leur défaite, par les chevaliers, sont
suspendues aux deux côtés de l'autel, symbole de
regrets éternels ou d'espérances à jamais trompées.
— Voûte superbe, peinte en entier par le Cala-
brèse ; — œuvre digne de Rome moderne dans ses
plus beaux temps de la peinture.

Un seul tableau me frappe dans la chapelle de
l'Élection ; — il est de Michel-Ange de Caravaggio,

que les chevaliers du temps avaient appelé dans
l'île pour peindre la voûte de Saint-Jean. Il l'entre-
prit, mais la fougue et l'irritabilité de son caractère
sauvage l'emportèrent ; il eut peur d'un long ouvrage, et partit. — Il laissa son chef-d'œuvre à
Malte, la décollation de saint Jean-Baptiste. Si nos
peintres modernes, qui cherchent le romantisme
par système, au lieu de le trouver par nature,
voyaient ce magnifique tableau, ils trouveraient
leur prétendue invention inventée avant eux. —
Voilà le fruit né sur l'arbre, et non le fruit artificiel
moulé en cire et peint en couleurs fausses ; — pittoresque d'attitudes, énergie de tableau, profondeur
de sentiment, vérité et dignité réunies ; — vigueur
de contraste, et cependant unité et harmonie, hor-
reur et beauté tout ensemble, voilà le tableau. —
C'est un des plus beaux que j'aie vus de ma vie. —
C'est le tableau que cherchent les peintres de l'école
actuelle. — Le voilà, il est trouvé. Qu'ils ne cherchent plus. — Ainsi rien de nouveau dans la nature
et dans les arts. — Tout ce qu'on fait a été fait ;
— tout ce qu'on dit a été dit ; — tout ce qu'on
rêve a été rêvé. — Tout siècle est plagiaire d'un autre siècle ; car tous tant que nous sommes, artistes
ou penseurs périssables et fugitifs, nous copions de
différentes manières un modèle immuable et éternel, la nature, — cette pensée une et diverse du
créateur !

25 JUILLET 1832.

Du sommet de l'observatoire qui domine le palais du Grand-Maître, — vue d'ensemble des villes, des ports et campagnes de Malte; — campagnes nues, sans forme, sans couleurs, arides comme le désert; — ville semblable à une écaille de tortue échouée sur le rocher; — on dirait qu'elle a été sculptée dans un seul bloc de rocher vif; — scènes des toits en terrasses à l'approche de la nuit; — femmes assises sur ces terrasses. — David ainsi vit Betsabée. — Rien de plus gracieux et de plus séduisant que ces figures blanches ou noires, semblables à des ombres, apparaissant ainsi aux rayons de la lune, sur les toits de cette multitude de maisons. — On ne voit les femmes que là, à l'église ou sur leurs balcons; tout langage est dans les yeux; tout amour est un long mystère que les paroles n'altèrent pas; — un long drame se noue et se dénoue ainsi sans paroles. — Ce silence, ces apparitions à certaines heures, ces rencontres aux mêmes lieux, ces intimités de distance, ces expressions muettes, sont peut-être le premier et le plus divin langage de l'amour, ce sentiment au-dessus des paroles et qui, comme la musique, exprime dans une langue à part ce que nulle langue ne peut exprimer.

Ces aspects, ces pensées, rajeunissent l'ame; — elles font sentir le seul charme inépuisable que Dieu ait répandu sur la terre, et regretter que les heures de la vie soient si rapides et si mêlées. — Deux seuls sentiments suffiraient à l'homme, vécûtil l'âge des rochers, la contemplation de Dieu et l'amour. — L'amour et la religion sont les deux pensées ou plutôt la pensée une des peuples du midi; — aussi ne cherchent-ils pas autre chose, ils ont assez. — Nous les plaignons, il faudrait les envier. — Qu'y a-t-il de commun entre nos passions factices, entre la tumultueuse agitation de nos vaines pensées, et ces deux seules pensées vraies qui occupent la vie de ces enfants du soleil : — la religion et l'amour; l'une enchantant le présent, l'autre enchantant l'avenir! aussi, j'ai toujours été frappé, malgré les préjugés contraires, du calme profond et rarement troublé des physionomies du midi, — et de cette masse de repos, de sérénité et de bonheur répandue dans les habitudes et sur les visages de cette foule silencieuse qui respire, vit, aime et chante sous vos yeux; — le chant, ce superflu du bonheur et des impressions dans une ame trop pleine! On chante à Rome, à Naples, à Génes, à Malte, en Sicile, en Grèce, en Ionie, sur le rivage, sur les flots, sur les toits; on n'entend que le lent récitatif du pêcheur, du matelot, du berger, ou les bourdonnements vagues de la guitare pendant les nuits sereines. C'est du bonheur, quoi qu'on en dise. — Ils sont esclaves, dites-vous? Qu'en savent-ils? Esclavage ou liberté! malheur ou bonheur de convention! le malheur ou le bonheur sont plus près de nous. Qu'importe à ces foules paisibles qui respirent la brise de mer ou se couchent aux tièdes rayons du soleil de Sicile, de Malte ou du Bosphore, que la loi leur soit faite par un prêtre, par un pacha ou par un parlement? Cela change-t-il quelque chose à leurs relations avec la nature, les seules qui les occupent? Non, sans doute; toute société libre ou absolue se résout toujours en servitudes plus ou moins senties. — Nous sommes esclaves des lois variables et capricieuses que nous nous faisons, ils le sont de la loi immuable de la force que Dieu leur fait; — tout cela, pour le bonheur ou le malheur, revient au même; — pour la dignité humaine et pour le progrès de l'intelligence et de la morale de l'homme, — non, — non; encore faudrait-il examiner avant de prononcer ce non. — Prenez au hasard cent hommes parmi ces peuples esclaves, et cent hommes parmi nos peuples, soi-disant libres, et pesez. — Où se trouve-t-il plus ou moins de morale et de vertus? — Je le sais bien, mais je frémis de le dire. — Si quelqu'un disait ceci après moi, on me soupçonnerait de partialité pour le despotisme ou de mépris pour la liberté. — On se tromperait! — J'aime la liberté comme un effort difficile et ennoblissant pour l'humanité, — comme j'aime la vertu pour son mérite et non pour sa récompense; mais il s'agit de bonheur, et en philosophe j'examine, et je dis comme Montaigne : *Que sais-je?* Le fait est que nos questions politiques, si capitales dans nos lycées, ou dans nos cafés, ou dans nos clubs, sont bien petites vues de loin, au milieu de l'Océan, du haut des Alpes, à la hauteur de la contemplation philosophique ou religieuse. — Ces questions n'intéressent que quelques hommes qui ont du pain et des heures de reste; — la foule n'a affaire qu'à la nature; — une bonne, belle et divine religion, voilà la politique à l'usage des masses. Ce principe de vie manque à la nôtre, voilà pourquoi nous trébuchons, nous tombons, nous retombons, nous ne marchons pas ; — le souffle de vie nous manque ; nous créons des formes, et l'ame n'y descend pas.—O Dieu ! rendez-nous votre souffle, ou nous périssons. —

∘∘∘

MALTE, 28, 29 ET 30 JUILLET 1832.

SÉJOUR forcé à Malte par une indisposition de Julia. Elle se rétablit ; nous nous décidons à aller à Smyrne en touchant à Athènes. Là, j'établirai ma femme et mon enfant ; et j'irai seul, à travers l'Asie Mineure, visiter les autres parties de l'Orient. Nous levons l'ancre ; nous allons sortir du port ; une voile arrive de l'Archipel ; elle annonce la prise de plusieurs bâtiments par les pirates grecs et le massacre des équipages. Le consul de France, M. Miège, nous conseille d'attendre quelques jours ; le capitaine Lyons, de la frégate anglaise *le Madagascar*, nous offre d'escorter notre brick jusqu'à Nauplie, en Morée, et même de nous remorquer si la marche du brick est inférieure à la marche de la frégate ; il accompagne cette offre de tous les procédés obligeants qui peuvent y ajouter du prix : nous acceptons ; nous partons le mercredi 1ᵉʳ août à huit heures du matin. A peine en mer, le capitaine, dont le vaisseau vole et nous dépasse, fait carguer ses voiles et nous attend. — Il nous jette à la mer un baril auquel un câble est attaché ; nous pêchons le baril et le câble, et nous suivons, commé un coursier en lesse, la masse flottante qui creuse la vague et ne paraît pas s'apercevoir de notre poids. —

Je ne connaissais pas le capitaine Lyons, commandant depuis six ans sur un des vaisseaux de la station anglaise du Levant ; je n'en étais pas connu, même de nom ; je ne l'avais rencontré chez personne à Malte, parcequ'il était en quarantaine : et cependant voilà un officier d'une autre nation, de nation souvent rivale et hostile, qui, au premier signe de notre part, consent à ralentir sa marche de deux ou trois jours, à soumettre son vaisseau et son équipage à une manœuvre souvent très périlleuse (la remorque), à entendre peut-être autour de lui murmurer les marins de son bord d'une condescendance pareille pour un Français inconnu, — tout cela par un seul sentiment de noblesse d'ame et de sympathie pour les inquiétudes d'une femme et pour la souffrance d'un enfant. — Voilà l'officier anglais dans toute sa générosité personnelle ; voilà l'homme dans toute la dignité de son caractère et de sa mission. — Je n'oublierai jamais ni le trait ni l'homme. —L'homme qui vient quelquefois à notre bord pour s'informer de nos convenances et nous renouveler les assurances du plaisir qu'il éprouve à nous protéger me paraît un des plus loyaux et des plus ouverts que j'aie rencontrés. — Rien en lui ne rappelle cette prétendue rudesse du marin ; mais la fermeté de l'homme accoutumé à lutter avec le plus terrible des éléments se marie admirablement, sur sa figure encore jeune et belle, avec la douceur de l'ame, l'élévation de la pensée et la grace du caractère.

Arrivés inconnus à Malte, nous ne voyons pas sans regret ses blanches murailles s'enfoncer au loin sous les flots. — Ces maisons, que nous regardions avec indifférence, il y a peu de jours, ont maintenant une physionomie et un langage pour nous. — Nous connaissons ceux qui les habitent, et des regards bienveillants suivent du haut de ses terrasses les voiles lointaines de nos deux vaisseaux. —

Les Anglais sont un grand peuple moral et politique; — mais, en général, ils ne sont pas un peuple sociable. — Concentrés dans la sainte et douce intimité du foyer de famille, quand ils en sortent ce n'est pas le plaisir, ce n'est pas le besoin de communiquer leur ame ou de répandre leur sympathie, c'est l'usage, c'est la vanité qui les conduit.—La vanité est l'ame de toute société anglaise; — c'est elle qui construit cette forme de société froide, compassée, étiquetée; c'est elle qui a créé ces classifications de rangs, de titres, de dignités, de richesses, par lesquelles seules les hommes y sont marqués, et qui ont fait une abstraction complète de l'homme, pour ne considérer que le nom, l'habit, la forme sociale. — Sont-ils différents dans leurs colonies? Je le croirais, d'après ce que nous avons éprouvé à Malte. — A peine arrivés, nous y avons reçu, de tout ce qui compose cette belle colonie, les marques les plus désintéressées et les plus cordiales d'intérêt et de bienveillance. — Notre séjour n'y a été qu'une hospitalité brillante et continuelle. — Sir Frederick Ponsonby et lady Émilie Ponsonby, sa femme, couple fait pour représenter dignement par-tout, l'un la vertueuse et noble simplicité des grands seigneurs anglais, l'autre la douce et gracieuse modestie des femmes de haut rang dans sa patrie. — La famille de sir Frederick Hankey, M. et madame Nugent, M. Greig, M. Freyre, ancien ambassadeur en Espagne, nous ont accueillis moins en voyageurs qu'en amis. Nous les avons vus huit jours, nous ne les reverrons peut-être jamais; mais nous emportons de leur obligeante cordialité une impression qui va jusqu'au fond du cœur. Malte fut pour nous la colonie de l'hospitalité; quelque chose de chevaleresque et d'hospitalier, qui rappelle ses anciens possesseurs, se retrouve dans ces palais, possédés maintenant par une nation digne du haut rang qu'elle occupe dans la civilisation. On peut ne pas aimer les Anglais, il est impossible de ne pas les estimer.

Le gouvernement de Malte est dur et étroit; il n'est pas digne des Anglais, qui ont enseigné la liberté au monde, d'avoir dans une de leurs possessions deux classes d'hommes, les citoyens et les affranchis.

Le gouvernement provincial et les parlements locaux s'associeraient facilement dans les colonies anglaises à la haute représentation de la mère-patrie. Les germes de liberté et de nationalité, respectés chez les peuples conquis, sont pour l'avenir des germes de vertu, de force et de dignité, pour l'humanité tout entière. L'ombre du pavillon anglais ne devrait couvrir que des hommes libres.

1ᵉʳ AOUT 1832, A MINUIT.

PARTIS ce matin par une grosse mer, un calme absolu nous a surpris à douze lieues en mer; il dure encore; aucun vent dans le ciel, si ce n'est quelques brises perdues qui viennent de temps en temps froisser les voiles des deux vaisseaux; elles font rendre à ces grandes voiles une palpitation sonore, un battement irrégulier, semblable au battement convulsif des ailes d'un oiseau qui meurt; la mer est plane et polie comme la lame d'un sabre; pas une ride; mais de loin en loin, de larges ondulations cylindriques, qui se glissent sous le navire et l'ébranlent, comme un tremblement souterrain. Toute la masse des mâts, des vergues, des haubans, des voiles, craque et frémit alors ainsi que sous un vent trop lourd. Nous n'avançons pas d'une ligne en une heure; les écorces d'orange que Julia jette dans la mer flottent sans déclinaison autour du brick, et le timonnier regarde nonchalamment les étoiles, sans que la barre fasse dévier sa main distraite. Nous avons lâché le câble de remorque qui nous attachait à la frégate anglaise, parceque les deux vaisseaux, ne gouvernant plus, couraient risque de se heurter dans les ténèbres.

Nous sommes maintenant à cinq cents pas environ de la frégate. Les lampes allumées brillent par les sabords au fond des larges et belles chambres d'officiers qui couronnent sa poupe. Un fanal, que l'œil peut confondre avec un des feux du firmament, monte et s'attache à la pointe du mât d'artimon pour nous rallier pendant la nuit. Pendant que nos regards sont attachés à ce phare flottant qui doit nous guider, une musique délicieuse sort tout-à-coup des flancs lumineux de la frégate et résonne sous son nuage de voiles, comme sous les voûtes sonores d'une église.

Les harmonies se varient et se succèdent ainsi pendant plusieurs heures, et répandent au loin, sur cette mer enchantée et dormante, tous les sons que nous avons entendus dans les heures les plus délicieuses de notre vie. Toutes les réminiscences mélodieuses de nos villes, de nos théâtres, de nos airs champêtres, reviennent porter notre pensée vers des temps qui ne sont plus, vers des êtres séparés maintenant de nous par la mort ou par le temps!

Demain, dans quelques heures peut-être, les sons terribles de l'ouragan qui fait crier les mâts, les coups redoublés des vagues sur les flancs creux du navire, le canon de détresse, le tonnerre, les voix convulsives de deux éléments en guerre, et de l'homme qui lutte contre leur fureur combinée, prendront la place de cette musique sereine et majestueuse.

Ces pensées montent dans tous les cœurs, et un silence complet règne sur les deux ponts. Chacun se rappelle quelques unes de ces notes significatives et gravées par une forte impression dans la mémoire, qu'il a entendues autrefois dans quelque circonstance heureuse ou sombre de la vie de son cœur; chacun pense plus tendrement à ce qu'il a laissé derrière lui. On s'inquiète de ce défi que l'homme semble jeter aux tempêtes. Ce sont de ces moments qu'il faut écrire dans sa pensée pour toujours; ils contiennent en quelques minutes plus d'impressions, plus de couleurs, plus de vie, que des années entières écoulées dans les prosaïques vicissitudes de la vie commune. Le cœur est plein et voudrait déborder. C'est alors que l'homme le plus vulgaire se sent poëte par toutes les fibres; c'est alors que le fini et l'infini entrent par tous les pores; c'est alors qu'on veut éclater devant Dieu, ou révéler seulement à un cœur sympathique, ou à tous les hommes, dans la langue des esprits, ce qui se passe dans notre esprit; c'est alors qu'on improviserait des chants dignes de la terre et du ciel; ah! si l'on savait une langue! mais il n'y a pas de langue, sur-tout pour nous, Français; non, il n'y a pas de langue pour la philosophie, l'amour, la religion, la poésie; les mathématiques sont la langue de ce peuple; ses mots sont secs, précis, décolorés comme des chiffres. — Allons dormir.

2 HEURES DU MATIN, MÊME DATE.

JE ne puis dormir; j'ai trop senti; je remonte sur le pont; — peignons; — la lune a disparu sous la brume orangée qui voile l'horizon sans autres limites. Il est bien nuit, mais une nuit sur mer, c'est-à-dire sur un élément transparent qui réfléchit la moindre lueur du firmament et qui semble garder une lumineuse impression du jour. Cette nuit n'est pas noire, elle est seulement pâle et perlée comme la couleur d'une glace quand le flambeau est retiré à côté ou placé derrière. L'air aussi semble mort et dormir sur cette couche assoupie des vagues. Pas un bruit, pas un souffle, pas une voile même qui batte contre la vergue, pas une écume qui bruisse et trace le sillage du brick sur ses flancs qui semblent dormir aussi.

Je regardais cette scène muette de repos, de vide, de silence et de sérénité : je respirais cet air tiède et léger dont la poitrine ne sent ni la chaleur, ni la fraîcheur, ni le poids, et je me disais : Ce doit être là l'air qu'on respire dans le pays des ames, dans les régions de l'immortalité; dans cette atmosphère divine où tout est immuable, voluptueux, parfait.

Une autre face du ciel. — J'avais oublié la frégate anglaise; je regardais du côté opposé; elle était là, en mer, à quelques encâblures de nous; je me retournai par hasard, mes yeux tombèrent sur ce majestueux colosse qui reposait immobile, immense, sans le moindre balancement de sa quille, comme sur un piédestal de marbre poli.

La masse gigantesque et noire du corps du vaisseau se détachait en sombre de sa masse argentée et se dessinait sur le fond bleu du ciel, de l'air, de la mer; pas un soupir de vie ne sortait de ce majestueux édifice; rien n'indiquait ni à l'œil, ni à l'oreille, qu'il fût animé de tant d'intelligence et de vie, peuplé de tant d'êtres pensants et agissants. On l'eût pris pour un de ces grands débris des tempêtes, flottant sans gouvernail, que le navigateur rencontre avec effroi sur les solitudes de la mer du Sud, et où il ne reste pas une voix pour dire comment il a péri; registre mortuaire sans nom et sans date que la mer laisse surnager quelques jours avant de l'engloutir tout-à-fait.

Au-dessus du corps sombre du bâtiment, le nuage de toutes ses voiles était groupé pittoresquement et pyramidait autour de ses mâts. Elles s'élevaient d'étage en étage, de vergue en vergue, découpées en mille formes bizarres, déroulées en plis larges et profonds, semblables aux nombreuses et hautes tourelles d'un château gothique, groupées autour du donjon; elles n'avaient ni le mouvement, ni la couleur éclatante et dorée des voiles vues de loin sur les flots pendant le jour ; immobiles, ternes et teintes par la nuit d'un gris ardoisé, on eût dit une volée de chauves-souris immense, ou d'oiseaux inconnus des mers, abattus, pressés, serrés les uns contre les autres sur un arbre gigantesque et suspendus à son tronc dépouillé au clair de lune d'une nuit d'hiver. L'ombre de ce nuage de voiles descendait d'en haut sur nous, et nous dérobait la moitié de l'horizon. Jamais plus colossale et plus étrange vision de la mer n'apparut à l'esprit d'Ossian dans un songe. Toute la poésie des flots était là. La ligne bleue de l'horizon se confondait avec celle du ciel ; tout ce qui reposait dessus et dessous avait l'apparence d'un seul fluide éthéré dans lequel nous nagions. Tout ce vague sans corps et sans limites augmentait l'effet de cette apparition gigantesque de la frégate sur les flots et jetait l'ame avec l'œil dans la même illusion. Il me semblait que la frégate, la pyramide aérienne de sa voilure, et nous-mêmes, nous étions tous ensemble soulevés, emportés, comme des corps célestes, dans les abîmes liquides de l'éther, ne portant sur rien, planant par une force intérieure sur le vide azuré d'un universel firmament.

Plusieurs jours et nuits semblables passés en pleine mer ; calme plat, ciel de feu ; les vagues roulent immenses du golfe Adriatique dans la mer d'Afrique : ce sont de vastes cylindres légèrement cannelés et dorés le matin et le soir, comme les colonnes des temples de Rome ou de Pæstum.

Je passe les journées sur le pont ; j'écris quelques vers à M. de Montherot, mon beau-frère :

Ami, plus qu'un ami, frère de sang et d'ame,
Dont l'humide regard me suivit sur la lame;
A travers tant de flots jetés derrière moi,
A travers tant de ciel et d'air, je pense à toi;
Je pense à ces loisirs que nous usions ensemble
Au bord de nos ruisseaux, sous le saule ou le tremble:
A nos pas suspendus, à nos doux entretiens,
Qu'entremêlaient souvent ou tes vers ou les miens;
Tes vers, fils de l'éclair, tes vers, nés d'un sourire,
Que tu n'arraches pas palpitants de ta lyre,
Mais que, de jour en jour, ta négligente main
Laisse à tout vent d'esprit tomber sur ton chemin,
Comme ces perles d'eau que pleure chaque aurore,
Dont toute la campagne au réveil se colore,
Qui formeraient un fleuve en se réunissant,
Mais qui tombent sans bruit sur le pied du passant,
Dont le soleil du jour repompe l'humble pluie,
Et qu'aspire en parfum le vent qui les essuie!
Autre temps, autres soins; à tout fruit sa saison:
Avant que ma pensée eût l'âge de raison,
Quand j'étais l'humble enfant qui joue avec sa mère,
Qu'on charme ou qu'on effraie avec une chimère,
J'imitais les enfants mes égaux, dans leurs jeux,
Je parlais leur langage et je faisais comme eux!
J'allais, aux premiers mois où le bourgeon s'élève,
Où l'écorce du bois semble suer la sève,
Vers le torrent qui coule au pied de mon hameau,
Des saules inclinés couper le frais rameau;
Réchauffant de l'haleine une sève encor tendre,
Je détachais du bois l'écorce sans la fendre,
Je l'animais d'un souffle, et bientôt sous mes doigts
Un son plaintif et doux s'exhalait dans le bois;
Ce son, dont aucun art ne réglait la mesure,
N'était rien qu'un bruit vide, un vague et doux murmure,
Semblable aux voix de l'onde, et des airs frémissants,
Dont on aime le bruit, sans y chercher de sens;

Prélude d'un esprit éveillé de bonne heure ,
Qui chante avant qu'il chante et pleure avant qu'il pleure !

Mais ce n'est plus le temps ; je touche à mon midi !
J'ai souffert, et dans moi mon esprit a grandi !
Ces fragiles roseaux, jouets de ma jeunesse,
Ne sauraient contenir le souffle qui m'oppresse :
Il n'est point de langage ou de rhythme mortel ,
Ou de clairon de guerre ou de harpe d'autel ,
Que ne brisât cent fois le souffle de mon ame ;
Tout faiblit à son choc et tout fond à sa flamme !
Il a, pour exhaler ses accords éclatants,
Aux verbes d'ici-bas renoncé dès long-temps ;
Il ferait éclater leurs fragiles symboles ;
Il entrechoquerait des foudres de paroles ,
Et les enfants diraient, en secouant leur front :
« Qu'il nous parle plus bas, Seigneur ! ou nous mourrons . »

Il ne leur parle plus ; il se parle à lui-même,
Dans la langue sans mots, dans le verbe suprême,
Qu'aucune main de chair n'aura jamais écrit,
Que l'ame parle à l'ame et l'esprit à l'esprit !
Des langages humains perdant toute habitude,
Seul, il console ainsi sa morne solitude !
Au dedans de moi-même il gronde incessamment ,
Comme une mer de bruit toujours en mouvement ;
Il fait battre à grands coups mes tempes dans ma tête,
Avec le son perçant du vol de la tempête ;
Il retentit en moi comme un torrent de nuit,
Dont chaque flot emporte et rapporte le bruit,
Comme le contre-coup des foudres de montagnes,
Que mille échos tonnants répètent aux campagnes ;
Comme la voix d'airain de ces lourds vents d'hiver,
Qui tombent comme un poids du Liban sur la mer,
Ou comme ces grands chocs, quand sur un cap qui fume
Elle monte en colline et retombe en écume ;

Voilà les seules voix, voilà les seuls accents
Qui peuvent aujourd'hui chanter ce que je sens!

N'attends donc plus de moi ces vers où la pensée,
Comme d'un arc sonore avec grace élancée,
Et sur deux mots pareils vibrant à l'unisson,
Danse complaisamment aux caprices du son!
Ce froid écho des vers répugne à mon oreille;
Et si du temps passé le souvenir m'éveille,
Si du désert muet du limpide Orient
Mon visage vers vous se tourne en souriant;
Si, pensant aux amis qui verront cette aurore,
Mon ame avec la leur veut se confondre encore,
C'est par une autre voix que mon cœur attendri
Leur jette et leur demande un souvenir chéri.
La prière! accent fort, langue ailée et suprême,
Qui dans un seul soupir confond tout ce qui s'aime,
Rend visibles au cœur, rend présents devant Dieu
Mille êtres adorés, dispersés en tout lieu;
Fait entre eux, par les biens que la vertu nous verse,
Des plus chers dons du ciel l'invisible commerce,
Langage universel jusqu'au ciel répandu,
Qui s'élève plus haut pour mieux être entendu;
Inextinguible encens qui brûle et qui parfume
Celui qui le reçoit et celui qui l'allume!

C'est ainsi que mon cœur se communique à toi :
Tous les mots d'ici-bas sont néant devant moi;
Et si tu veux savoir pourquoi je les méprise,
Suis ma voile qui s'enfle et qui fuit sous la brise,
Et viens sur cette scène où le monde a passé,
Où le désert fleurit sur l'empire effacé,
Sur les tombeaux des Dieux, des héros et des sages,
Assister à trois nuits et voir trois paysages!

Je venais de quitter la terre dont le bruit
Loin, bien loin sur les flots vous tourmente et vous suit,

Cette Europe où tout croule, où tout craque, où tout lutte,
Où de quelques débris chaque heure attend la chute,
Où deux esprits divers, dans d'éternels combats,
Se lancent temple et lois, trône et mœurs en éclats,
Et font, en nivelant le sol qui les dévore
Place à l'esprit de Dieu qu'ils ne voient pas encore.
Mon navire, poussé par l'invisible main,
Glissait en soulevant l'écume du chemin ;
Douze fois le soleil, comme un dieu qui se couche,
Avait roulé sur lui l'horizon de sa couche,
Et s'était relevé bondissant dans les airs,
Comme un aigle de feu, de la crête des mers ;
Mes mâts dorment, pliant l'aile sous les antennes ;
Mon ancre mord le sable, et je suis dans Athènes !

Il est l'heure où jadis cette ville de bruit,
Muette un peu de temps sous le doigt de la nuit,
S'éveillant tour-à-tour dans la gloire ou la honte
Roulait ses flots vivants comme une mer qui monte :
Chaque vent les poussait à leurs ambitions,
Les uns à la vertu, d'autres aux factions,
Périclès au forum, Thémistocle aux rivages,
Aux armes les héros, au portique les sages,
Aristide à l'exil et Socrate à la mort,
Et le peuple au hasard et du crime au remord !
Au pied du Parthénon qu'un homme en turban garde
J'entends venir le jour, je marche et je regarde.

Du haut du Cythéron le rayon part : le jour
De cent chauves sommets va frapper le contour
De leurs flancs à leurs pieds, des champs aux mers d'Ilisse,
Sans que rien le colore et rien le réfléchisse,
Ni cités éclatant de feu dans le lointain,
Ni fumée ondoyante au souffle du matin,
Ni hameaux suspendus au penchant des montagnes,
Ni voiles sur les eaux, ni tours dans les campagnes.

La lumière en passant sur ce sol du trépas
Y tombe morte à terre et n'en rejaillit pas ;
Seulement le rayon le plus haut de l'aurore
Effleure sur mon front le Parthénon qu'il dore.
Puis glissant à regret sur ses créneaux noircis
Où dort, la pipe en main, le janissaire assis,
Va, comme pour pleurer la corniche brisée,
Mourir sur le fronton du temple de Thésée !
Deux beaux rayons jouant sur deux débris , voilà
Tout ce qui brille encore et dit : Athène est là !

6 AOUT 1832. EN MER.

LE 6, à midi, nous aperçûmes sous les nuages blancs de l'horizon les cimes inégales des montagnes de la Grèce ; le ciel était pâle et gris comme sur la Tamise ou sur la Seine au mois d'octobre ; un orage déchire, au couchant, le noir rideau de brouillards qui traîne sur la mer ; le tonnerre éclate ; les éclairs jaillissent, et une forte brise du sud-est nous apporte la fraîcheur et l'humidité de nos vents pluvieux d'automne.

L'ouragan nous jette hors de notre route et nous nous trouvons tout près de la côte de Navarin ; nous distinguons les deux îlots qui ferment l'entrée de son port, et la belle montagne aux deux mamelles qui couronne Navarin. C'est là que le canon de l'Europe a crié naguère à la Grèce ressuscitée : la Grèce a mal répondu ; affranchie des Turcs par l'héroïsme de ses enfants et par l'assistance de l'Europe, elle est maintenant en proie à ses propres ravages ; elle a versé le sang de Capo-d'Istria, qui avait dévoué sa vie à sa cause.

L'assassinat d'un de ses premiers citoyens ouvre mal une ère de résurrection et de vertu. Il est douloureux que la pensée d'un grand crime soit une des premières qui s'élèvent à l'aspect de cette terre, où l'on vient chercher des images de patriotisme et de gloire.

A mesure que le vaisseau se rapproche du golfe de Modon, les rivages du Péloponèse se détachent et s'articulent; ils sortent du brouillard flottant qui les enveloppe. Ces rivages, dont les voyageurs parlent avec mépris, me semblent au contraire très bien dessinés par la nature : grandes coupes de montagnes et gracieuse ondulation de lignes. J'ai peine à en détacher mes regards. La scène est vide, mais pleine du passé ; la mémoire peuple tout. Ce groupe noirâtre de collines, de caps, de vallées, que l'œil embrasse tout entier d'ici, comme une petite île sur l'Océan, et qui n'est qu'un point sur la carte, a produit à lui seul plus de bruit, plus de gloire, plus d'éclat, plus de vertus et plus de crimes que des continents tout entiers. Ce monceau d'îles et de montagnes, d'où sortaient presque à-la-fois Miltiade, Léonidas, Thrasibule, Epaminondas, Démosthène, Alcibiade, Périclès, Platon, Aristide, Socrate, Phidias; cette terre, qui dévorait les armées de deux millions d'hommes de Xercès, qui envoyait ses colonies à Bysance, en Asie, en Afrique, qui créait ou renouvelait les arts de l'esprit et les arts de la main, et les poussait en un siècle et demi jusqu'à ce point de perfection où ils deviennent types et ne sont plus surpassés ; cette terre, dont l'histoire est notre histoire, dont l'Olympe est encore le ciel de notre imagination ; cette terre, d'où la philosophie et la poésie ont pris leur vol vers le reste du globe, et où elles reviennent sans cesse, comme des enfants à leur berceau , la voilà. Chaque flot me porte vers elle ; j'y touche. Son apparition m'émeut profondément , bien moins pourtant que si tous ces souvenirs n'étaient pas flétris dans ma pensée à force d'avoir été ressassés dans ma mémoire avant que ma pensée les comprît. La Grèce est pour moi comme un livre dont les beautés sont ternies parce qu'on nous l'a fait lire avant de pouvoir le comprendre.

Cependant tout n'est pas désenchanté Il y a encore à tous ces grands noms un reste d'écho dans mon cœur. Quelque chose de saint, de doux, de parfumé monte avec ces horizons dans mon ame. Je remercie Dieu d'avoir vu en passant sur cette terre, ce pays *des faiseurs de grandes choses*, comme Epaminondas appelait sa patrie.

Pendant toute ma jeunesse j'ai desiré faire ce que je fais, voir ce que je vois. Un desir enfin satisfait est un bonheur. J'éprouve à l'aspect de ces horizons tant rêvés ce que j'ai éprouvé toute ma vie dans la possession de tout ce que j'ai vivement desiré : un plaisir calme et contemplatif qui se replie sur lui-même ; un repos de l'esprit et de l'ame qui s'arrêtent un moment, qui se disent : Faisons halte ici et jouissons ; mais au fond ces bonheurs de l'esprit et de l'imagination sont bien froids. Ce n'est pas là du bonheur de l'ame ; celui-là n'est que dans l'amour humain ou divin, mais toujours dans l'amour.

Nous naviguons délicieusement par un vent favorable qui nous pousse entre le cap Matapan et l'ile de Cérigo.

Un pirate grec s'approche de nous pendant que la frégate est à quelques lieues en mer à la poursuite d'un bâtiment suspect. Le brick grec n'est qu'à une encâblure de nous ; nous montons tous sur le pont : nous nous préparons au combat ; nos canons sont chargés ; le pont est jonché de fusils et de pistolets. Le capitaine somme le commandant du brick grec de se retirer. Celui-ci, voyant vingt-cinq hommes bien armés sur notre pont, se décide à ne pas risquer l'abordage. Il s'éloigne, il revient une seconde fois et touche presque à notre bâtiment. Nous allons faire feu. Il se retire et s'excuse encore et reste pendant un quart d'heure à portée de pistolet. Il prétend qu'il est comme nous un bâtiment marchand rentrant dans l'Archipel. J'observe son équipage. Jamais je n'ai vu des figures où le crime, le meurtre et le pillage fussent écrits en plus hideux caractères. On aperçoit quinze ou vingt bandits, les uns en costume albanais, les autres avec des lambeaux d'habits européens, assis, couchés ou manœuvrant sur son bord. Tous sont armés de pistolets et de poignards dont les manches étincèlent de ciselures d'argent. Il y a du feu sur le pont, où deux femmes âgées font cuire du poisson. Une jeune fille de quinze à seize ans paraît de temps en temps parmi ces mégères. Figure céleste, apparition angélique au milieu de ces figures infernales. Une des vieilles femmes la repousse plusieurs fois dans l'entrepont, elle descend en pleurant; une dispute s'élève apparemment à ce sujet entre quelques hommes de l'équipage. Deux poignards sont tirés et brandis : le capitaine, qui fume nonchalamment sa pipe accoudé sur la barre, se jette entre les deux bandits, il en renverse un sur le pont; tout s'apaise ; la jeune Grecque remonte, elle essuie ses yeux avec les longues tresses de ses cheveux; elle s'assied au pied du grand mât. Une des vieilles femmes est à genoux derrière elle et peigne les longs cheveux de la jeune fille. Le vent fraîchit. Le pirate grec met le cap sur Cérigo et en un clin d'œil il se couvre de voiles et n'est bientôt plus qu'un point blanc à l'horizon.

Nous mettons en panne pour attendre la frégate, qui tire un coup de canon pour nous avertir. En peu d'heures elle nous a rejoints. Le pirate grec, qu'elle poursuivait, lui a échappé. Il est entré dans une des anses inaccessibles de la côte, où ils se réfugient toujours en pareille rencontre.

MÊME JOUR, ONZE HEURES.

TOUTES les fois qu'une forte impression remue mon ame, je me sens le besoin de dire, d'écrire à quelqu'un ce que j'éprouve, de trouver quelque part une joie de ma joie, un retentissement de ce qui m'a frappé. Le sentiment isolé n'est pas complet : l'homme a été créé double.

Hélas! quand je regarde maintenant autour de moi, il y a déja bien du vide. Julia et Marianne[1] comblent tout à elles seules, mais Julia est encore si jeune que je ne lui dis que ce qui est à la portée de son âge. C'est tout l'avenir, ce sera bientôt tout le présent pour nous; mais le passé, où est-il déja?

La personne qui aurait joui le plus de mon bonheur en ce moment, c'est ma mère. Dans tout ce qui m'arrive d'heureux ou de triste, ma pensée se tourne involontairement vers elle. Je crois la voir, l'entendre, lui parler, lui écrire. Quelqu'un dont on se souvient tant n'est pas absent; ce qui vit si complétement, si puissamment dans nous-mêmes n'est pas mort pour nous. Je lui fais toujours sa part, comme pendant sa vie, de toutes mes impressions, qui devenaient si vite et si entièrement les siennes; qui s'embellissaient, se coloraient, s'échauffaient dans son imagination rayonnante, imagination qui a toujours eu seize ans! Je la cherche en idée dans la modeste et pieuse solitude de Milly, où elle nous a élevés, où elle pensait à nous pendant que les vicissitudes de ma jeunesse nous séparaient. Je la vois attendant, recevant, lisant, commentant mes lettres, s'enivrant plus que moi - même de mes impressions. Vain songe! elle n'y est plus; elle habite le monde des réalités; nos songes fugitifs ne sont plus rien pour elle: mais son esprit est avec nous, il nous visite, il nous suit, il nous protége; *notre conversation est avec elle dans les régions éternelles.*

J'ai perdu ainsi avant l'âge de la maturité la

[1] Madame de Lamartine.

plus grande partie des êtres que j'ai aimés le plus ou qui m'ont le plus aimé ici-bas. Ma vie aimante s'est concentrée, mon cœur n'a plus que quelques cœurs pour se réfugier; mon souvenir n'a plus guère que des tombeaux où se poser sur la terre; je vis plus avec les morts qu'avec les vivants; si Dieu frappait encore deux ou trois de ses coups autour de moi, je sens que je me détacherais entièrement de moi-même; car je ne me contemplerais plus, je ne m'aimerais plus dans les autres; et ce n'est que là qu'il m'est possible de m'aimer.

Très jeune, je m'aimais en moi : l'enfance est égoïste. C'était bon alors, à seize ou dix-huit ans, quand je ne me connaissais pas encore, quand je connaissais encore moins la vie; mais à présent j'ai trop vécu, j'ai trop connu pour tenir à cette forme d'existence qu'on appelle le moi humain. Qu'est-ce qu'un homme, grand Dieu! Et quelle pitié d'attacher la moindre importance à ce que je sens, à ce que je pense, à ce que j'écris! Quelle place est-ce que je tiens dans les choses? Quel vide laisserai-je dans le monde? un vide de quelques jours dans un ou deux cœurs; une place au soleil; mon chien qui me cherchera; des arbres que j'ai aimés et qui s'étonneront de ne me pas voir revenir sous leur ombre : voilà tout! Et puis tout cela passera à son tour. On ne commence à sentir l'inanité de l'existence que du jour où l'on n'est plus nécessaire à personne, que de l'heure où l'on ne peut plus être chéri : la seule réalité d'ici-bas, je l'ai toujours senti, c'est l'amour! l'amour sous toutes ses formes.

LES côtes élevées de la Laconie sont là, à quelques portées de canon de nos yeux. Nous les longeons par une jolie brise; elles glissent majestueusement devant nous. Accoudé sur la lisse du vaisseau, mes regards saisissent, pour s'en souvenir, ces formes classiques des montagnes de la Grèce; elles se déroulent aussi comme des vagues de pierre et de terre; elles s'élèvent, s'abaissent, se groupent devant moi comme les nuages de la patrie de son ame devant l'esprit d'Ossian. Je passe une ou deux heures à faire en silence cette revue des collines et des noms sonores de cette terre morte. Les monts Chromius, où l'Eurotas prend sa source, lancent dans les airs leurs sommets arrondis; le globe du soleil y descend et les frappe, comme des dômes de cuivre doré; il enflamme autour de lui sa couche de nuages; ces sommets deviennent transparents comme l'air même qui les enveloppe et dont on peut à peine les distinguer; on jurerait que l'on voit, à travers, la lueur d'un autre soleil déja couché ou l'immense réverbération d'un incendie lointain.

Une de ces montagnes entre autres présente à nos yeux la forme d'un croissant renversé; elle semble se creuser à mesure pour ouvrir un sillon aérien au disque du jour, qui y roule dans la poussière d'or de la vapeur qui monte à lui. Les crêtes plus rapprochées, que le soleil a déja franchies, se teignent de violet pourpré ou de couleur de lilas pâle; elles nagent dans une atmosphère aussi riche que la palette d'un peintre; plus près de nous encore, d'autres collines, couvertes déja de l'ombre du soir, semblent vêtues de noires forêts; enfin celles qui forment le premier plan, celles que nous touchons et dont l'écume lave les falaises, sont toutes plongées dans la nuit; l'œil n'y distingue que quelques anses où se réfugient les nombreux pirates de ces bords et quelques promontoires avancés qui portent, comme Napoli de Malvoisie, des villes ou des forteresses sur leur sommet escarpé. Ces montagnes, vues ainsi du pont d'un navire, à cette heure où la nuit les drape de ses mille illusions de couleur, sont peut-être les plus belles formes terrestres que mes yeux aient encore contemplées; et puis le navire flotte si doucement incliné comme un balcon mobile sur la mer, qui murmure en caressant sa quille; l'air est si tiéde et si parfumé; les voiles rendent de si beaux sons à chaque bouffée de la brise du soir! presque tout ce que j'aime est là, tranquille, heureux, en sûreté, regardant, jouissant avec moi. Julia et sa mère sont accoudées tout près de moi sur les haubans. La figure de l'enfant rayonne à tous les aspects, à tous les noms, à tous les faits historiques que sa mère lui raconte à mesure; ses yeux flottent avec les nôtres sur toutes ces scènes dont les drames merveilleux lui sont déja connus! il y a du génie dans son regard; on y voit la pensée profonde, vivante, chaude, rapide, d'une ame qui éclot sous l'ame ardente et aimante de sa mère; elle semble jouir autant que nous, et sur-tout parcequ'elle nous voit intéressés et heureux; car l'ame de cette enfant vit de la nôtre; une larme vient dans ses yeux si elle me voit triste et rêveur; ses traits sont un reflet simultané des miens, et le sourire de toutes nos joies n'attend jamais un sourire pareil sur ses lèvres; qu'elle est belle ainsi!

J'ai vu long-temps, et sur toutes leurs faces, les montagnes de Rome et de la Sabine; celles-ci les surpassent en variété de groupes, en majesté de formes, en splendeur éblouissante de teintes; leurs lignes sont infinies; il faudrait un volume pour décrire ce qu'un tableau dirait d'un regard; mais pour être vues dans toute leur beauté imaginaire, il faut les apercevoir ainsi au tomber du jour; alors on les voit vêtues, comme dans leur jeunesse, de forêts et de verts pâturages, et de chaumières rustiques, et de troupeaux, et de pasteurs; les ombres les vêtissent; elles n'ont pas d'autres vêtements, de même que l'histoire des hommes qui les ont illustrées a besoin des nuages du passé et des prestiges de la distance pour attacher et séduire nos pensées; il ne faut rien voir au grand jour du soleil, à la lumière du présent; dans ce triste monde il n'y a de complétement beau que ce qui est idéal; l'illusion en toutes choses est un élément du beau, excepté en vertu et en amour.

MÊME DATE. HUIT HEURES DU SOIR.

LE vent devient plus frais; nous voguons par une jolie mer devant l'embouchure de différents golfes; nous approchons du cap San-Angélo, ancien cap Malia : nous y toucherons bientôt.

E vent a manqué; nous avons passé la nuit sans avancer, à peu de distance du cap Malia.

A brise est douce et nous jette sur le cap. La frégate qui nous remorque creuse devant nous une route plane et murmurante où nous volons sur sa trace dans des flocons d'écume, que sa quille fait bondir en fuyant. Le capitaine Lyons, qui connaît ces parages, veut nous faire jouir de la vue du cap et des terres en passant à cent toises au plus de la côte.

A l'extrémité du cap San-Angélo ou Malia, qui s'avance beaucoup dans la mer, commence le passage étroit que les marins timides évitent en laissant l'île de Cérigo sur leur gauche. Ce cap est le cap des tempêtes pour les matelots grecs. Les pirates seuls l'affrontent, parcequ'ils savent qu'on ne les y suivra pas. Le vent tombe de ce cap avec tant de poids et de fougue sur la mer, qu'il lance souvent des pierres roulantes de la montagne jusque sur le pont des navires.

Sur la pente escarpée et inaccessible du rocher qui forme la dent du cap, dent aiguisée par les ouragans et par l'écume des flots, le hasard a suspendu trois rochers détachés du sommet, et arrêtés

à mi-pente dans leur chute. Ils sont là comme un
nid d'oiseaux de mer penché sur l'abîme écumant
des mers. Un peu de terre rougeâtre, arrêtée aussi
par ces trois rochers inégaux, y donne racine à
cinq ou six figuiers rabougris qui pendent eux-
mêmes avec leurs rameaux tortueux et leurs larges
feuilles grises sur le gouffre bruyant qui tournoie
à leurs pieds. L'œil ne peut discerner aucun sentier, aucun escarpement praticable, par où l'on
puisse parvenir à ce petit tertre de végétation. Cependant on distingue une petite maison basse sous
les figuiers, maison grise et sombre comme le roc
qui lui sert de base, et avec lequel on la confond
au premier regard. Au-dessus du toit plat de la
maison s'élève une petite ogive vide, comme au-
dessus de la porte des couvents d'Italie : une cloche
y est suspendue ; à droite, on voit des ruines antiques de fondation de briques rouges, où trois
arcades sont ouvertes ; elles conduisent à une petite
terrasse qui s'étend devant la maison. Un aigle aurait craint de bâtir son aire dans un tel endroit,
sans un tronc d'arbre, sans un buisson pour s'a-
briter du vent qui rugit toujours, du bruit éternel
de la mer qui brise, de son écume, qui lèche sans
relâche le rocher poli, sous un ciel toujours brûlant. Eh bien ! un homme a fait ce que l'oiseau
même aurait à peine osé faire ; il a choisi cet asile.
Il vit là : nous l'aperçûmes ; c'est un ermite. Nous
doublions le cap de si près, que nous distinguions
sa longue barbe blanche, son bâton, son chapelet,
son capuchon de feutre brun, semblable à celui
des matelots en hiver. Il se mit à genoux pendant
que nous passions, le visage tourné ver la mer,

comme s'il eût imploré le secours du ciel pour des
étrangers inconnus dans ce périlleux passage. Le
vent qui s'échappe avec fureur des gorges de la Laconie, aussitôt qu'on a doublé le rocher du cap,
commençait à résonner dans nos voiles, à faire
chanceler et tournoyer les deux bâtiments, et à
couvrir la mer d'écume à perte de vue. Une nouvelle mer s'ouvrait devant nous. L'ermite monta,
pour nous suivre plus loin des yeux, sur la crête
d'un des trois rochers, et nous le distinguâmes là,
à genoux et immobile, tant que nous fûmes en vue
du cap.

Qu'est-ce que cet homme? Il lui faut une ame
trois fois trempée pour avoir choisi cet affreux séjour; il faut un cœur et des sens avides de fortes
et éternelles émotions, pour vivre dans ce nid de
vautour, seul avec l'horizon sans bornes, les ouragans et les mugissements de la mer : son unique
spectacle, c'est de temps en temps un navire qui
passe, le craquement des mâts, le déchirement
des voiles, le canon de détresse, les clameurs des
matelots en perdition.

Ces trois figuiers, ce petit champ inaccessible,
ce spectacle de la lutte convulsive des éléments,
ces impressions âpres, sévères, méditatives dans
l'ame, c'est là un des rêves de mon enfance et de
ma jeunesse. Par un instinct que la connaissance
des hommes confirma plus tard, je n'ai jamais
placé le bonheur que dans la solitude; seulement
alors j'y plaçais l'amour, j'y placerais maintenant
l'amour, Dieu et la pensée : ce désert suspendu
entre le ciel et la mer, ébranlé par le choc incessant des airs et des vagues, serait encore un des

charmes de mon cœur. C'est l'attitude de l'oiseau des montagnes touchant encore du pied la cime aiguë du rocher, et battant déja des ailes pour s'élancer plus haut dans les régions de la lumière. Il n'y a aucun homme bien organisé qui ne devînt, dans un pareil séjour, ou un saint ou un grand poëte, tous les deux peut-être. Mais quelle violente secousse de la vie n'a-t-il pas fallu pour me donner à moi-même de pareilles pensées et de pareils desirs! et pour jeter là ces autres hommes que j'y vois! Dieu le sait. Quoi qu'il en soit, ce ne peut être un homme vulgaire, que celui qui a senti la volupté et le besoin de se cramponner, comme la liane pendante, aux parois d'un pareil abîme, et de s'y balancer pendant toute une vie au tumulte des éléments, à la terrible harmonie des tempêtes, seul avec son idée, devant la nature et devant Dieu.

MÊME DATE

A quelques lieues du cap la mer redevient plus belle. De légères embarcations grecques, sans pont et couvertes de voiles, passent à côté de nous dans les profondes vallées des vagues; elles sont pleines de femmes et d'enfants qui vont vendre à Hydra des corbeilles de melons et de raisins. Le moindre souffle de vent les fait pencher sur la mer jusqu'à y baigner leurs voiles. Elles n'ont pour se défendre de la lame qu'une toile tendue qui élève de quelques pieds le bord exposé à la vague; elles sont souvent cachées à nos yeux par le flot et par l'écume ; elles remontent comme un liège flottant sur l'eau. Quelle vie! c'est celle de presque tous les Grecs : leur élément c'est la mer ; ils y jouent comme l'enfant de nos hameaux sur les bruyères de nos montagnes. La destinée du pays est écrite par la nature : c'est la mer.

MÊME DATE.

Voici les sommets lointains de l'île de Crète qui s'élèvent à notre droite, voici l'Ida couvert de neiges qui paraît ici comme les hautes voiles d'un vaisseau sur la mer.

Nous entrons dans un vaste golfe, c'est celui d'Argos ; nous filons vent arrière avec la rapidité d'une volée de goëlans ; les rochers, les montagnes, les îles des deux rivages, fuient comme des nuages sombres devant nous. La nuit tombe ; nous apercevons déja le fond du golfe, qui a pourtant dix lieues de profondeur ; les mâts de trois escadres mouillées devant Nauplie se dessinent comme une forêt d'hiver sur le fond du ciel et de la plaine d'Argos. Bientôt l'obscurité est compléte ; les feux s'allument sur le penchant des montagnes et dans les bois, où les bergers grecs gardent leurs troupeaux ; les vaisseaux tirent le canon du soir. Nous voyons briller successivement tous les sabords de ces soixante bâtiments à l'ancre comme les rues d'une grande ville éclairées par ses réverbères ; nous entrons dans ce dédale de navires, et nous allons mouiller en pleine nuit près d'un petit fort qui protége la rade de Nauplie en face de la ville, et sous l'ombre du château de Palamide.

JE me léve avec le soleil pour voir enfin de près le golfe d'Argos, Argos, Nauplie, la capitale actuelle de la Gréce. Déception complète : Nauplie est une misérable bourgade bâtie au bord d'un golfe profond et étroit, sur une marge de terre tombée des hautes montagnes qui couvrent toute cette côte; les maisons n'ont aucun caractère étranger ; elles sont bâties dans la forme des habitations les plus vulgaires des villages de France ou de Savoie. La plupart sont en ruines, et les pans de murs renversés par le canon de la dernière guerre, sont encore couchés au milieu des rues. Deux ou trois maisons neuves, peintes de couleurs crues, s'élévent sur le quai, et quelques cafés et boutiques de bois s'avancent sur les pilotis dans la mer; ces cafés et ces balcons sur l'eau sont couverts de quelques centaines de Grecs dans leur costume le plus recherché, mais le plus sale; ils sont assis ou couchés sur les planches ou sur le sable, formant mille groupes pittoresques. Toutes les physionomies sont belles, mais tristes et féroces ; le poids de l'oisiveté pèse dans toutes leurs attitudes. La paresse des Napolitains est douce, sereine et gaie : c'est la nonchalance du bonheur; la paresse de ces Grecs est lourde, morose et sombre : c'est un vice qui se punit lui-même. Nous détournons nos yeux de Nauplie, nous admirons la belle forteresse de Palamide, qui régne sur toute la montagne dont la ville est dominée; les murailles crénelées ressemblent aux dentelures d'un rocher naturel.

Mais où est Argos ? Une vaste plaine stérile et nue, entrecoupée de marais, s'étend et s'arrondit au fond du golfe; elle est bornée de toutes parts par des chaînes de montagnes grises. Au bout de cette plaine, à environ deux lieues dans les terres, on aperçoit un mamelon qui porte quelques murs fortifiés sur sa cime, et qui protége de son ombre une bourgade en ruines : c'est là Argos. Tout près de là est le tombeau d'Agamemnon. Mais que m'importe Agamemnon et son empire? Ces vieilleries historiques et politiques ont perdu l'intérêt de la jeunesse et de la vérité. Je voudrais voir seulement une vallée d'Arcadie; j'aime mieux un arbre, une source sous le rocher, un laurier rose au bord d'un fleuve, sous l'arche écroulée d'un pont tapissé de lianes, que le monument d'un de ces royaumes classiques qui ne rappellent plus rien à mon esprit que l'ennui qu'ils m'ont donné dans mon enfance.

10 AOUT.

Nous avons passé deux jours à Nauplie; Julia m'inquiète de nouveau. Je reste quelques jours encore pour attendre qu'elle soit complétement remise. Nous sommes à terre dans la chambre d'une mauvaise auberge, en face d'une caserne de troupes grecques. Les soldats sont tout le jour couchés à l'ombre des pans de murs ruinés au milieu des rues et des places de la ville; leurs costumes sont riches et pittoresques; leurs traits portent l'empreinte de la misère, du désespoir et de toutes les passions féroces que la guerre civile allume et fomente dans ces ames sauvages. L'anarchie la plus complète règne en ce moment dans la Morée. Chaque jour, une faction triomphe de l'autre, et nous entendons les coups de fusil des Klephtes, des Colocotroni, qui se battent de l'autre côté du golfe contre les troupes du gouvernement. On apprend, à chaque courrier qui descend des montagnes, l'incendie d'une ville, le pillage d'une plaine, le massacre d'une population, par un des partis qui ravagent leur propre patrie. On ne peut sortir des portes de Nauplie sans être exposé aux coups de fusil. Le prince Karadja a la bonté de me proposer une escorte de ses palikars pour aller visiter le tombeau d'Agamemnon, et le général Corbet, qui commande les troupes françaises, veut bien y joindre un détachement de ses soldats; je refuse; je ne veux pas exposer pour l'intérêt d'une vaine curiosité la vie de quelques hommes, ce que je me reprocherais éternellement.

12 AOUT 1832.

J'AI assisté ce matin à une séance du parlement grec. La salle est un hangar de bois; les murs et le toit sont formés de planches de sapin mal jointes; les députés sont assis sur des banquettes élevées autour d'une aire de sable, ils parlent de leur place.

Nous nous asséyons, pour les voir arriver, sur un monceau de pierres à la porte de la salle. — Ils viennent successivement à cheval, accompagnés chacun d'une escorte plus ou moins nombreuse suivant l'importance du chef. Le député descend de cheval, et ses palikars, chargés d'armes superbes, vont se grouper à quelque distance dans la petite plaine qui entoure la salle. Cette plaine présente l'image d'un campement ou d'une caravane.

L'attitude de ces députés est martiale et fière; ils parlent sans confusion, sans interruption, d'un ton de voix ému, mais ferme, mesuré et harmonieux. Ce ne sont plus ces figures féroces qui repoussent l'œil dans les rues de Nauplie; ce sont des chefs d'un peuple héroïque qui tiennent encore à la main le fusil ou le sabre avec lequel ils viennent de combattre pour sa délivrance et qui délibèrent ensemble sur les moyens d'assurer le triomphe de leur liberté. Leur parlement est un conseil de guerre.

On ne peut rien imaginer de plus simple et à-la-fois de plus imposant que le spectacle de cette nation armée délibérant ainsi sur les ruines de sa patrie, sous une voûte de planches élevée en plein champ, tandis que les soldats polissent leurs armes à la porte de ce sénat, et que les chevaux hennissent impatients de reprendre le sentier des montagnes. Il y a des têtes admirables de beauté, d'intelligence et d'héroïsme parmi ces chefs; ce sont les montagnards. Les Grecs marchands des îles se reconnaissent aisément à des traits plus efféminés, et à l'expression astucieuse des physionomies. Le commerce et l'oisiveté de leurs villes ont enlevé la noblesse et la force à leurs visages, pour y imprimer

9.

l'empreinte de l'habileté vulgaire et de la ruse qui les caractérisent.

○○○

12 AOUT 1832.

FÊTE charmante donnée à son bord par l'amiral Hotham, qui commande la station anglaise dans la rade de Nauplie. Il nous fait visiter son vaisseau à trois ponts, *le Saint-Vincent*, et fait exécuter pour nous le simulacre d'un combat naval. Un vaisseau monté de seize cents hommes, et vu ainsi au moment du combat, est le chef-d'œuvre de l'intelligence humaine.

Homme excellent dont la figure et les manières réunissent ce rare mélange de la noblesse du vieux guerrier et de la douceur bienveillante du philosophe, caractère commun des belles physionomies des hommes de l'aristocratie anglaise. Il nous propose un de ses bâtiments de guerre pour nous accompagner jusqu'à Smyrne. Je refuse et je réclame cette obligeance de M. l'amiral Hugon, qui commande l'escadre française. Il veut bien nous donner le brick *le Génie*, commandé par M. le capitaine Cuneo d'Ornano ; mais il ne nous escortera que jusqu'à Rhodes.

Je dîne chez M. Rouen, ministre de France en Grèce ; j'ai dû moi-même occuper ce poste sous la restauration. Il me félicite de ne l'avoir pas obtenu. M. Rouen, qui a passé à Nauplie tous les mauvais jours de l'anarchie grecque, soupire après sa délivrance. Il se console de la sévérité de son exil, en accueillant ses compatriotes et en représentant avec

une grace et une cordialité parfaites la haute protection de la France dans un pays qu'il faut aimer
dans son passé et dans son avenir.

---

15 AOUT 1832.

JE n'écris rien : mon ame est flétrie et morne
comme l'affreux pays qui m'entoure : rochers
nus, terre rougeâtre ou noire, arbustes ram-
pants et poudreux, plaines marécageuses où le vent
glacé du nord, même au mois d'août, siffle sur des
moissons de roseaux : voilà tout. Cette terre de la
Grèce n'est plus que le linceul d'un peuple ; cela ressemble à un vieux sépulcre dépouillé de ses osse-
ments, et dont les pierres même sont dispersées et
brunies par les siècles. Où est la beauté de cette Grèce
tant vantée ? Où est son ciel doré et transparent ?
Tout est terne et nuageux comme dans une gorge de
la Savoie ou de l'Auvergne aux derniers jours de l'automne. La violence du vent du nord, qui entre avec
des vagues bruyantes jusqu'au fond du golfe où
nous sommes mouillés, nous empêche de partir.

---

18 AOUT 1832. EN MER. MOUILLÉS DEVANT LES JARDINS D'HYDRA.

ENFIN nous sommes partis dans la nuit d'hier
par une jolie brise du sud-est ; nous dormions
dans nos hamacs. A 7 heures nous sommes
hors du golfe ; la mer est belle et frappe harmo-
nieusement les parois du brick. Nous sommes dans

le canal qui se prolonge entre la terre ferme et les îles d'Hydra et Spezzia.

Vers midi nous sommes affalés à la côte du continent en face d'Hydra. Des coups de vent terribles, et partant de tous les points du compas, rendent la manœuvre périlleuse. Nos voiles sont déchirées; nous risquons de rompre nos mâts; pendant trois heures nous luttons sans relâche contre des ouragans furieux; les matelots sont épuisés de fatigue; le capitaine semble inquiet du sort du navire; enfin il réussit à atteindre l'abri d'une côte élevée et un mouillage connu des marins en face d'une charmante colline qu'on appelle les jardins d'Hydra. Nous y jetons l'ancre à un mille du rivage et non loin du brick de guerre *le Génie*, qui a fait la même marche.

Journée de repos sur une mer toujours agitée, et aux coups du vent qui siffle dans nos mâts: nous descendons sur la côte; c'est le plus joli site que nous ayons encore visité en Grèce: de hautes montagnes dominent le paysage; elles gardent encore quelques couches de terre, quelques pelouses d'un vert pâle sur leurs flancs arrondis; elles descendent mollement et cachent leur pied dans quelques bois d'oliviers; plus loin, elles s'étendent en pente douce jusqu'au canal d'Hydra qui coule à leur pied comme un large fleuve plutôt que comme une mer. Là on repose ses yeux sur une ou deux maisons de campagne entourées de jardins et de vergers : des champs cultivés, des groupes de châtaigniers et de chênes verts, des troupeaux, quelques paysans grecs qui travaillent à la terre: nous lançons nos chiens et nous chassons tout le jour sur la montagne; nous revenons avec du gibier.

La ville d'Hydra, qui couvre toute la petite île de ce nom, brille de l'autre côté du canal, blanche, resplendissante, éclatante comme un rocher taillé d'hier. Cette île n'offre pas un pouce de terre à l'œil; tout est pierre; la ville couvre tout; les maisons se dressent perpendiculairement les unes sur les autres, refuge de la liberté du commerce, de l'opulence des Grecs pendant la domination des Turcs. On peut mesurer la civilisation croissante ou décroissante d'une nation aux sites de ses villes et de ses villages : quand la sécurité et l'indépendance augmentent, les villes descendent des montagnes dans les plaines; quand la tyrannie et l'anarchie renaissent, elles remontent sur les rochers ou se réfugient sur les écueils de la mer. Dans le moyen-âge, en Italie, sur le Rhin, en France, les villes étaient des nids d'aigle sur la pointe des rocs inaccessibles.

MÊME DATE.

L A nuit est calme. Nous passons une soirée délicieuse sur le pont. Nous partirons demain si le vent du nord ne reprend pas avec la même force

15 AOUT 1832. EN MER.

N ous avons levé l'ancre à trois heures du matin. Un vent maniable nous a laissés approcher de la pointe du continent qui avance dans la mer d'Athènes; mais là, une nouvelle tempête nous a assaillis, plus violente encore que la veille ; nous avons été en un instant séparés des deux bâtiments qui naviguaient de conserve avec nous. La mer est devenue énorme ; nous roulions d'un abîme dans l'autre, les vergues trempant dans la vague et l'écume jaillissant sur le pont. Le capitaine s'obstine à doubler ce cap ; après plusieurs heures de manœuvres impuissantes, il réussit ; nous voilà en pleine mer ; mais le vent est si fort que le brick dérive considérablement. Nous sommes forcés de mettre le cap sur les montagnes qui se dessinent de l'autre côté de la mer d'Athènes. Nous filons dix nœuds dans un nuage de poussière humide, et sous les flocons d'écume qui s'élancent de la proue et des deux flancs du navire. De temps en temps l'horizon s'éclaircit et nous laisse entrevoir le cap Colonne qui blanchit devant nous. Nous espérons aller le soir mouiller au pied de ces colonnes, et saluer la mémoire du divin Platon, qui venait méditer deux mille ans avant nous sur ce même promontoire de *Sunium*. Mes regards ne quittent pas l'horizon des montagnes d'Athènes, d'où la tempête nous repousse. Enfin, au déclin du soleil, le vent s'amollit ; nous faisons une bordée sur l'île d'Egine. Nous tombons presque en calme à l'abri de l'île et de la côte du continent, et nous entrons à la chute du jour dans un autre golfe formé par l'île et par les beaux rivages de Corinthe. La mer est comme un miroir, et il nous semble naviguer sur un fleuve sans vagues dont le cours insensible nous porte jusqu'au mouillage. Nous jetons l'ancre au moment où la nuit tombe dans un lac immense et enchanté, que de sombres montagnes enveloppent, et où la lune qui s'élève frappe de sa blancheur l'Acropolis de Corinthe et les colonnes du temple d'Égine. Nous sommes à quelques centaines de pas de l'île, en face de jardins ombragés de beaux platanes. Quelques maisons blanches brillent au milieu de la verdure. Repos et souper tranquilles sur le pont après une journée de périls et de fatigues; vie des voyageurs et de l'homme sur la terre.

A notre droite, l'île d'Égine, adoucissant ses pentes noires et rapides, étend sur un golfe une langue de terre semée de quelques cyprès, de vignes et de figuiers; la ville la termine: elle est moins bizarrement placée que le peu de villes grecques que nous avons vues jusqu'ici; le gymnase, élevé par Capo-d'Istria, blanchit au milieu: — son musée, — je n'y vais pas... je suis las des musées, — cimetière des arts; — les fragments détachés de la place, de la destination et de l'ensemble sont morts; poussière de marbre qui n'a plus la vie. — Je descends seul à terre et je passe deux heures délicieuses dans un jardin de cyprès et d'orangers appartenant à Gergio-Bey, d'Hydra. A dix heures, je rentre au vaisseau; en descendant de l'échelle je trouve la moitié du pont littéralement couverte de monceaux de pastèques et de melons, d'immenses paniers remplis de raisins de toutes formes et de toutes couleurs, dont quelques uns pèsent trois à quatre livres, de figues de l'Attique et de toutes les fleurs que la saison, le climat, peuvent fournir. On me dit que c'est le gouverneur d'Égine, Nicolas Scuffo, qui, ayant appris la veille, par mon pilote grec, mon passage par le golfe, est venu me rendre visite avec une barque pleine de ce présent de sa terre; — il a reconnu dans mon nom celui d'un ami de la Grèce, et m'a apporté le premier gage de cette prospérité que tant de cœurs généreux ont desirée pour elle! Il a annoncé son retour pour la soirée. Je demande un canot au capitaine Cuneo d'Ornano, et je vais à Égine porter mes remercîments au gouverneur; je le rencontre en mer; nous revenons ensemble à mon bord. Homme distingué, d'une conversation fort spirituelle: nous parlons de la Grèce, de son état futur et de sa crise présente; je vois avec chagrin que l'esprit religieux est éteint en Grèce; le clergé ignorant est méprisé; l'esprit commercial n'a pas assez de vertu pour ressusciter un peuple; je crains pour celui-là : à la première crise européenne, il se décomposera de nouveau; c'est comme en Italie : des hommes les plus intelligents et les plus courageux; des hommes, des individualités brillantes, mais pas de lien commun : — des Grecs et point de nation!

Partis le 18 à midi d'Égine, nous voyons le soleil s'éteindre dans le vallon doré qui se creuse sur l'isthme de Corinthe, entre l'Acro-Corinthe et les montagnes de l'Attique; il enflamme toute cette partie du ciel, et c'est là que pour la première fois nous trouvons cette splendeur du firmament qui donne son charme et sa gloire à l'Orient. Salamine, tombeau de la flotte de Xercès, est à quelques pas devant nous; côte grise, terre noirâtre, sans autre attrait que son nom; — sa bataille navale et la mémoire de Thémistocle la font saluer avec respect par le nautonnier. Les montagnes de l'Attique élèvent leurs noirs sommets au-dessus de Salamine; et à droite, sur une des cimes décroissantes d'Égine, le temple de Jupiter Panhellénien, doré par les derniers rayons du jour, s'élève au-dessus de cette scène, une des plus belles de la nature historique, et jette son religieux souvenir sur cette mémoire des lieux et des temps; la pensée religieuse de l'humanité se mêle à tout et consacre tout; mais la religion des Grecs, religion de l'esprit et de l'imagination, et non du cœur, ne fait pas sur moi la moindre impression; on sait que ces dieux du peuple n'étaient que le jeu de la poésie et de l'art, des dieux feints et rêvés; — rien de grave, rien de réel, rien de puisé dans les profondeurs de la nature et de l'ame humaine avant Socrate et Platon! Là commence la religion de la raison! Puis vient le christianisme, qui avait reçu de son divin fondateur le mot et la clé de la destinée humaine!.... Les âges de barbarie, qu'il lui fallut traverser pour arriver à nous, l'ont souvent altéré et défiguré; mais s'il était tombé sur des Platon et des Pythagore, où ne serions-nous pas arrivés? Nous arriverons, graces à lui, par lui, et avec lui.

Le calme s'établit, et nous nageons six heures sans mouvement sur la mer transparente et dans les vapeurs colorées de la mer d'Athènes. L'Acropolis et le Parthénon, semblables à un autel, s'élèvent à trois lieues devant nous, détachés du mont Pentélique, du mont Hymète et du mont Anchesmus; — en effet, Athènes est un autel aux dieux, le plus beau piédestal sur lequel les siècles passés aient pu placer la statue de l'humanité! Aujourd'hui l'aspect est sombre, triste, noir, aride, désolé; un poids sur le cœur; rien de vivant, de vert, de gracieux, d'animé; nature épuisée que Dieu seul

pourrait vivifier; la liberté n'y suffira pas; — pour
le poëte et pour le peintre, il est écrit sur ces montagnes stériles, sur ces caps blanchissants de temples
écroulés, sur ces landes marécageuses ou rocailleuses qui n'ont plus rien que des noms sonores, il
est écrit : « C'est fini ! » Terre apocalyptique qui
semble frappée par quelque malédiction divine, par
quelque grande parole de prophète; Jérusalem des
nations dans laquelle il n'y a plus même de tombeau ! voilà l'impression d'Athènes et de tous les rivages de l'Attique, des îles et du Péloponèse.

Arrivés au Pirée à huit heures du matin, le 19
août, nous jetons l'ancre. Les chevaux nous atten-
daient sur la plage du Pirée; nous montons à cheval. — Je trouve un âne où nous plaçons une selle
de femme pour Julia; nous partons. Pendant une
demi-lieue, la plaine, quoique d'un sol léger, maniable et fertile, est complétement inculte et nue.
Les Turcs ont brûlé, pendant la guerre, des oliviers
dont la forêt s'étendait jusqu'à la mer; quelques
troncs noirs subsistent encore. Nous entrons dans
le bois d'oliviers et de figuiers qui entoure le groupe
avancé des collines d'Athènes, comme d'une ceinture verdoyante. — Nous suivons les fondations
évidentes encore de la longue muraille, bâtie par
Thémistocle, qui unissait la ville au Pirée. — Quelques fontaines turques, en forme de puits, entourées
d'auges rustiques, en pierres brutes, sont placées
de distance en distance. — Des paysans grecs et
quelques soldats turcs sont couchés auprès des fontaines, et se donnent réciproquement à boire. —
Enfin, nous passons sous les remparts élevés et sous
les noirs rochers qui servent de piédestal au Par-

thénon. — Le Parthénon lui-même ne nous semble pas grandir, mais se rapetisser au contraire à mesure que nous en approchons. — L'effet de cet édifice, le plus beau que la main humaine ait élevé sur la terre, au jugement de tous les âges, ne répond en rien à ce qu'on en attend, vu ainsi; et les pompeuses paroles des voyageurs, peintres ou poëtes, vous retombent tristement sur le cœur quand vous voyez cette réalité si loin de leurs images. — Il n'est pas doré comme par les rayons pétrifiés du soleil de Grèce; il ne plane point dans les airs comme une île aérienne portant un monument divin; il ne brille point de loin sur la mer et sur les terres comme un phare qui dit : Ici, c'est Athènes! Ici l'homme a épuisé son génie et porté son défi à l'avenir! — Non, rien de tout cela. — Sur votre tête vous voyez s'élever irrégulièrement de vieilles murailles noirâtres, marquées de taches blanches. — Ces taches sont du marbre, débris des monuments qui couronnaient déja l'Acropolis avant sa restauration par Périclès et Phidias. Ces murailles, flanquées de distance en distance d'autres murs qui les soutiennent, sont couronnées d'une tour carrée bysantine et de créneaux vénitiens. — Elles entourent un large mamelon qui renfermait presque tous les monuments sacrés de la ville de Thésée. A l'extrémité de ce mamelon, du côté de la mer Égée, se présente le Parthénon ou le temple de Minerve, vierge sortie du cerveau de Jupiter. — Ce temple, dont les colonnes sont noirâtres, est marqué çà et là de taches d'une blancheur éclatante : ce sont les stigmates du canon des Turcs, ou du marteau des iconoclastes. Sa forme est un carré long; il semble trop bas et

trop petit pour sa situation monumentale. — Il ne
dit pas de lui-même : C'est moi ; je suis le Parthénon, je ne puis pas être autre chose. — Il faut le
demander à son guide ; et quand il vous a répondu,
on doute encore : plus loin, au pied de l'Acropolis,
vous passez sous une porte obscure et basse sous laquelle quelques Turcs en guenilles sont couchés à
côté de leurs riches et belles armes, et vous êtes
dans Athènes. — Le premier monument digne du
regard est le temple de Jupiter Olympien, dont les
magnifiques colonnes s'élèvent seules sur une place
déserte et nue, à droite de ce qui fut Athènes, digne
portique de la ville des ruines! A quelques pas de
là, nous entrâmes dans la ville, c'est-à-dire dans un
inextricable labyrinthe de sentiers étroits et semés
de pans de murs écroulés, de tuiles brisées, de
pierres et de marbre jetés pêle-mêle ; tantôt descendant dans la cour d'une maison écroulée, tantôt
gravissant sur l'escalier ou même sur le toit d'une
autre ; dans ces masures, petites, blanches, vulgaires, ruines de ruines, quelques repaires sales et
infects où des familles de paysans grecs sont entassées et enfouies. — Çà et là, quelques femmes aux
yeux noirs et à la bouche gracieuse des Athéniennes,
sortaient au bruit des pas de nos chevaux, sur le
seuil de leur porte, nous souriaient avec bienveillance et étonnement, et nous donnaient le gracieux salut de l'Attique : « Bienvenus, seigneurs
étrangers, à Athènes ! » Nous arrivâmes, après un
quart d'heure de marche, parmi les mêmes scènes
de dévastation et les mêmes monceaux de murs et
de toits écroulés, à la modeste demeure de M. Gaspari, agent du consulat de Grèce à Athènes. Je lui

avais envoye le matin la lettre qui me recommandait à son obligeance. Je n'en avais pas besoin : l'obligeance est le caractère de presque tous nos agents à l'étranger. M. Gaspari nous reçut comme des amis inconnus ; et pendant qu'il envoyait son fils chercher une maison pour nous dans quelque masure encore debout d'Athènes, une de ses filles, Athénienne, belle et gracieuse image de cette beauté héréditaire des femmes de son pays, nous servait avec empressement et modestie du jus d'orange glacé dans dans des vases de terre poreuse, aux formes antiques. Après nous être un moment rafraîchis dans cet humble asile d'une simple et cordiale hospitalité, si douce à rencontrer sous un ciel brûlant, à huit cents lieues de son pays, à la fin d'une journée de tempéte, de soleil et de poussière, M. Gaspari nous conduisit au bas de la ville, à travers les mêmes ruines, jusqu'à une maison blanche et propre, élevée tout récemment, et où un Italien, M*** avait monté une auberge. Quelques chambres blanchies à la chaux et proprement meublées, une cour rafraîchie par une source et par un peu d'ombre, au pied de l'escalier une belle lionne en marbre blanc, des fruits et des légumes abondants, du miel de l'Hyméte calomnié par M. de Châteaubriand, des domestiques grecs, entendant l'italien, empressés et intelligents, tout cela doubla de prix pour nous, au milieu de la désolation et de la nudité absolue d'Athènes.

On ne trouverait pas mieux sur une route d'Italie, d'Angleterre ou de Suisse. Puisse cette auberge se soutenir et prospérer pour la consolation et le bien-étre des voyageurs à venir ! Mais hélas !

depuis quarante-huit jours, aucun étranger n'en avait franchi le seuil ni troublé le silence.

Le soir, M. Gropius vint obligeamment se mettre à notre disposition pour nous montrer et nous commenter Athènes. Aussi heureux que l'avait été autrefois M. de Châteaubriand conduit dans les ruines d'Athènes par M. Fauvel, nous eûmes dans M. Gropius un second Fauvel, qui s'est fait Athénien depuis trente-deux ans, et qui bâtit, comme son maître, la maison de ses vieux jours parmi ces débris d'une ville où il a passé sa jeunesse, et qu'il aide autant qu'il le peut à sortir une centième fois de sa poussière poétique. — Consul d'Autriche en Grèce, homme d'érudition et homme d'esprit, M. Gropius joint à l'érudition la plus consciencieuse et la plus approfondie de l'antiquité ce caractère de naïve bonhomie et de grace inoffensive qui est le type des vrais et dignes enfants de l'Allemagne savante. Injustement accusé par lord Byron dans ses notes mordantes sur Athènes, M. Gropius ne rendait point offense pour offense à la mémoire du grand poëte; il s'affligeait seulement que son nom eût été traîné par lui d'édition en édition, et livré à la rancune des fanatiques ignorants de l'antiquité; mais il n'a pas voulu se justifier, et quand on est sur les lieux, témoin des efforts constants que fait cet homme distingué pour restituer un mot à une inscription, un fragment égaré à une statue, ou une forme et une date à un monument, on est sûr d'avance que M. Gropius n'a jamais profané ce qu'il adore, ni fait un vil commerce de la plus noble et de la plus désintéressée des études, l'étude des antiquités.

Avec un tel homme les jours valent des années pour le voyageur ignorant comme moi. — Je lui demandai de me faire grace de toutes les antiquités douteuses, de toutes les célébrités de convention, de toutes les beautés systématiques. J'abhorre le mensonge et l'effort en tout, mais sur-tout en admiration. Je ne veux voir que ce que Dieu ou l'homme ont fait beau ; la beauté présente, réelle, palpable, parlant à l'œil et à l'ame, et non la beauté de lieu et d'époque : la beauté historique ou critique, — celle-là aux savants. — A nous, poëtes, la beauté évidente et sensible ; — nous ne sommes pas des êtres d'abstraction, mais des hommes de nature et d'instinct : ainsi j'ai parcouru mainte fois Rome ; ainsi j'ai visité les mers et les montagnes ; ainsi j'ai lu les sages, les historiens et les poëtes ; ainsi j'ai visité Athènes.

C'était une belle et pure soirée : le soleil dévorant descendait noyé dans une brume violette sur la barre noire et étroite, qui forme l'isthme de Corinthe, et frappait de ses derniers faisceaux lumineux les créneaux de l'Acropolis, qui s'arrondissent, comme une couronne de tour, sur la vallée large et ondulée où dort silencieuse l'ombre d'Athènes. Nous sortîmes par des sentiers sans noms et sans traces, franchissant à tout moment des brèches de murs de jardins renversés, ou des maisons sans toits, ou des ruines amoncelées sur la poussière blanche de la terre d'Attique ; à mesure que nous descendions vers le fond de la vallée profonde et déserte qu'ombrage le temple de Thésée, le Pnyx, l'Aréopage et la colline des Nymphes, nous découvrions une plus vaste étendue de la ville moderne, qui se déployait sur notre gauche, semblable en tout à ce que nous avions vu ailleurs. — Assemblage confus, vaste, morne, désordonné, de huttes écroulées, de pans de murs encore debout, de toits enfoncés, de jardins et de cours ravagés, de monceaux de pierres entassées barrant les chemins et roulant sous les pieds; tout cela couleur de ruines récentes; de ce gris terne, flasque, décoloré, qui n'a pas même pour l'œil la sainteté du temps écoulé, ni la grace des ruines. —Nulle végétation, excepté trois ou quatre palmiers semblables à des minarets turcs restés debout sur la ville détruite; çà et là quelques maisons aux formes vulgaires et modernes, récemment relevées par quelques Européens ou quelques Grecs de Constantinople. —Maisons de nos villages de France ou d'Angleterre, toits élevés sans grace, fenêtres nombreuses et étroites; —absence de terrasse, de lignes architecturales, de décorations; —auberges pour la vie, bâties en attendant une destruction nouvelle; mais rien de ces palais qu'un peuple civilisé élève avec confiance pour lui et les générations à naître.—Au milieu de tout ce chaos, mais rares, quelques pans de stade, quelques colonnes noirâtres de l'arche d'Adrien ou de Lazora, le dôme de la tour des Vents, ou de la Lanterne de Diogène, appelant l'œil et ne l'arrêtant pas. — Devant nous grandissait et se détachait du tertre gris où il est placé, le temple de Thésée, isolé, découvert de toutes parts, debout tout entier sur son piédestal de rochers; — ce temple, après le Parthénon, le plus beau selon la science que la Grèce ait élevé à ses dieux ou à ses héros

En approchant, convaincu par la lecture de la beauté du monument, j'étais étonné de me sentir froid et stérile; mon cœur cherchait à s'émouvoir, mes yeux cherchaient à admirer; rien. — Je ne sentais que ce qu'on éprouve à la vue d'une œuvre sans défaut, un plaisir négatif; — mais une impression réelle et forte, une volupté neuve, puissante, involontaire, point. — Ce temple est trop petit; c'est un sublime jouet de l'art! Ce n'est pas un monument pour les dieux, pour les hommes, pour les siècles. Je n'eus qu'un instant d'extase, c'est celui où, assis à l'angle occidental du temple, sur ses dernières marches, mes regards embrassèrent à-la-fois, avec la magnifique harmonie de ses formes et l'élégance majestueuse de ses colonnes, l'espace vide et plus sombre de son portique, et sur sa frisure intérieure les admirables bas-reliefs des combats des Centaures et des Lapithes; et au-dessus, par l'ouverture du centre, le ciel bleu et resplendissant, répandant son jour mystique et serein sur les corniches et sur les formes saillantes des figures des bas-reliefs : elles semblaient alors vivre et se mouvoir. Les grands artistes en tout genre ont seuls ce don de la vie, — hélas! à leurs dépens! — Au Parthénon il ne reste plus que deux figures, Mars et Vénus, à demi écrasées par deux énormes fragments de la corniche qui ont glissé sur leurs têtes; mais ces deux figures valent pour moi à elles seules plus que tout ce que j'ai vu en sculpture de ma vie : elles vivent comme jamais toile ou marbre n'a vécu. — On souffre du poids qui les écrase; on voudrait soulager leurs membres qui semblent plier en se raidissant sous cette masse ; on sent que le ciseau de Phidias tremblait , brûlait dans sa main quand ces sublimes figures naissaient sous ses doigts. — On sent, et ce n'est point une illusion, c'est la vérité, vérité douloureuse! que l'artiste infusait de sa propre individualité, de son propre sang, dans les formes, dans les veines des êtres qu'il créait, et que c'est encore une partie de sa vie qu'on voit palpiter dans ces formes vivantes, dans ces membres prêts à se mouvoir, sur ces lèvres prêtes à parler.

Non, le temple de Thésée n'est pas digne de sa renommée; il ne vit pas comme monument, il ne dit rien de ce qu'il doit dire; c'est de la beauté sans doute, mais de la beauté froide et morte dont l'artiste seul doit aller secouer le linceul et essuyer la poussière; pour moi, je l'admire et je m'en vais sans aucun desir de le revoir. Les belles pierres de la colonnade du Vatican, les ombres majestueuses et colossales de Saint-Pierre de Rome ne m'ont jamais laissé sortir sans un regret, sans une espérance d'y revenir !

Plus haut, en gravissant une noire colline couverte de chardons et de cailloux rougeâtres , vous arrivez au Pnyx, lieu des assemblées orageuses du peuple d'Athènes et des ovations inconstantes de ses orateurs ou de ses favoris. — D'énormes blocs de pierre noire, dont quelques uns ont jusqu'à douze ou treize pieds cube, reposent les uns sur les autres, et portaient la terrasse où le peuple se réunissait. Plus haut encore, et à une distance d'environ cinquante pas, on voit un énorme bloc carré dans lequel on a taillé des degrés qui servaient sans doute à l'orateur pour monter sur cette tribune qui dominait ainsi le peuple, la ville et la mer; ceci n'a aucun caractère de l'élégance du peuple de Périclès; cela sent le Romain; les souvenirs y sont beaux.— Démosthène parlait de là, et soulevait ou calmait cette mer populaire plus orageuse que la mer Égée qu'il pouvait entendre aussi mugir derrière lui. Je m'assis là, seul et pensif, et j'y restai jusqu'à la nuit presque close, ranimant sans efforts toute cette histoire la plus belle, la plus pressée, la plus bouillonnante de toutes les histoires d'hommes qui aient remué le glaive ou la parole. Quel temps pour le génie! et que de génie, de grandeur, de sagesse, de lumière, de vertu même (car non loin de là mourut Socrate) pour ce temps! Ce moment-ci y ressemble, en Europe et sur-tout en France, cette Athènes vulgaire des temps modernes. — Mais c'est l'élite seule de la France et de l'Europe qui est Athènes, la masse est barbare encore! Supposez Démosthène parlant sa langue brûlante, sonore, colorée, à une réunion populaire d'une de nos cités actuelles; qui la comprendrait? L'inégalité de l'éducation et de la lumière est le grand obstacle à notre civilisation complète moderne. Le peuple est maître, mais il n'est pas capable de l'être; voilà pourquoi il détruit par-tout et n'élève rien de beau, de durable, de majestueux nulle part! Tous les Athéniens comprenaient Démosthène, savaient leur langue, jugeaient leur législation et leurs arts.—C'était un peuple d'hommes d'élite : il avait les passions du peuple, il n'avait pas son ignorance; il faisait des crimes, mais pas de sottises. — Ce n'est plus ainsi; voilà pourquoi la démocratie, nécessaire en droit, semble impossible en fait dans les grandes populations modernes. — Le temps seul peut rendre les peuples capables de se gouverner eux-mêmes. — Leur éducation se fait par leurs révolutions.

Le sort de l'orateur, comme Démosthène ou Mirabeau, les deux seuls dignes de ce nom, est plus séduisant que le sort du philosophe ou du poëte; l'orateur participe à-la-fois de la gloire de l'écrivain et de la puissance des masses sur lesquelles et par lesquelles il agit : — c'est le philosophe roi, s'il est philosophe; mais son arme terrible, le peuple, se brise entre ses mains, le blesse et le tue lui-même; — et puis ce qu'il fait, ce qu'il dit, ce qu'il remue dans l'humanité, passions, principes, intérêts passagers, tout cela n'est pas durable, n'est pas éternel de sa nature : — le poëte au contraire, et j'entends par poëte tout ce qui crée des idées en bronze, en pierres, en prose, en paroles ou en rhythmes, le poëte ne remue que ce qui est impérissable dans la nature et dans le cœur humain; — les temps passent, les langues s'usent, mais il vit toujours tout entier, toujours aussi lui, aussi grand, aussi neuf, aussi puissant sur l'ame de ses lecteurs; son sort est moins humain, mais plus divin! il est au-dessus de l'orateur.

Le beau serait de réunir les deux destinées : nul homme ne l'a fait; mais il n'y a cependant aucune incompatibilité entre l'action et la pensée dans une intelligence complète; l'action est fille de la pensée; — mais les hommes, jaloux de toute prééminence, n'accordent jamais deux puissances à une même tête; — la nature est plus libérale! — Ils proscrivent du domaine de l'action celui qui excelle dans le domaine de l'intelligence et de la parole ; — ils ne veulent pas que Platon fasse des lois réelles, ni que Socrate gouverne une bourgade.

J'envoyai demander au bey turc Youssouf-Bey, commandant de l'Attique, la permission de monter à la citadelle avec mes amis et de visiter le Parthénon. — Il m'envoya un janissaire pour m'accompagner. — Nous partîmes le 20, à cinq heures du matin, accompagnés de M. Gropius. — Tout se tait devant l'impression incomparable du Parthénon, ce temple des temples bâti par Sétinus, ordonné par Périclès, décoré par Phidias ; — type unique et exclusif du beau, dans les arts de l'architecture et de la sculpture, — espèce de révélation divine de la beauté idéale, reçue un jour par le peuple artiste par excellence, et transmise par lui à la postérité, en blocs de marbre impérissables et en sculptures qui vivront à jamais. — Ce monument, tel qu'il était avec l'ensemble de sa situation, de son piédestal naturel, de ses gradins décorés de statues sans rivales, de ses formes grandioses, de son exécution achevée dans tous les détails, de sa matière, de sa couleur, lumière pétrifiée ; — ce monument écrase, depuis des siècles, l'admiration sans l'assouvir ; — quand on en voit ce que j'en ai vu seulement, avec ses majestueux lambeaux mutilés par les bombes vénitiennes, par l'explosion de la poudrière sous Morosini, par le marteau de Théodore, — par les canons des Turcs et des Grecs ; — ses colonnes en blocs immenses touchant ses pavés, ses chapiteaux écroulés, ses triglyphes brisés par les agents de lord Elgin, ses statues emportées par des vaisseaux anglais ; — ce qu'il en reste est suffisant pour que je sente que c'est le plus parfait poëme écrit en pierre sur la face de la terre ; mais encore, je le sens aussi, c'est trop petit, l'effet est manqué ou il est détruit. — Je passe des heures délicieuses couché à l'ombre des Propylées, les yeux attachés sur le fronton croulant du Parthénon ; je sens l'antiquité tout entière dans ce qu'elle a produit de plus divin ; — le reste ne vaut pas la parole qui le décrit ! L'aspect du Parthénon fait apparaître, plus que l'histoire, la grandeur colossale d'un peuple. Périclès ne doit pas mourir ! Quelle civilisation surhumaine que celle qui a trouvé un grand homme pour ordonner, un architecte pour concevoir, un sculpteur pour décorer, des statuaires pour exécuter, des ouvriers pour tailler, un peuple pour solder, et des yeux pour comprendre et admirer un pareil édifice ! Où retrouvera-t-on et une époque et un peuple pareils ! Rien ne l'annonce. A mesure que l'homme vieillit, il perd la séve, la verve, le désintéressement nécessaires pour les arts ! Les Propylées, — le temple d'Erechthée ou celui des Cariatides, sont à côté du Parthénon. — Chefs-d'œuvre eux-mêmes, mais noyés dans ce chef-d'œuvre ; l'ame, frappée d'un coup trop fort à l'aspect du premier de ces édifices, n'a plus de force pour admirer les autres : il faut voir et s'en aller ! —en pleurant moins sur la dévastation de cette œuvre surhumaine de l'homme que sur l'impossibilité de l'homme d'en égaler jamais la sublimité et l'harmonie ; — ce sont de ces révélations que le ciel ne donne pas deux fois à la terre : — c'est comme le poëme de Job ou le Cantique des cantiques, comme le poëme d'Homère ou la musique de Mozart ! Cela se fait, se voit, s'entend ; puis cela ne se fait plus, ne se voit plus, ne s'entend plus jusqu'à la consommation des âges ; — heureux les hommes par lesquels passent ces souffles divins ; ils meurent, mais ils ont prouvé à l'homme ce que peut être l'homme ! et Dieu les rappelle à lui pour le célébrer ailleurs et dans une langue plus puissante encore ! J'erre tout le jour, muet, dans ces ruines, et je rentre l'œil ébloui de formes et de couleurs, le cœur plein de mémoire et d'admiration ! Le gothique est beau : mais l'ordre et la lumière y manquent. — Ordre et lumière, ces deux principes de toute création éternelle ! — Adieu pour jamais au gothique.

De tous les livres à faire, le plus difficile, à mon avis, c'est une traduction. Or, voyager, c'est traduire ; c'est traduire à l'œil, à la pensée, à l'ame du lecteur, les lieux, les couleurs, les impressions, les sentiments que la nature ou les monuments humains donnent au voyageur. Il faut à-la-fois savoir regarder, sentir et exprimer ; et exprimer comment ? non pas avec des lignes et des couleurs, comme le peintre, chose facile et simple ; non pas avec des sons, comme le musicien ; mais avec des mots, avec des idées qui ne renferment ni sons, ni lignes, ni couleurs. Ce sont les réflexions que je faisais, assis sur les marches du Parthénon, ayant Athènes et le bois d'oliviers du Pirée et la mer bleue d'Egée devant les yeux, et sur ma tête l'ombre majestueuse de la frise du temple des temples.—Je voulais emporter pour moi un souvenir vivant, un souvenir écrit de ce moment de ma vie ! Je sentais que ce chaos de marbre, si sublime, si pittoresque dans mon œil, s'évanouirait de ma mémoire, et je voulais pouvoir le retrouver dans la vulgarité de ma vie future. — Écrivons donc : ce ne sera pas le Parthénon, mais ce sera du moins une ombre de cette grande ombre qui plane aujourd'hui sur moi. —

Du milieu des ruines qui furent Athènes, et que les canons des Grecs et des Turcs ont pulvérisées et semées dans toute la vallée et sur les deux collines où s'étendait la ville de Minerve, une montagne s'élève à pic de tous les côtés. — D'énormes murailles l'enceignent, et bâties à leur base de fragments de marbre blanc, plus haut avec des débris de frises et de colonnes antiques, elles se terminent dans quelques endroits par des créneaux vénitiens. Cette montagne ressemble à un magnifique piédestal, taillé par les dieux mêmes pour y asseoir leurs autels. Son sommet, aplani pour recevoir les aires de ces temples, n'a guère que cinq cents pieds de longueur, sur deux ou trois cents pieds de large. Il domine toutes les collines qui formaient le sol d'Athènes antique et les vallées du Pentélique, et le cours de l'Ilissus, et la plaine du Pirée, et la chaîne de vallons et de cimes qui s'arrondit et s'étend jusqu'à Corinthe, et la mer enfin, semée des îles de Salamine et d'Égine où brillent au sommet les frontons du temple de Jupiter Panhellénien. — Cet horizon est admirable encore aujourd'hui que toutes ces collines sont nues et réfléchissent comme un bronze poli les rayons réverbérés du soleil de l'Attique. Mais quel horizon Platon devait avoir de là sous les yeux, quand Athènes, vivante et vêtue de ses mille temples inférieurs, bruissait à ses pieds comme une ruche trop pleine; quand la grande muraille du Pirée traçait jusqu'à la mer une avenue de pierre et de marbre, pleine de mouvement, et où la population d'Athènes passait et repassait sans cesse comme des flots; quand le Pirée lui-même et le port de Phalère, et la mer d'Athènes, et le golfe de Corinthe étaient couverts de forêts de mâts ou de voiles étincelantes; quand les flancs de toutes les montagnes, depuis les montagnes qui cachent Marathon jusqu'à l'Acropolis de Corinthe, amphithéâtre de quarante lieues de demi-cercle, étaient découpés de forêts, de pâturages, d'oliviers et de vignes, et que les villages et les villes décoraient de toutes parts cette splendide ceinture de montagnes! —

— Je vois d'ici les mille chemins qui descendaient de ces montagnes, tracés sur les flancs de l'Hymète, dans toutes les sinuosités des gorges et des vallées qui viennent toutes, comme des lits de torrents, déboucher sur Athènes. — J'entends les rumeurs qui s'en élèvent, les coups de marteau des tireurs de pierre dans les carrières de marbre du mont Pentélique, le roulement des blocs qui tombent le long des pentes de ses précipices, et toutes ces rumeurs qui remplissent de vie et de bruit les abords d'une grande capitale. — Du côté de la ville, je vois monter par la voie Sacrée, taillée dans le flanc même de l'Acropolis, la population religieuse d'Athènes, qui vient implorer Minerve et faire fumer l'encens de toutes ses divinités domestiques à la place même où je suis assis maintenant et où je respire la poussière seule de ces temples.

Rebâtissons le Parthénon; cela est facile, il n'a perdu que sa frise et ses compartiments intérieurs. Les murs extérieurs ciselés par Phidias, les colonnes ou les débris des colonnes y sont encore. Le Parthénon était entièrement construit de marbre blanc, dit marbre pentélique, du nom de la montagne voisine d'où on le tirait. Il consistait en un carré long entouré d'un péristyle de quarante-six colonnes d'ordre dorique. — Chaque colonne a six pieds de diamétre à sa base, et trente-quatre pieds d'élévation. — Les colonnes reposent sur le pavé même du temple et n'ont point de base. A chaque extrémité du temple existe ou existait un portique de six colonnes. La dimension totale de l'édifice était de deux cent vingt-huit pieds de long, sur cent deux pieds de large; sa hauteur était de soixante-six pieds. Il ne présentait à l'œil que la majestueuse simplicité de ses lignes architecturales. —C'était une seule pensée de pierre, une et intelligible d'un regard, comme la pensée antique. — Il fallait s'approcher pour contempler la richesse des matériaux, et l'inimitable perfection des ornements et des détails.—Périclès avait voulu en faire autant un assemblage de tous les chefs-d'œuvre du génie et de la main de l'homme, qu'un hommage aux dieux; — ou plutôt, c'était le génie grec tout entier, s'offrant sous cet emblème, comme un hommage lui-même à la divinité. Les noms de tous ceux qui ont taillé une pierre, ou modelé une statue du Parthénon, sont devenus immortels.

Oublions le passé et regardons maintenant au-

tour de nous alors que les siècles, la guerre
des religions barbares, des peuples stupides, le
foulent aux pieds depuis près de deux mille
ans. —

Il ne manque que quelques colonnes à la forêt
de blanches colonnes : elles sont tombées, en
blocs entiers et éclatants, sur les pavés ou sur les
temples voisins : quelques unes, comme les grands
chênes de la forêt de Fontainebleau, sont restées
penchées sur les autres colonnes ; d'autres ont
glissé du haut du parapet qui cerne l'Acropolis,
et gisent, en blocs énormes concassés, les unes
sur les autres, comme dans une carrière les ro-
gnures des blocs que l'architecte a rejetées.—Leurs
flancs sont dorés de cette croûte de soleil que les
siècles étendent sur le marbre : leurs brisures sont
blanches comme l'ivoire travaillé d'hier. Elles forment, de ce côté du temple, un chaos ruisselant
de marbre de toutes formes, de toutes couleurs,
jeté, empilé, dans le désordre le plus bizarre et le
plus majestueux : de loin, on croirait voir l'écume
de vagues énormes qui viennent se briser et blanchir sur un cap battu des mers. L'œil ne peut s'en
arracher ; on les regarde, on les suit, on les admire, on les plaint avec ce sentiment qu'on éprou-
verait pour des êtres qui auraient eu ou qui auraient encore le sentiment de la vie. C'est le plus
sublime effet de ruines que les hommes ont jamais
pu produire, parceque c'est la ruine de ce qu'ils
firent jamais de plus beau !

Si on entre sous le péristyle et sous les portiques,
on peut se croire encore au moment où l'on ache-
vait l'édifice ; les murs intérieurs sont tellement

conservés, la face des marbres est si luisante et si polie, les colonnes si droites, les parties conservées de l'édifice si admirablement intactes, que tout semble sortir des mains de l'ouvrier; seulement le ciel étincelant de lumière est le seul toit du Parthénon, et, à travers les déchirures des pans de murailles, l'œil plonge sur l'immense et volumineux horizon de l'Attique. Tout le sol à l'entour est jonché de fragments de sculpture ou de morceaux d'architecture qui semblent attendre la main qui doit les élever à leur place dans le monument qui les attend. — Les pieds heurtent sans cesse contre les chefs-d'œuvre du ciseau grec : on les ramasse, on les rejette pour en ramasser un plus curieux; on se lasse enfin de cet inutile travail; tout n'est que chef-d'œuvre pulvérisé. — Les pas s'impriment dans une poussière de marbre; on finit par la regarder avec indifférence, et l'on reste insensible et muet, abîmé dans la contemplation de l'ensemble et dans les mille pensées qui sortent de chacun de ces débris. Ces pensées sont de la nature même de la scène où on les respire; elles sont graves comme ces ruines des temps écoulés, comme ces témoins majestueux du néant de l'humanité; mais elles sont sereines comme le ciel qui est sur nos têtes, inondées d'une lumière harmonieuse et pure, élevées comme ce piédestal de l'Acropolis, qui semble planer au-dessus sur la terre; résignées et religieuses comme ce monument élevé à une pensée divine, que Dieu a laissé crouler devant lui pour faire place à de plus divines pensées ! Je ne sens point de tristesse ici ; l'ame est légère, quoique méditative ; ma pensée embrasse l'ordre des volontés divines, des destinées humaines; elle admire qu'il ait été donné à l'homme de s'élever si haut dans les arts et dans une civilisation matérielle; elle conçoit que Dieu ait brisé ensuite ce moule admirable d'une pensée incomplète; que l'unité de Dieu, reconnue enfin par Socrate dans ces mêmes lieux, ait retiré le souffle de vie de toutes ces religions qu'avait enfantées l'imagination des premiers temps; que ces temples se soient écroulés sur leurs dieux : la pensée du Dieu unique jetée dans l'esprit humain vaut mieux que ces demeures de marbre où l'on n'adorait que son ombre. Cette pensée n'a pas besoin de temples bâtis de main d'homme : la nature entière est le temple où elle adore. A mesure que les religions se spiritualisent, les temples s'en vont; le christianisme lui-même, qui a construit le gothique pour l'animer de son souffle, laisse ses admirables basiliques tomber peu-à-peu en ruines. Les milliers de statues de ses demi-dieux descendent par degrés de leurs socles aériens autour de ses cathédrales; il se transforme aussi, et ses temples deviennent plus nus et plus simples à mesure qu'il se dépouille lui-même des superstitions de ses âges de ténèbres, et qu'il résume davantage la grande pensée qu'il propagea sur la terre, pensée du Dieu unique prouvé par la raison et adoré par la vertu !

VISITE AU PACHA.

Le 20 au soir, j'allai remercier Yousouf, bey de Négrepont et d'Athènes; j'entrai dans une cour moresque; les larges galeries des deux étages étaient supportées par de petites colonnes de marbre noir. Une fontaine vide était au milieu de la cour; — des écuries tout autour. Je remontai un escalier de bois au bas duquel étaient rangés plusieurs spahis, et l'on m'introduisit chez le bey. Au fond d'un vaste et riche appartement décoré de boiseries à petits compartiments peints en fleurs, en arabesques et en or, dans le coin d'un large divan d'étoffe des Indes, le bey était assis à la turque; — sa tête était entre les mains de son barbier, beau jeune homme revêtu d'un costume militaire très riche, et ayant des armes superbes dans sa ceinture; huit ou dix esclaves, dans diverses attitudes, étaient disséminés dans la chambre. Le bey me fit demander pardon de s'être laissé surprendre dans le moment de sa toilette, et me pria de m'asseoir sur le divan non loin de lui : — je m'assis, et la conversation commença. Nous parlâmes de l'objet de mon voyage, de l'état de la Gréce, des nouvelles limites assignées par la conférence de Londres, des négociations terminées de M. Stratford-Canning, toutes choses que le bey paraissait ignorer profondément, et sur lesquelles il m'interrogeait avec le plus vif intérêt. Bientôt un esclave portant une longue pipe dont le bout était d'ambre jaune et le tuyau revêtu de soie plissée, s'approcha de moi à pas comptés et en regardant la terre; quand il eut calculé exactement en lui-même la distance précise du point du parquet où il poserait la pipe à ma bouche, il la plaça à terre, et, marchant circulairement pour ne point la déranger de son aplomb, il vint à moi par un demi-tour et me remit, en s'inclinant, le bout d'ambre entre les mains à portée de mes lèvres. Je m'inclinai à mon tour vers le pacha, qui me rendit mon salut, et nous commençâmes à fumer. Un levrier blanc d'Athènes, la queue et les pattes peintes en jaune, dormait aux pieds du bey. Je lui fis compliment sur la beauté de cet animal et lui demandai s'il était chasseur. Il me dit que non, mais que son fils, alors à Négrepont, aimait passionnément cet exercice; il ajouta qu'il m'avait vu passer dans les rues d'Athènes avec un levrier blanc aussi, mais de plus petite race, qu'il avait trouvé incomparablement beau, et que, si j'en avais plusieurs, il serait au comble de la joie d'en posséder un pareil. Je lui promis à mon retour dans ma patrie de lui en faire parvenir un, en signe de souvenir et de reconnaissance de ses bontés, à Athènes. — Un autre esclave apporta alors le café dans de très petites tasses de porcelaine de la Chine, contenues elles-mêmes dans de petits réseaux de fil d'argent doré.

La figure de ce Turc avait le caractère que j'ai reconnu depuis dans toutes les figures des musulmans que j'ai eu occasion de voir en Syrie et en Turquie : — noblesse, douceur et cette résignation calme et sereine que donne à ces hommes la doctrine de la prédestination et aux vrais chrétiens la foi dans la Providence; — même culte de la volonté divine : — l'un poussé jusqu'à l'absurde et jusqu'à l'erreur; l'autre, expression triste et vraie de l'universelle et miséricordieuse sagesse qui préside à la destinée de tout ce qu'elle a daigné créer. Si une conviction pouvait être une vertu, le fatalisme, ou plutôt le providentisme, serait la mienne! Je crois à l'action complète, toujours agissante, toujours présente, de la volonté de Dieu : — le mal seul s'oppose en nous à ce que cette volonté divine produise toujours le bien! Aussitôt que notre destinée est altérée, gâtée, pervertie, si nous regardons bien, nous reconnaîtrons toujours que c'est par une volonté de nous, une volonté humaine, c'est-à-dire corrompue et perverse; si nous laissions agir la seule volonté toujours bonne, nous serions toujours bons et toujours heureux nous-mêmes! le mal n'existerait pas! Ces dogmes du Koran ne sont que du christianisme altéré, mais cette altération n'a pas pu les dénaturer! Ce culte est plein de vertus, et j'aime ce peuple, car c'est le peuple de la prière!

<hr>

22 AOUT 1832.

Vives inquiétudes sur la santé de ma fille; — triste promenade au temple de Jupiter Olympien et au Stadi. Bu des eaux du ruisseau bourbeux et infect, qui est l'Ilissus! Je trouvai à peine assez d'eau pour y tremper mon doigt : — Aridité, nudité, couleur de mâche-fer, répandues sur toute cette campagne d'Athènes! O campagnes de Rome, tombeaux dorés des Scipions, fontaine verte et sombre d'Égérie! Quelle différence! Et que le ciel aussi surpasse à Rome le ciel tant vanté de l'Attique!

23 AOUT 1832.

PARTIS la nuit. — Belle aurore sous le bois d'oliviers du Pirée en allant à la mer. — Le brick de guerre *le Génie*, capitaine Cunéo d'Ornano, nous attendait, et nous levons l'ancre. — Une belle brise du nord nous jette en trois heures devant le cap Sunium, dont nous voyons les colonnes jaunes marquer à l'horizon la trace toujours vivante du verbe de la sagesse grecque, de ce Platon dont je serais le disciple, si le Christ n'avait ni parlé, ni vécu, ni souffert, ni pardonné en expirant.

Nuit terrible passée au milieu des Cyclades. — Le vent baisse au lever du jour. — Belle et douce navigation jusqu'au soir. A la nuit coup de vent furieux entre l'île d'Amorgos et celle de Stampalia. — Gémissement douloureux du navire ; coups sourds de la lame sur la poupe. — Roulis qui nous jette tantôt sur une vague, tantôt sur une autre. Je passe la nuit à soigner l'enfant et à me promener sur le pont. Nuit douloureuse! Combien de fois je frémis en pensant que j'ai mis tant de vies sur une seule chance! Que je serais heureux si un esprit céleste emportait Julia sous les ombres paisibles de Saint-Point! Ma vie à moi, à moitié usée, a perdu plus de la moitié de son prix pour moi-même! mais cette vie, encore mienne, qui brille dans ces beaux yeux, qui palpite dans cette jeune poitrine, m'est cent fois plus chère que la mienne! c'est pour celle-là sur-tout que je prie avec ferveur le souffle qui soulève les vagues d'épargner ce berceau que je lui ai si imprudemment confié! — Il m'exauce; les vagues s'aplanissent, le jour paraît, les îles fuient derrière nous; Rhodes se montre à droite, dans le lointain brumeux de l'horizon d'Asie; et les hautes cimes de la côte de Caramanie, blanches comme la neige des Alpes, s'élèvent resplendissantes au-dessus des nuages flottants de la nuit : — voilà donc l'Asie!

L'impression surpasse celle des horizons de la Grèce! on sent un air plus doux; la mer et le ciel sont teints d'un bleu plus calme et plus pâle; la nature se dessine en masses plus majestueuses! je respire et je sens mon entrée dans une région plus large et plus haute! la Grèce est petite, — tourmentée, dépouillée; c'est le squelette d'un nain! voici celui d'un géant! De noires forêts tachent les flancs des montagnes de Marmoriza, et l'on voit de loin tomber des torrents blancs d'écume dans les profonds ravins de la Caramanie.

Rhodes sort, comme un bouquet de verdure, du sein des flots; les minarets légers et gracieux de ses blanches mosquées se dressent au-dessus de ses forêts de palmiers, de caroubiers, de sycomores, de platanes, de figuiers; — ils attirent de loin l'œil du navigateur sur ces retraites délicieuses des cimetières turcs, où l'on voit chaque soir les musulmans, couchés sur le gazon de la tombe de leurs amis, fumer et conter tranquillement comme des sentinelles qui attendent qu'on vienne les relever, comme des hommes indolents qui aiment à se coucher sur leurs lits et à essayer le sommeil avant l'heure du dernier repos. A dix heures du matin, notre brick se trouve tout-à-coup entouré de cinq ou six frégates turques, à pleines voiles, qui croisent devant Rhodes; — l'une d'elles s'approche à portée de la voix et nous interroge en français; — on nous salue avec politesse, et nous jetons bientôt l'ancre dans la rade de Rhodes, au milieu de trente-six bâtiments de guerre du capitan-pacha, Halil-Pacha. — Deux bâtiments de guerre français, l'un à vapeur, *le Sphinx*, commandé par le capitaine Sarlat, l'autre une corvette, *l'Actéon*, commandé par le capitaine Vaillant, sont mouillés non loin de nous. Les officiers viennent à bord nous demander des nouvelles d'Europe. Le soir nous remercions le commandant du brick *le Génie*, M. d'Ornano; il repart avec *l'Actéon*. — Nous continuerons seuls notre navigation vers Cypre et la Syrie.

Deux jours passés à Rhodes à parcourir cette première ville turque: — caractère oriental des bazars, boutiques moresques en bois sculpté; — rue des Chevaliers, où chaque maison garde encore intacts, sur sa porte, les écussons des anciennes maisons de France, d'Espagne, d'Italie et d'Allemagne. — Rhodes a de beaux restes de ses fortifications antiques; la riche végétation d'Asie qui les couronne et les enveloppe leur donne plus de grace et de beauté que n'en ont celles de Malte: — un ordre qui put se laisser chasser d'une si magnifique possession recevait le coup mortel! Le ciel semble avoir fait cette île comme un poste avancé sur l'Asie: — une puissance européenne qui en serait maîtresse tiendrait à-la-fois la clef de l'Archipel, de la Grèce, de Smyrne, des Dardanelles, de la mer d'Égypte et de la mer de Syrie: — Je ne connais au monde ni une plus belle position militaire maritime, ni un plus beau ciel, ni une terre plus riante et plus féconde. — Les Turcs y ont imprimé ce caractère d'inaction et d'indolence qu'ils portent par-tout! Tout y est dans l'inertie et dans une sorte de misère; — mais ce peuple, qui ne crée rien, qui ne renouvelle rien, ne brise et ne détruit rien non plus: il laisse au moins agir la nature librement autour de lui: il respecte les arbres jusqu'au milieu même des rues et des maisons qu'il habite; de l'eau et de l'ombre, le murmure assoupissant et la fraîcheur voluptueuse, sont ses premiers, sont ses seuls besoins. — Aussi dès que vous approchez, en Europe ou en Asie, d'une terre possédée par les musulmans, vous la reconnaissez de loin au riche et sombre voile de verdure qui flotte gracieusement sur elle: — des arbres pour s'asseoir à leur ombre, des fontaines jaillissantes pour rêver à leur bruit, du silence et des mosquées aux légers minarets, s'élevant à chaque pas du sein d'une terre pieuse: — voilà tout ce qu'il faut à ce peuple; il ne sort de cette douce et philosophique apathie que pour monter ses coursiers du désert, les premiers serviteurs de l'homme, et pour voler sans peur à la mort pour son prophéte et pour son dieu. Le dogme du fatalisme en a fait le peuple le plus brave du monde; et quoique la vie lui soit légère et douce, celle que lui promet le Koran pour prix d'une vie donnée pour sa cause est tellement mieux rêvée encore, qu'il n'a qu'un faible effort à faire pour s'élancer de ce monde au monde céleste qu'il voit devant lui rayonnant de beauté, de repos et d'amour! C'est la religion des héros! mais cette religion pâlit dans la foi du musulman,

et l'héroïsme s'éteint avec la foi qui est son principe :
à mesure que les peuples croiront moins, soit à un
dogme, soit à une idée, ils mourront moins volontiers et moins noblement. — C'est comme en Europe : pourquoi mourir si la vie vaut mieux que la
mort, s'il n'y a rien d'immortel à gagner en s'im-
molant à un devoir ? Aussi la guerre va diminuer
et s'éteindre en Europe, jusqu'à ce qu'une foi
quelconque se ranime et parle dans le cœur
de l'homme plus haut que le vil instinct de la
vie.

Ravissantes figures de femmes vues le soir assises
sur les terrasses au clair de la lune. — C'est l'œil des
femmes d'Italie, mais plus doux, plus timide, plus
pénétré de tendresse et d'amour ; — c'est la taille
des femmes grecques, mais plus arrondie, plus as-
souplie, avec des mouvements plus suaves, plus gracieux. — Leur front est large, uni, blanc, poli
comme celui des plus belles femmes d'Angleterre ou
de Suisse ; mais la ligne régulière, droite et large, du
nez, donne plus de majesté et de noblesse antique à
la physionomie. — Les sculpteurs grecs eussent été
bien plus parfaits encore, s'ils eussent pris leurs mo-
dèles de figures de femmes en Asie ! — Et puis il est
si doux pour un Européen accoutumé aux traits fa-
tigués, à la physionomie travaillée et contractée des
femmes d'Europe, et sur-tout des femmes de salon,
de voir enfin des figures aussi simples, aussi pures,
aussi calmes, que le marbre qui sort de la carrière ;
des figures qui n'ont qu'une seule expression, le repos et la tendresse, et dans lesquelles l'œil lit aussi
vite et aussi facilement que dans les caractères majuscules d'une magnifique édition de luxe.

La société et la civilisation sont évidemment ennemies de la beauté physique. Elles multiplient trop les impressions et les sentiments ; et comme la physionomie en reçoit et en garde involontairement l'empreinte, elle se complique et s'altère elle-même ; elle a quelque chose de confus et d'incertain qui détruit sa simplicité et son charme ; c'est une langue qui a trop de mots et qui ne s'entend plus parce qu'elle est trop riche.

27 AOUT 1832.

A midi, nous mettons à la voile de Rhodes pour Cypre, par une magnifique soirée. J'ai les yeux tournés sur Rhodes qui s'enfonce enfin dans la mer. Je regrette cette belle île comme une apparition qu'on voudrait ranimer ; je m'y fixerais si elle était moins séparée du monde vivant avec lequel la destinée et le devoir nous imposent la loi de vivre ! Quelles délicieuses retraites aux flancs des hautes montagnes et sur ces gradins ombragés de tous les arbres de l'Asie ! On m'y a montré une maison magnifique appartenant à l'ancien pacha, entourée de trois grands et riches jardins baignés de fontaines abondantes, ornés de kiosques ravissants. — On en demande 16,000 piastres de capital, c'est-à-dire quatre mille francs : voilà du bonheur à bon marché !

ooooooooooooooooooooooooooooooooooooooooooooooooooooooooooooooooo

28 AOUT 1832.

L A mer est belle, mais lourde, point de vent; d'immenses lames viennent de l'ouest rouler majestueusement sous notre poupe et nous jettent pendant trois jours et trois nuits, tantôt sur un flanc, tantôt sur l'autre! insupportable martyre qu'un mouvement sans résultat! — c'est rouler le tonneau des enfers! Le quatrième jour, nous apercevons la pointe orientale de Cypre ; un jour passé à longer l'ile; — nous ne jetons l'ancre dans la rade de Larnaca que le sixième jour au matin.

M. Bottu, consul de France à Cypre, reconnaît le bâtiment où il nous sait embarqués. Il envoie à bord une des personnes de son consulat pour nous engager à descendre chez lui et à accepter une hospitalité à laquelle nous n'avons d'autre droit que son obligeance et son amabilité: — j'accepte; — nous descendons : — excellent et cordial accueil de M. et madame Bottu; — M. Perthier et M. Guillois, attachés au consulat, nous comblent des mêmes prévenances; nous rendons et recevons des visites; — présents, — café, vin de Cypre, envoyés par M. Mathei, un des magnats de Cypre.

ooooooooooooooooooooooooooooooooooooooooooooooooooooooooooooooooo

31 AOUT

D EUX jours passés à Cypre; charme du repos après une longue navigation; — soins de l'hospitalité la plus inattendue et la plus aimable; voilà l'état de mon esprit à Cypre : mais c'est tout. Ce pays, qu'on m'avait vanté comme une oasis des îles de la Méditerannée, ressemble entièrement à toutes les îles pelées, ternes, nues, de l'Archipel;—c'est la carcasse d'une de ces îles enchantées où l'antiquité avait placé la scène de ses cultes les plus poétiques; il est vrai que, pressé d'arriver en Asie, je n'ai visité que de l'œil les scènes éloignées et pittoresques dont cette île est, dit-on, remplie; à mon retour, je dois y faire un séjour d'un mois, et parcourir en détail les montagnes de Cypre.

L'île est fertile dans toutes ses parties; oranges, olives, raisins, figues, vignes, cotons, tout y réussit, même la canne à sucre. Cette terre de promission, ce beau royaume, pour un chevalier des Croisades ou pour un compagnon de Bonaparte, nourrissait autrefois jusqu'à deux millions d'hommes; il n'y reste que trente mille habitants grecs et quelques Turcs. Rien ne serait plus aisé que de s'emparer de cette souveraineté; un aventurier y réussirait sans peine avec une poignée de soldats et quelques millions de piastres; cela en vaudrait la peine, s'il y avait chance de la conserver; mais l'Europe, qui a tant besoin de colonies, s'oppose à ce qu'on lui en fasse; la jalousie des puissances viendrait au secours des Turcs, sèmerait la discorde dans la nouvelle conquête, et le conquérant aurait le sort du roi Théodore. — Quel dommage! c'est un beau rêve; et huit jours le changeraient en réalité.

EN MER, PARTIS DE L'ILE DE CYPRE,
LE 2 SEPTEMBRE 1832.

Nous avons mis à la voile hier à minuit. Nos amis de Cypre, MM. Bottu et Perthier, ont passé la soirée avec nous sur le pont du brick, et ne nous ont quittés qu'à minuit. Nous emportons les plus vifs sentiments de reconnaissance pour l'accueil vraiment amical que nous ont fait M. et madame Bottu. C'est une singulière destinée que celle du voyageur : il sème par-tout des affections, des souvenirs, des regrets : il ne quitte jamais un rivage sans le desir et l'espérance d'y revenir retrouver ceux qu'il ne connaissait pas quelques jours auparavant. Quand il arrive, tout lui est indifférent sur la terre où il promène sa vue : quand il part, il sent que des yeux et des cœurs le suivent de ce rivage qu'il voit s'enfuir derrière lui. Il y attache lui-même ses regards ; il y laisse quelque chose de son propre cœur ; puis le vent l'emporte vers un autre horizon où les mêmes scènes, où les mêmes impressions vont se renouveler pour lui. Voyager, c'est multiplier, par l'arrivée et le départ, par le plaisir et les adieux, les impressions que les événements d'une vie sédentaire ne donnent qu'à de rares intervalles ; c'est éprouver cent fois dans l'année un peu de ce qu'on éprouve dans la vie ordinaire, à connaître, à aimer et à perdre des êtres jetés sur notre route par la Providence. Partir, c'est comme mourir quand on quitte ces pays lointains où la destinée ne conduit pas deux fois le voyageur. Voyager, c'est résumer une longue vie en peu d'années ; c'est un des plus forts exercices que l'homme puisse donner à son cœur comme à sa pensée. Le philosophe, l'homme politique, le poëte, doivent avoir beaucoup voyagé. Changer d'horizon moral, c'est changer de pensée.

3 SEPTEMBRE 1832.

Nous nous réveillons en pleine mer. Nous ne voyons plus les côtes blanches de cette île, ni le sommet arrondi de l'Olympe. La mer est calme comme un vaste lac ; une brume épaisse et argentée borde de toute part l'horizon. Une faible brise paresseuse et inégale vient par moment mourir dans nos larges voiles. Un soleil de plomb brûle les planches du pont que nous arrosons pour le rafraîchir. Tout le monde est couché sur les barres ou sur les cordages, sans parole, sans mouvement, le front ruisselant de sueur. L'air manque à la respiration ; — c'est un véritable simoûn sur la mer. Il semble qu'on respire d'avance la moite et brûlante réverbération des sables du désert dont nous sommes encore à cent cinquante lieues. Les journées se passent ainsi. On n'a pas la force de parler, pas même la force de lire. J'entr'ouvre quelquefois la Bible pour y chercher ce qui concerne le Liban, premières cimes qui doivent bientôt frapper nos yeux. Je lis l'histoire d'Hérode dans l'historien Josèphe.

4 SEPTEMBRE 1832.

MÊME absence de vent : même incendie du ciel. La mer fume de chaleur, et ses eaux mortes sont voilées d'un brouillard qu'aucun souffle ne soulève. Nous épions à perte de vue les légères rides que quelques brises perdues tracent à sa surface : nous voyons l'une d'elles lentement s'approcher du brick en rendant un peu de couleur vive à la mer ; elle donne une légère enflure à nos grandes voiles : le navire craque et soulève un peu d'écume à sa proue. Les poitrines se dilatent ; on s'approche du bord où la brise est venue. On sent un peu de fraîcheur glisser sur son front, sous les boucles humides de ses cheveux ; et puis tout rentre dans le calme et dans la fournaise accoutumés. L'eau que nous buvons est tiède ; personne n'a la force de manger. Si cet état se prolongeait, l'homme ne vivrait pas long-temps. Heureusement nous n'avons que six semaines de ces chaleurs à craindre, elles finissent au milieu d'octobre.

4 SEPTEMBRE, AU SOIR.

DE cinq à huit heures un vent frais, venu du golfe d'Alexandrette, nous a fait faire quelques lieues. Nous devons être à-peu-près à moitié du chemin entre Cypre et les côtes de Syrie ; peut-être demain à notre réveil serons-nous en vue des côte

J'AI entendu en me réveillant le léger murmure produit par le sillage du vaisseau quand il marche. Je me suis hâté de monter sur le pont pour voir les côtes; mais on ne voyait rien encore. Les courants fréquents dans cette mer pouvaient nous avoir emportés bien loin de notre estime; peut-être étions-nous à la hauteur des côtes basses de l'Idumée ou de l'Égypte. L'impatience nous gagnait tous.

LE capitaine du brick a reconnu les cimes du mont Liban. Il m'appelle pour me les montrer; je les cherche en vain dans la brume enflammée où son doigt me les indique. Je ne vois rien que le brouillard transparent que la chaleur élève, et au-dessus quelques couches de nuages d'un blanc mat. Il insiste, je regarde encore, mais en vain. Tous les matelots me montrent en souriant le Liban; le capitaine ne comprend pas comment je ne le vois pas comme lui. — Mais où le cherchez-vous donc? me dit-il; vous regardez trop loin. — Ici, plus près, sur nos têtes; en effet, je levai les yeux alors vers le ciel et je vis la crête blanche et dorée du Sannin, qui planait dans le firmament au-dessus de nous. — La brume de la mer m'empêchait de voir sa base et ses flancs. — Sa tête seule apparaissait rayonnante et sereine dans

le bleu du ciel. C'est une des plus magnifiques et
des plus douces impressions que j'aie ressenties dans
mes longs voyages. C'était la terre où tendaient
toutes mes pensées du moment, comme homme et
comme voyageur; c'était la terre sacrée, la terre
où j'allais de si loin chercher les souvenirs de l'humanité primitive; et puis c'était la terre où j'allais
enfin faire reposer dans un climat délicieux, à
l'ombre des orangers et des palmiers, au bord des
torrents de neige, sur quelque colline fraîche et
verdoyante, tout ce que j'avais de plus cher au
monde, ma femme et Julia. Je ne doute pas qu'un
an ou deux passés sous ce beau ciel ne fortifient la
santé de Julia qui depuis six mois me donne quelquefois des pressentiments funestes. Je salue ces
montagnes de l'Asie comme un asile où Dieu la
mène pour la guérir; une joie secrète et profonde
remplit mon cœur; je ne puis plus détacher mes
yeux du mont Liban.

Nous dînons à l'ombre de la tente étendue sur
le pont. La brise continue et se ranime à mesure
que le soleil descend. A chaque instant, nous cou-
rons à la proue pour mesurer la marche du navire
au bruit qu'il fait en creusant la mer; enfin le
vent devient frais; les vagues moutonnent; nous
filons cinq nœuds d'heure en heure; les flancs des
hautes montagnes percent le brouillard et s'avancent comme des caps aériens devant nous; nous
commençons à distinguer les profondes et noires
vallées qui s'ouvrent sur les côtes; les ravins blanchissent, les rochers des crêtes se dressent et s'articulent, les premières collines qui partent du voisinage de la mer s'arrondissent; peu-à-peu nous

croyons reconnaître des villages jetés au penchant des collines et de grands monastères qui couronnent, comme des châteaux gothiques, les sommets des montagnes intermédiaires. Chaque objet que nous saisissons du regard est une joie dans le cœur; tout le monde est sur le pont. Chacun fait remarquer à son voisin un objet qui lui était échappé; l'un voit les cèdres du Liban comme une tache noire sur les flancs d'une montagne, l'autre comme un donjon au sommet des monts de Tripoli; quelques uns croient distinguer l'écume des cascades sur les déclivités des précipices. — On voudrait pouvoir avant la nuit toucher à ce rivage tant rêvé, tant desiré; on tremble qu'au moment d'y atteindre, un calme nouveau n'endorme le navire pendant de longues journées sur ces flots qui nous impatientent, ou qu'un vent contraire ne vienne de la côte et ne nous repousse sur la mer de Candie; cette mer de Syrie, golfe immense, entouré des hautes cimes du Liban et du Taurus, est perfide pour les marins; tout ce qui n'y est pas tempête, y est calme ou courant; ces courants entraînent invinciblement les navires bien loin de leur route; et puis il n'y a pas de ports sur les côtes; il faut mouiller dans des rades dangereuses à une grande distance du rivage; une houle presque constante laboure ces rades et coupe les ancres : nous ne serons tranquilles et sûrs d'être arrivés qu'après être descendus à terre. Pendant que nous faisions tous ces raisonnements, et que nous flottions entre l'espoir et la crainte, la nuit tombe tout-à-coup, non pas comme dans nos climats avec la lenteur et la gradation d'un crépuscule, mais comme un rideau qu'on tire sur le ciel et sur la terre. Tout s'éteint, tout s'efface sur les flancs noircis du Liban, et nous ne voyons plus que les étoiles entre lesquelles nos mâts se balancent. Le vent tombe aussi ; la mer dort, et nous descendons chacun dans nos cabines, dans l'incertitude du lendemain.

Je ne dormais pas ; mon esprit était trop agité : j'entendais, à travers les planches mal jointes qui séparaient ma chambre de celle de Julia, le souffle de mon enfant endormie, et tout mon cœur reposait sur elle. Je pensais que demain, peut-être, je dormirais à mon tour plus tranquille sur cette vie si chère que je me repentais d'avoir hasardée ainsi sur la mer, — qu'une tempête pouvait enlever dans sa fleur. Je priais Dieu dans ma pensée de me pardonner cette imprudence, de ne pas me punir de m'être confié trop en lui, de lui avoir demandé plus que je n'avais eu droit de le faire. Je me rassurais ; je me disais : C'est un ange visible qui protège à-la-fois sa propre destinée et toutes les nôtres. Le ciel nous comptera son innocence et sa pureté pour rançon ; il nous mènera, il nous ramènera à cause d'elle. Elle aura vu, au plus bel âge de la vie, à cet âge où toutes les impressions s'incorporent, pour ainsi dire, avec nous, et deviennent les éléments mêmes de notre existence, elle aura vu tout ce qu'il y aura de beau dans la nature, dans la création ; les souvenirs de son enfance seront les monuments merveilleux, les chefs-d'œuvre des arts en Italie ; Athènes et le Parthénon seront gravés dans sa mémoire, comme des sites paternels ; les belles îles de l'Archipel, le mont Taurus, les montagnes du Liban, Jérusalem, les

Pyramides, le Désert, les tentes de l'Arabe, les palmiers de la Mésopotamie, seront les récits de son âge avancé; Dieu lui a donné la beauté, l'innocence, le génie et un cœur où tout s'allume en sentiments généreux et sublimes; je lui aurai donné, moi, ce que je pouvais ajouter à ces dons célestes, le spectacle des scènes les plus merveilleuses, les plus enchantées de la terre! Quel être ce sera à vingt ans! Tout aura été bonheur, piété, amour et merveilles dans sa vie! Oh! qui sera digne de la compléter par l'amour? Je pleurais et je priais avec ferveur et confiance, car je ne puis jamais avoir un sentiment fort dans le cœur, sans qu'il tende à l'infini, sans qu'il se résolve en un hymne ou en une invocation à celui qui est à la fin de tous nos sentiments; à celui qui les produit et qui les absorbe tous; à Dieu.

Comme j'allais m'endormir, j'entendis sur le pont quelques pas précipités, comme pour une manœuvre; je fus étonné, car le silence était complet depuis long-temps, et la mer ne rendait qu'un petit frémissement de lames, qui m'annonçait que le brick marchait encore. Bientôt j'entendis les anneaux sonores de la chaîne de l'ancre se dérouler pesamment du cabestan; puis je sentis ce coup sec qui fait vibrer tout le navire, quand l'ancre a roulé jusqu'au fond solide, et mord enfin le sable ou l'herbe marine. Je me levai, j'ouvris mon étroite fenêtre. Nous étions arrivés; nous étions en rade devant Bayruth; j'apercevais quelques lumières disséminées sur un rivage éloigné; j'entendais les aboiements des chiens sur la plage. Ce fut le premier bruit qui m'arriva de la côte d'Asie; il me réjouit le cœur. Il était minuit. Je rendis grace à Dieu, et je m'endormis d'un profond et paisible sommeil; personne n'avait été réveillé que moi sous le pont.

6 SEPTEMBRE 1832, NEUF HEURES DU MATIN.

Nous étions devant Bayruth, une des villes, les plus peuplées de la côte de Syrie, anciennement Béryte, devenue colonie romaine sous Auguste qui lui donna le nom de *Felix Julia*. Cette épithète d'heureuse lui fut attribuée à cause de la fertilité de ses environs, de son incomparable climat et de la magnificence de sa situation. La ville occupe une gracieuse colline qui descend en pente douce vers la mer; quelques bras de terre ou de rochers s'avancent dans les flots, et portent des fortifications turques de l'effet le plus pittoresque; la rade est fermée par une langue de terre qui défend la mer des vents d'est; toute cette langue de terre, ainsi que les collines environnantes, sont couvertes de la plus riche végétation; les mûriers à soie sont plantés par-tout et élevés d'étage en étage sur des terrasses artificielles; les caroubiers à la sombre verdure et au dôme majestueux, les figuiers, les platanes, les orangers, les grenadiers, et une quantité d'autres arbres ou arbustes étrangers à nos climats, étendent, sur toutes les parties du rivage voisines de la mer, le voile harmonieux de leurs divers feuillages; plus loin, sur les premières pentes des montagnes, les forêts d'oliviers touchent le paysage de leur verdure grise et cendrée, à une lieue environ de la ville, les hautes montagnes des chaines du Liban commencent à se dresser; elles y ouvrent leurs gorges profondes où l'œil se perd dans les ténèbres du lointain; elles y versent leurs larges torrents devenus des fleuves; elles y prennent des directions diverses, les unes du côté de Tyr et de Sidon, les autres vers Tripoli et Latakie, et leurs sommets inégaux, perdus dans les nuages ou blanchis par la répercussion du soleil, ressemblent à nos Alpes couvertes de neiges éternelles.

Le quai de Bayruth, que la vague lave sans cesse et couvre quelquefois d'écume, était peuplé d'une foule d'Arabes, dans toute la splendeur de leurs costumes éclatants et de leurs armes. On y voyait un mouvement aussi actif que sur le quai de nos grandes villes maritimes; plusieurs navires européens étaient mouillés près de nous dans la rade, et les chaloupes, chargées des marchandises de Damas et de Bagdad, allaient et venaient sans cesse de la rive aux vaisseaux; les maisons de la ville s'élevaient confusément groupées, les toits des unes servant de terrasse aux autres; ces maisons à toits plats, et quelques unes à balustrades crénelées, ces fenêtres à ogives multipliées, ces grilles de bois peint qui les fermaient hermétiquement comme un voile de la jalousie orientale, ces têtes de palmiers qui semblaient germer dans la pierre, et qui se dressaient jusqu'au-dessus des toits comme pour porter un peu de verdure à l'œil des femmes prisonnières dans les harems, tout cela captivait nos yeux et nous annonçait l'orient; nous entendions le cri aigu des Arabes du désert qui se disputaient sur les quais, et les âpres et lugubres gémissements des chameaux qui poussent des cris de douleur quand on leur fait plier les genoux pour recevoir leurs charges. Occupés de ce spectacle si nouveau et si saisissant pour nos yeux, nous ne songions pas à descendre dans notre patrie nouvelle. Le pavillon de France flottait cependant au sommet d'un mât sur une des maisons les plus élevées de la ville et semblait nous inviter à aller nous reposer, sous son ombre, de notre longue et pénible navigation.

Mais nous avions trop de monde et trop de bagages pour risquer le débarquement avant d'avoir reconnu le pays et choisi une maison si nous pouvions en trouver une. Je laissai ma femme, Julia et deux de mes compagnons sur le brick, et je fis mettre le canot à la mer pour aller en reconnaissance.

En peu de minutes, une belle lame plane et argentée me jeta sur le sable, et quelques Arabes, les jambes nues, m'emportèrent dans leurs bras jusqu'à l'entrée d'une rue sombre et rapide qui conduisait au consulat de France. Le consul, M. Guys, pour qui j'avais des lettres, et que j'avais même déjà vu à Marseille, n'était pas arrivé. Je trouvai à sa place M. Jorelle, gérant du consulat et drogman de France en Syrie, jeune homme dont la physionomie gracieuse et bienveillante nous prévint en sa faveur et dont toutes les bontés, pendant notre long séjour en Syrie, justifièrent cette première impression. Il nous offrit une partie de la maison du consulat pour premier asile, et nous promit de nous faire chercher une maison dans les environs de la ville, où nous pourrions établir notre campement. En peu d'heures, les chaloupes de plusieurs navires et les portefaix de Bayruth, sous la surveillance des janissaires du consulat, eurent opéré le débarquement de notre monde et de nos provisions de tous genres; et avant la nuit nous étions tous à terre, logés provisoirement et comblés de soins et d'égards par M. et madame Jorelle. C'est un moment délicieux que celui où, après une longue et orageuse traversée, arrivés à peine dans un pays inconnu, vous jetez les yeux du haut d'une terrasse parfumée et riante sur l'élément que vous quittez enfin pour long-temps, sur le brick qui vous a apporté à travers les tempêtes et qui danse encore dans une rade houleuse, sur la campagne ombragée et paisible qui vous entoure, sur toutes ces scènes de la vie de terre qui semblent si douces quand on en a été long-temps sevré : il y a quelque chose du sentiment de la convalescence, après une longue maladie, dans l'impression des premières heures, des premières journées passées à terre après une navigation. Nous en avons joui toute la soirée. Madame Jorelle, jeune et charmante femme née à Alep, a conservé le riche et noble costume des femmes arabes; le turban, la veste brodée, le poignard à la ceinture; nous ne nous lassions pas d'admirer ce magnifique costume qui relevait encore sa beauté tout orientale.

Quand la nuit fut venue, on nous servit un souper à l'européenne, dans un kiosque dont les larges fenêtres grillées ouvraient sur le port, et où le vent rafraîchissant du soir jouait dans la flamme des bougies; je fis défoncer une caisse de vins de

France que j'ajoutai à ce festin de l'hospitalité, et nous passâmes ainsi notre première soirée à causer des deux patries que nous quittions et que nous venions chercher; une question sur la France répondait à une question sur l'Asie. Julia jouait avec les longues tresses de quelques femmes arabes ou de quelques esclaves noires qui vinrent nous visiter; elle admirait ces costumes nouveaux pour elle; sa mère tressait les longues boucles de ses cheveux blonds, à l'imitation de celles des dames de Bayruth, ou lui arrangeait son châle en turban sur la tête. Je n'ai rien vu de plus ravissant, parmi tous les visages de femme qui sont gravés dans ma mémoire, que la figure de Julia coiffée ainsi du turban d'Alep, avec la calotte d'or ciselé, d'où tombaient des franges de perles et des chaînes de sequins d'or, avec les tresses de ses cheveux pendantes sur ses deux épaules, et avec ce regard étonné, levé sur sa mère et sur moi, et ce sourire qui semblait nous dire : — Jouissez et voyez comme je suis belle aussi !

Après avoir parlé cent fois de la patrie et nommé tous les noms de lieux et de personnes qu'un souvenir commun pouvait nous rappeler; après que nous nous fûmes donné tous les renseignements mutuels qui pouvaient nous intéresser, on parla de poésie : madame Jorelle me pria de lui faire entendre quelques morceaux de poésie française, et nous traduisit elle-même quelques fragments de poésie d'Alep. Je lui dis que la nature était toujours plus complétement poétique que les poëtes, et qu'elle-même en ce moment, à cette heure, dans ce beau site, à ce clair de lune, dans ce costume étranger,

avec cette pipe orientale à la main et ce poignard
à manche de diamant à sa ceinture, était un plus
beau sujet de poésie que tous ceux que nous avions
parcourus par la seule pensée. Et comme elle me
répondit qu'il lui serait très agréable d'avoir un
souvenir de notre voyage à envoyer à son père
à Alep, dans quelques vers faits pour elle, je
me retirai un moment et je lui rapportai les vers
suivants, qui n'ont de mérite que le lieu où ils furent écrits et le sentiment de reconnaissance qui
me les inspira.

Qui? toi? me demander l'encens de poésie?
Toi, fille d'Orient, née aux vents du désert!
Fleur des jardins d'Alep, que Bulbul [1] eût choisie
Pour languir et chanter sur son calice ouvert!

Rapporte-t-on l'odeur au baume qui l'exhale?
Aux rameaux d'oranger rattache-t-on leurs fruits?
Va-t-on prêter des feux à l'aube orientale,
Ou des étoiles d'or au ciel brillant des nuits?

Non, plus de vers ici! Mais si ton regard aime
Ce que la poésie a de plus enchanté,
Dans l'eau de ce bassin [2] contemple-toi toi-même;
Les vers n'ont point d'image égale à ta beauté!

Quand le soir, dans le kiosque à l'ogive grillée,
Qui laisse entrer la lune et la brise des mers,
Tu t'assieds sur la natte, à Palmyre émaillée,
Où du moka brûlant fument les flots amers;

[1] Nom du rossignol en Orient.
[2] Toutes les cours des maisons en Orient ont un jet d'eau au
milieu, et un bassin de marbre.

Quand, ta main approchant de tes lèvres mi-closes
Le tuyau de jasmin vêtu d'or effilé,
Ta bouche, en aspirant le doux parfum des roses
Fait murmurer l'eau tiède au fond du narguilé ;

Quand le nuage ailé qui flotte et te caresse
D'odorantes vapeurs commence à t'enivrer ;
Que les songes lointains d'amour et de jeunesse
Nagent pour nous dans l'air que tu fais respirer ;

Quand de l'Arabe errant tu dépeins la cavale
Soumise au frein d'écume entre tes mains d'enfant,
Et que de ton regard l'éclair oblique égale
L'éclair brûlant et doux de son œil triomphant

Quand ton bras, arrondi comme l'anse de l'urne,
Sur le coude appuyé soutient ton front charmant,
Et qu'un reflet soudain de la lampe nocturne
Fait briller ton poignard des feux du diamant ;

Il n'est rien dans les sons que la langue murmure,
Rien dans le front rêveur des bardes comme moi,
Rien dans les doux soupirs d'une ame fraîche et pure,
Rien d'aussi poétique et d'aussi frais que toi !

J'ai passé l'âge heureux où la fleur de la vie,
L'amour, s'épanouit et parfume le cœur ;
Et l'admiration, dans mon ame ravie,
N'a plus pour la beauté qu'un rayon sans chaleur.

De mon cœur attiédi la harpe est seule aimée ;
Mais combien à seize ans j'aurais donné de vers
Pour un de ces flocons d'odorante fumée
Que ta lèvre distraite exhale dans les airs,

Ou pour fixer du doigt la forme enchanteresse
Qu'une invisible main trace en contour obscur,
Quand le rayon des nuits, dont le jour te caresse,
Jette en la dessinant ton ombre sur le mur !

Nous ne pouvions nous arracher à cette première scène de la vie arabe. Enfin nous allâmes, pour la première fois après trois mois, nous reposer dans des lits et dormir sans craindre la vague. Un vent impétueux mugissait sur la mer, ébranlait les murs de la haute terrasse sous laquelle nous étions couchés, et nous faisait sentir plus délicieusement le prix d'un séjour tranquille après tant de secousses. Je pensais que Julia et ma femme étaient enfin pour longtemps à l'abri de tous périls, et je combinais dans ma veille les moyens de leur préparer un séjour agréable et sûr pendant que je pourrsuivrais moi-même le cours de mon voyage dans ces lieux que mon pied touchait enfin.

7 SEPTEMBRE 1832.

JE me suis levé avec le jour : j'ai ouvert le volet de bois de cèdre, seule fermeture de la chambre où l'on dort dans ce beau climat. J'ai jeté mon premier regard sur la mer et sur la chaîne étincelante des côtes qui s'étendent en s'arrondissant depuis Bayruth jusqu'au cap Batroun, à moitié chemin de Tripoli.

Jamais spectacle de montagnes ne m'a fait une telle impression. Le Liban a un caractère que je n'ai vu ni aux Alpes ni au Taurus : c'est le mélange de la sublimité imposante des lignes et des cimes avec la grace; des détails et la variété des couleurs c'est une montagne solennelle comme son nom; ce sont les Alpes sous le ciel de l'Asie, plongeant leurs cimes aériennes dans la profonde sérénité d'une éternelle splendeur. Il semble que le soleil repose éternellement sur les angles dorés de ces crêtes; la blancheur éblouissante dont il les imprime se laisse confondre avec celle des neiges qui restent jusqu'au milieu de l'été sur les sommets les plus élevés. La chaîne se développe à l'œil dans une longueur de soixante lieues au moins, depuis le cap de Saïde, l'antique Sidon, jusqu'aux environs de Latakie où elle commence à décliner pour laisser le mont Taurus jeter ses racines dans les plaines d'Alexandrette.

Tantôt les chaînes du Liban s'élèvent presque perpendiculairement sur la mer avec des villages et de grands monastères suspendus à leurs précipices; tantôt elles s'écartent du rivage, forment d'immenses golfes, laissent des marques verdoyantes ou des lisières de sable doré entre elles et les flots. Des voiles sillonnent ces golfes et vont aborder dans les nombreuses rades dont la côte est dentelée. La mer y est de la teinte la plus bleue et la plus sombre, et quoiqu'il y ait presque toujours de la houle, la vague, qui est grande et large, roule à vastes plis sur les sables et réfléchit les montagnes comme une glace sans tache. Ces vagues jettent par-tout sur la côte un murmure sourd, harmonieux, confus, qui monte jusque sous l'ombre des vignes et des caroubiers, et qui remplit les campagnes de vie et de sonorité. A ma gauche, la côte de Bayruth était basse; c'était une continuité de petites langues de terre tapissées de verdure et garanties seulement du flot par une ligne de rochers et d'écueils couverts pour la plupart de ruines antiques. Plus loin, des collines de sable rouge comme celui des déserts d'Égypte s'avancent comme un cap, et servent de reconnaissance aux marins; au sommet de ce cap, on voit les larges cimes en parasol d'une forêt de pins d'Italie, et l'œil, glissant entre leurs troncs disséminés, va se reposer sur les flancs d'une autre chaîne du Liban et jusque sur le promontoire avancé qui portait Tyr (aujourd'hui Sour).

Quand je me retournais du côté opposé à la mer, je voyais les hauts minarets des mosquées, comme des colonnettes isolées, se dresser dans l'air bleu et ondoyant du matin; les forteresses moresques qui dominent la ville et dont les murs lézardés donnent racine à une forêt de plantes grimpantes, de figuiers sauvages et de giroflées; puis les crénelures ovales des murs de défense; puis les cimes égales des campagnes plantées de mûriers; çà et là les toits plats et les murailles blanches des maisons de campagne ou des chaumières des paysans syriens; et enfin au-delà, les pelouses arrondies des collines de Bayruth, portant toutes des édifices pittoresques, des couvents grecs, des couvents maronites, des mosquées ou des santons, et revêtues de feuillage et de culture comme les plus fertiles collines de Grenoble ou de Chambéry. Pour fond à tout cela, toujours le Liban : Le Liban prenant mille courbes, se groupant en gigantesques masses, et jetant ses grandes ombres, ou faisant étinceler ses hautes neiges sur toutes les scènes de cet horizon.

MÊME DATE.

J'AI passé la journée entière à parcourir les environs de Bayruth et à chercher un lieu de repos pour y établir une maison.

J'ai loué cinq maisons qui forment un groupe et que je réunirai par des escaliers de bois, des galeries et des ouvertures. Chaque maison ici n'est guère composée que d'un souterrain qui sert de cuisine, et d'une chambre où couche toute la famille, quelque nombreuse qu'elle soit. Dans un tel climat, la vraie maison, c'est le toit construit en terrasse. C'est là que les femmes et les enfants passent les journées et souvent les nuits. Devant les maisons, entre les troncs de quelques mûriers ou de quelques oliviers, l'Arabe construit un foyer avec trois pierres, et c'est là que sa femme lui prépare à manger. On jette une natte de paille sur un bâton qui va du mur aux branches de l'arbre. Sous cet abri se fait tout le ménage. Les femmes et les filles y sont tout le jour accroupies, occupées à peigner leurs longs cheveux, à les tresser, à blanchir leurs voiles, à tisser leurs soies, à nourrir leurs poules, ou à jouer et à causer entre elles, comme dans nos villages du midi de la France, le dimanche matin, les filles se rassemblent sur les portes des chaumières.

TOUTE la journée a été employée à décharger le brick, et à porter de la ville à notre maison de campagne les bagages de notre caravane. Chacun de nous aura sa chambre. Un vaste champ de mûriers et d'orangers s'étend autour des cinq maisons réunies, et donne à chacun quelques pas à faire devant sa porte, et un peu d'ombre pour respirer. J'ai acheté des nattes d'Égypte et des tapis de Damas, pour nous servir de lits et de divans. J'ai trouvé des charpentiers arabes très actifs et très intelligents qui sont déja à l'ouvrage pour nous faire des portes et des fenêtres, et ce soir nous irons coucher déja dans notre nouvelle habitation.

RIEN de plus délicieux que notre réveil après la première nuit passée dans notre maison. Nous avons fait apporter le déjeuner sur la plus large de nos terrasses, et nous avons reconnu de l'œil tous les environs.

La maison est à dix minutes de la ville. On y arrive par des sentiers ombragés d'immenses aloës qui laissent pendre leurs figues épineuses sur la tête des passants. On longe quelques arches antiques et une immense tour carrée, bâtie par l'émir des Druzes, Fakardin, tour qui sert aujourd'hui d'observation à quelques sentinelles de l'armée d'Ibrahim-Pacha , qui observent de là toute la campagne. On se glisse ensuite entre les troncs de mûriers , et on arrive à un groupe de maisons basses cachées dans les arbres et flanquées d'un bois de citronniers et d'orangers. Ces maisons sont irrégulières, et celle du milieu s'élève comme une tour carrée, et pyramide gracieusement sur les autres. Les toits de toutes ces maisonnettes communiquent au moyen de quelques degrés de bois, et forment ainsi un ensemble assez commode pour des hôtes qui viennent de passer tant de jours sous l'entrepont d'un navire marchand.

A quelques cents pas de nous la mer s'avance dans les terres ; et vue d'ici , au-dessus des têtes vertes des citronniers et des aloës, elle ressemble à un beau lac intérieur, ou à un large fleuve dont on n'aperçoit qu'un tronçon. Quelques barques arabes y sont à l'ancre et se balancent mollement sur ses ondulations insensibles. Si nous montons sur la terrasse supérieure, ce beau lac se change en un immense golfe, clos d'un côté par le château moresque de Bayruth , et de l'autre par les immenses murailles sombres de la chaîne de montagnes qui court vers Tripoli. Mais en face de nous l'horizon s'étend davantage : il commence par courir sur une plaine de champs admirablement cultivés, jalonnés d'arbres qui cachent entièrement le sol , semés çà et là de maisons semblables à la nôtre, et qui élèvent leurs toits comme autant de voiles blanches sur un océan de verdure ; il se rétrécit ensuite entre une longue et gracieuse colline au sommet de laquelle un couvent grec montre ses murailles blanches et ses dômes bleus ; quelques cimes de pins parasols planent , un peu plus haut, sur les dômes mêmes du couvent. La colline descend par gradins soutenus de murailles de pierre, et portant des foréts d'oliviers et de mûriers. la mer vient baigner les derniers gradins ; elle s'écarte ensuite, et une seconde plaine plus éloignée s'arrondit et se creuse pour laisser passer un fleuve qui serpente long-temps parmi des bois de chênes verts, et va se jeter dans le golfe que ses eaux jaunissent sur les bords. Cette plaine ne se termine qu'aux flancs dorés des montagnes. Ces montagnes ne s'élèvent pas d'un seul jet ; elles commencent par d'énormes collines semblables à des blocs immenses, les uns arrondis, les autres presque carrés : un peu de végétation couvre les sommets de ces collines, et chacune d'elles porte ou un monastère ou un village qui réfléchit la lueur du soleil et attire les regards. Les pans des collines brillent comme de l'or : ce sont des murailles de grès jaunâtre, concassées par les tremblements de terre, et dont chaque parcelle réfléchit et darde la lumière. Au-dessus de ces premiers monticules, les degrés du Liban s'élargissent ; il y a des plateaux d'une ou deux lieues : plateaux inégaux, creusés, sillonnés, labourés de ravins, de lits profonds des torrents, de gorges obscures où le regard se perd. Après ces plateaux, les hautes montagnes recommencent à se dresser presque perpendiculairement ; cependant on voit les taches noires des cèdres et des sapins qui les garnissent, et quelques couvents inaccessibles, quelques villages inconnus qui semblent penchés sur leurs précipices. Au sommet le plus aigu de cette seconde chaîne, des arbres, qui semblent gigantesques, forment comme une chevelure rare sur un front chauve. On distingue d'ici leurs cimes inégales et dentelées qui ressemblent à des créneaux sur la crête d'une citadelle.

Derrière ces secondes chaînes, le vrai Liban s'élève enfin; on ne peut distinguer si ses flancs sont rapides ou adoucis, s'ils sont nus ou couverts de végétation : la distance est trop grande. Ses flancs se confondent, dans la transparence de l'air, avec l'air même, dont ils semblent faire partie; on ne voit que la réverbération ambiante de la lumière du soleil, qui les enveloppe, et leurs crêtes enflammées qui se confondent avec les nuages pourpres du matin et qui planent comme des îles inaccessibles dans les vagues du firmament.

Si nos regards redescendent de ce sublime horizon des montagnes, ils ne trouvent par-tout à se poser que sur des gerbes majestueuses de palmiers plantés çà et là dans la campagne auprès des maisons des Arabes, sur les vertes ondulations des têtes de pins Laryx, semés par petits bouquets dans la plaine ou sur les revers des collines, sur les haies de nopal, ou d'autres plantes grasses dont les lourdes feuilles retombent comme des décorations de pierre sur les petits murs à hauteur d'appui qui soutiennent les terrasses. Ces murs eux-mêmes sont tellement revêtus de lichens en fleurs, de lierres terrestres, de vignes sauvages, de plantes bulbeuses à fleurs de toutes les nuances, à grappes de toutes les formes, qu'on ne peut distinguer les pierres dont ces murs sont bâtis : ce ne sont que des remparts de verdure et de fleurs.

Enfin tout près de nous, là, sous nos yeux, deux ou trois maisons semblables aux nôtres, et à demi voilées par les dômes des orangers en fleurs et en fruits, nous offrent ces scènes animées et pittoresques qui sont la vie de tout paysage. Des Arabes assis sur des nattes fument sur les toits des maisons. Quelques femmes se penchent aux fenêtres pour nous voir et se cachent quand elles s'aperçoivent que nous les regardons. Sous notre terrasse même, deux familles arabes, pères, frères, femmes et enfants, prennent leurs repas à l'ombre d'un petit platane sur le seuil de leurs maisons; et à quelques pas de là, sous un autre arbre, deux jeunes filles syriennes, d'une beauté incomparable, s'habillent en plein air, et couvrent leurs cheveux de fleurs blanches et rouges. Il y en a une dont les cheveux sont si longs et si touffus qu'ils la couvrent entièrement, comme les rameaux d'un saule pleureur recouvrent le tronc de toutes parts; on aperçoit seulement, quand elle secoue cette ondoyante crinière, son beau front et ses yeux rayonnants de gaieté naïve qui percent un moment ce voile naturel. Elle semble jouir de notre admiration; je lui jette une poignée de ghazis, petites pièces d'or dont les Syriennes se font des colliers et des bracelets en les enfilant avec un brin de soie. Elle joint ses mains et les porte sur sa tête pour me remercier et rentre dans la chambre basse pour les montrer à sa mère et à sa sœur.

12 SEPTEMBRE 1832.

HABIB BARBARA, Grec syrien, établi à Bayruth et dont la maison est voisine de la nôtre, nous sert de drogman, c'est-à-dire d'interprète. Attaché pendant vingt ans en cette qualité aux différents consulats de France, il parle français et italien; c'est un des hommes les plus obligeants et les plus intelligents que j'aie rencontrés dans mes voyages : sans son assistance et celle de M. Jorelle, nous aurions eu des peines infinies à compléter notre établissement en Syrie; il nous procure plusieurs domestiques, les uns grecs, les autres arabes; j'achéte d'abord six chevaux arabes de seconde race, et je les établis, comme font les gens du pays, au gros soleil, dans un champ devant la porte, les jambes entravées par des anneaux de fer et attachées par un pieu fiché en terre. Je fais dresser une tente auprès des chevaux pour les saïs ou palefreniers arabes. Ces hommes paraissent doux et intelligents; quant aux animaux, en deux jours ils nous connaissent et nous flairent comme des chiens. Habib-Barbara nous présente à sa femme et à sa fille qu'il doit marier dans peu de jours : il nous invite à sa noce : curieux d'observer une noce syrienne, nous acceptons, et Julia prépare ses présents pour la fiancée. Je lui donne une petite montre d'or dont j'ai apporté provision pour les circonstances de ce genre; elle y joint une petite chaîne de perles. Nous montons à cheval pour reconnaître les environs de Bayruth; superbe cheval arabe de madame Jorelle; harnais de velours bleu plaqué d'argent; poitrail de bosses du même métal sculpté qui flottent en guirlandes et résonnent sur le poitrail de ce bel animal. M. Jorelle me vend un de ses chevaux pour ma femme; je fais faire des selles et des brides arabes pour quatorze chevaux.

A une demi-lieue environ de la ville, du côté du levant, l'émir Fakardin a planté une forêt de pins parasols sur un plateau sabloneux, qui s'étend entre la mer et la plaine de Bagdhad, beau village arabe au pied du Liban : l'émir planta, dit-on, cette magnifique forêt pour opposer un rempart à l'invasion des immenses collines de sable rouge qui s'élèvent un peu plus loin et qui menaçaient d'engloutir Bayruth et ses riches plantations. La forêt est devenue superbe; les troncs des arbres ont soixante et quatre-vingts pieds de haut d'un seul jet, et ils étendent de l'un à l'autre leurs larges têtes immobiles qui couvrent d'ombre un espace immense; des sentiers de sable glissent sous les troncs des pins et présentent le sol le plus doux aux pieds des chevaux. Le reste du terrain est couvert d'un léger duvet de gazon semé de fleurs du rouge le plus éclatant; les oignons de jacinthes sauvages sont si gros, qu'ils ne s'écrasent pas sous le fer des chevaux. A travers les colonnades de ces troncs de sapin, on voit d'un côté les dunes blanches et rougeâtres de sable qui cachent la mer, de l'autre la plaine de Bagdhad et le cours du fleuve dans cette plaine, et un coin du golfe, semblable à un petit lac, tant il est encadré par l'horizon des terres, et les douzes ou quinze villages arabes jetés sur les dernières pentes du Liban, et enfin les groupes du Liban même, qui font le rideau de cette scène. La lumière est si nette et l'air si pur, qu'on distingue, à plusieurs lieues d'élévation, les formes des cèdres ou des caroubiers sur les montagnes, ou les grands aigles qui nagent sans remuer leurs ailes dans l'océan de l'éther. Ce bois de pins est certainement le plus magnifique de tous les sites que j'ai vus dans ma vie. Le ciel, les montagnes, les neiges, l'horizon bleu de la mer, l'horizon rouge et funèbre du désert de sable; les lignes serpentantes du fleuve; les têtes isolées des cyprès; les grappes des palmiers épars dans les campagnes; l'aspect gracieux des chaumières couvertes d'orangers et de vignes retombant sur les toits; l'aspect sévère des hauts monastères maronites faisant de larges taches d'ombre ou de larges jets de lumière sur les flancs ciselés du Liban; les caravanes de chameaux chargés des marchandises de Damas, qui passent silencieusement entre les troncs d'arbres; des bandes de pauvres juifs montés sur des ânes; tenant deux enfants sur chaque bras; des femmes enveloppées de voiles blancs, à cheval, marchant au son du fifre et du tambourin, environnées d'une foule d'enfants vêtus d'étoffes rouges brodées d'or, et qui dansent devant leurs chevaux; quelques cavaliers arabes courant le dgérid autour de nous sur des chevaux dont la crinière balaie littéralement le sable; quelques groupes de Turcs assis devant un café bâti en feuillage et fumant la pipe ou faisant la prière; un peu plus loin les collines désertes de sable sans fin qui se teignent d'or aux rayons du soleil du soir, et où le vent soulève des nuages de poussière

enflammée ; enfin le sourd mugissement de la mer
qui se mêle au bruit musical du vent dans les têtes
de sapins et au chant de milliers d'oiseaux inconnus ; tout cela offre à l'œil et à la pensée du pro-
meneur le mélange le plus sublime, le plus doux
et à-la-fois le plus mélancolique qui ait jamais eni-
vré mon ame ; c'est le site de mes rêves, j'y revien-
drai tous les jours.

16 SEPTEMBRE 1832.

Nous avons passé tous ces jours dans le plaisir de la connaissance générale que nous
avions à faire des hommes, des mœurs,
des lieux, et dans les détails amusants d'un établissement au sein d'un pays entièrement nouveau.
Nos cinq maisons sont devenues, avec l'assistance
de nos amis et des ouvriers arabes, une espèce de
villa italienne comme celles que nous avons si délicieusement habitées sur les montagnes de Lucques
ou sur les côtes de Livourne, en d'autres temps.
Chacun de nous a son appartement ; et un salon,
précédé d'une terrasse ornée de fleurs, est le centre
de réunion. Nous y avons établi des divans ; nous
y avons rangé sur des tablettes notre bibliothèque
du vaisseau ; ma femme et Julia ont peint les murs
à fresque, ont étalé, sur une table de cèdre, leurs
livres, leurs nécessaires, et tous ces petits objets de
femme qui ornent, à Londres et à Paris, les tables
de marbre et d'acajou ; c'est là que nous nous ras-
semblons dans les heures brûlantes du jour, car le
soir notre salon est en plein air, sur la terrasse

méme; c'est là que nous recevons les visites de tous les Européens que le commerce avec Damas, dont Bayruth est l'échelle, fixe dans ce beau pays. Le gouverneur égyptien, pour Ibrahim-Pacha, est venu nous offrir, avec une grace et une cordialité plus qu'européennes, sa protection et ses services pour le séjour et pour les voyages que nous voudrions tenter. Je lui ai donné à dîner aujourd'hui; c'est un homme qui ne déparerait aucune réunion d'hommes nulle part. Vieux soldat du pacha d'Égypte, il a pour son maitre, et sur-tout pour Ibrahim, ce dévouement aveugle et confiant dans la fortune que je me souviens d'avoir vu jadis dans les généraux de l'empereur; mais ce dévouement turc a quelque chose de plus touchant et de plus noble, parcequ'il tient à un sentiment religieux et non à un intérét personnel. Ibrahim-Pacha, c'est la destinée, c'est Allah pour ses officiers; Napoléon, ce n'était que la gloire et l'ambition pour les siens. Il a bu avec plaisir du vin de Champagne et s'est prêté à tous nos usages comme s'il n'en avait jamais connu d'autres; les pipes et le café pris, à plusieurs reprises, ont rempli l'après-dinée. Je lui ai remis une lettre pour Ibrahim-Pacha, lettre dans laquelle je lui annonce l'arrivée d'un voyageur européen dans le pays soumis à ses armes et lui demande la protection que l'on doit attendre d'un homme qui combat pour la cause de la civilisation européenne. Ibrahim a passé il y a peu de temps avec son armée; il est maintenant du côté de Homs, grande ville entre Alep et Damas, dans le désert; il a laissé peu de troupes en Syrie; les principales villes, comme Bayruth, Saïde, Jaffa, Acre, Tripoli, sont occupées d'accord avec Ibrahim par les soldats de l'émir Beschir, ou grand prince des Druzes, qui règne sur le Liban. Ce prince n'a pas résisté à Ibrahim ; il a abandonné la cause des Turcs, en apparence au moins, après la prise de Saint-Jean-d'Acre par Ibrahim, et il confond ses troupes avec celles du pacha. L'émir Beschir, si Ibrahim venait à être battu à Homs, pourrait lui fermer la retraite et anéantir les débris des Égyptiens. Ce prince, habile et guerrier, règne depuis quarante années sur toutes les montagnes du Liban. Il a fondu en un seul peuple les Druzes, les Métualis, les Maronites, les Syriens et les Arabes, qui vivent sous sa domination ; il a des fils, guerriers comme lui, qu'il envoie gouverner les villes qu'Ibrahim lui confie ; un de ses fils est campé à un quart de mille d'ici, dans la plaine qui touche au Liban, avec cinq ou six cents cavaliers arabes. Nous devons le voir, il nous a envoyé complimenter.

Un Arabe me contait aujourd'hui l'entrée d'Ibrahim dans la ville de Bayruth. A quelque distance de la porte, comme il traversait un chemin creux dont les douves sont couvertes de racines grimpantes et d'arbustes entrelacés, un énorme serpent est sorti des broussailles et s'est avancé lentement, en rampant sur le sable, jusque sous les pieds du cheval d'Ibrahim ; le cheval, épouvanté, s'est cabré, et quelques esclaves qui suivaient à pied le pacha se sont élancés pour tuer le serpent, mais Ibrahim les a arrêtés d'un geste, et, tirant son sabre, il a coupé la tête du reptile qui se dressait devant lui et a foulé les tronçons sous les pieds de son cheval ; la foule a poussé un cri d'admiration, et Ibrahim, le sourire sur les lèvres, a continué sa route enchanté de cette circonstance qui est l'augure assuré de la victoire chez les Arabes. Ce peuple ne voit aucun accident de la vie, aucun phénomène naturel sans y attacher un sens prophétique et moral; est-ce un souvenir confus de cette première langue plus parfaite qu'entendaient jadis les hommes, langue dans laquelle toute la nature s'expliquait par toute la nature? Est-ce une vivacité d'imagination plus grande qui cherche entre les choses des corrélations qu'il n'est pas donné à l'homme de saisir? Je ne sais, mais je penche pour la première interprétation; l'humanité n'a pas d'instincts sans motifs, sans but, sans cause; l'instinct de la divination a tourmenté tous les âges et tous les peuples, sur-tout les peuples primitifs; la divination a donc dû ou pourrait donc peut-être exister; mais c'est une langue dont l'homme aura perdu la clef en sortant de cet état supérieur, de cet Éden dont tous les peuples ont une confuse tradition; alors, sans doute, la nature parlait plus haut et plus clair à son esprit; l'homme concevait la relation cachée de tous les faits naturels, et leur enchaînement pouvait le conduire à la perception de vérités ou d'évènements futurs, car le présent est toujours le germe générateur et infaillible de l'avenir; il ne s'agit que de le voir et de le comprendre.

OUJOURS même vie. La journée se passe à rendre et à recevoir des visites d'Arabes et de Francs, et à parcourir les délicieux environs de notre retraite. Nous avons trouvé autant d'obligeance que de bonté parmi les consuls européens de Syrie, que la guerre a tous concentrés à Bayruth. Le consul de Sardaigne, M. Bianco; le consul d'Autriche, M. Laurella; les consuls d'Angleterre, MM. Farren et Abost, nous ont mis en peu de temps en rapport avec tous les Arabes qui peuvent nous aider dans nos projets de voyage dans l'intérieur. Il est impossible de rencontrer plus d'accueil et plus d'hospitalité. Quelques uns de ces messieurs ont habité de longues années la Syrie, et sont en relation avec des familles arabes de Damas, d'Alep, de Jérusalem, lesquelles en ont elles-mêmes avec les principaux scheiks des Arabes des déserts que nous avons à parcourir. Nous formons ainsi d'avance une chaîne de recommandations, de relations et d'hospitalité sur différentes lignes qui pourraient nous conduire jusqu'à Bagdhad.

M. Jorelle m'a procuré un excellent drogman ou interprète dans la personne de M. Mazoyer, jeune Français d'origine, mais qui, né et élevé en Syrie, est très versé dans la langue savante et dans les divers dialectes des régions que nous devons parcourir. Il est installé d'aujourd'hui chez moi, et je lui remets le gouvernement de toute la partie

arabe de ma maison. Cette maison arabe se compose d'un cuisinier d'Alep, nommé Aboulias; d'un
jeune Syrien du pays, nommé Elias, qui, ayant
déja été au service des consuls, entend un peu
d'italien et de français; d'une jeune fille syrienne,
parlant français aussi, et qui servira d'interprète
pour les femmes; enfin de cinq ou six palefreniers grecs, arabes, syriens, des différentes parties de la Syrie, destinés à soigner nos chevaux,
à planter les tentes et à nous servir d'escorte dans
les voyages.

L'histoire de notre cuisinier arabe est trop singulière pour n'en pas conserver la mémoire.

Il était chrétien, jeune et intelligent; il avait
établi à Alep un petit commerce d'étoffes du pays
qu'il allait vendre lui-même, monté sur un âne,
parmi les tribus d'Arabes errants qui viennent l'hiver camper dans les plaines des environs d'An-
tioche. Son commerce prospérait; mais sa qualité
d'infidèle lui donnant quelque inquiétude, il jugea
à propos de s'associer à un Arabe mahométan
d'Alep. Le commerce n'en alla que mieux, et
Aboulias se trouva, au bout de quelques années,
un des marchands les plus accrédités du pays. Mais
il était épris d'une jeune Grecque-Syrienne; on
ne voulait la lui accorder qu'à condition de quitter Alep, et de venir s'établir dans les environs de
Saïde, où demeurait la famille de sa belle fiancée.
Il fallut liquider sa fortune : une querelle s'éleva
entre les deux associés pour le partage des richesses acquises en commun. L'Arabe mahométan dressa une embûche au pauvre Aboulias : il
aposta des témoins cachés qui, dans une dispute

avec son associé , l'entendirent blasphémer Mahomet , crime mortel pour un infidèle. Aboulias fut
mené au pacha et condamné à être pendu. La sen-
tence fut exécutée; mais la corde ayant cassé, le
malheureux Aboulias tomba au pied de la potence,
et fut laissé pour mort sur la place des exécutions.
Cependant les parents de sa fiancée ayant obtenu
du pacha que son cadavre leur serait remis pour
l'ensevelir avec les formes de leur religion , emportèrent le corps dans leur maison, et s'aperce-
vant qu'Aboulias donnait encore des signes de vie ,
ils le ranimèrent , le cachèrent dans une cave pendant quelques jours, et enterrèrent un cercueil
vide pour ne donner aucun soupçon aux Turcs.
Mais ceux-ci avaient eu quelque vent de la super-
cherie , et Aboulias fut de nouveau arrêté , au moment où il s'échappait la nuit des portes de la
ville. Conduit au pacha, il lui conta comment il
avait été sauvé indépendamment de toute volonté
de sa part. Le pacha , d'après un texte du Koran ,
qui était favorable à l'accusé, lui donna l'alterna-
tive ou d'être pendu une seconde fois , ou de se
faire Turc. Aboulias préféra ce dernier parti , et
pratiqua pendant quelque temps l'islamisme.
Lorsque son aventure fut oubliée et sa conversion
bien constatée, il trouva moyen de s'évader d'Alep
et de s'embarquer pour l'île de Cypre, où il se fit
de nouveau chrétien. Il épousa la femme qu'il aimait, se fit protéger des Français, et put reparaître impunément en Syrie , où il continuait son
commerce de colporteur parmi les Druzes , les
Maronites et les Arabes. Voilà l'homme qu'il nous
fallait pour voyager dans ces contrées. Son talent

en cuisine consiste à faire du feu en plein champ
avec des arbustes épineux ou de la fiente de chameaux desséchée ; à suspendre une marmite de
cuivre sur deux bâtons qui se croisent à leur extrémité, et à faire bouillir du riz et des poulets, ou
des morceaux de mouton dans cette marmite. Il
chauffe aussi des cailloux arrondis dans le foyer,
et quand ils sont presque rouges, il les enduit
d'une pâte de farine d'orge qu'il a pétrie, et c'est là
notre pain.

19 SEPTEMBRE 1832.

AUJOURD'HUI, ma femme et Julia ont été
invitées par la femme et la fille d'un chef
arabe des environs, à passer la journée
au bain : c'est le divertissement des femmes de
l'Orient entre elles. Un bain est annoncé quinze
jours d'avance, comme un bal en Europe. Voici la
description de cette fête, telle qu'elle nous a été
donnée le soir par ma femme.

Les salles de bain sont un lieu public dont on
interdit l'approche aux hommes, tous les jours
jusqu'à une certaine heure, pour les réserver aux
femmes; et la journée tout entière, lorsqu'il s'agit
d'un bain pour une fiancée, comme celui dont il
est question. Les salles sont éclairées d'un faible
jour par de petits dômes à vitraux peints. Elles
sont pavées de marbres à compartiments de diverses couleurs, travaillés avec beaucoup d'art. Les
murailles sont revêtues aussi de marbre en mo-
saïque, ou sculpté en moulures ou en colonnettes

moresques. Ces salles sont graduées de chaleur : les premières à la température de l'air extérieur, les secondes tièdes, les autres successivement plus chaudes, jusqu'à la dernière, où la vapeur de l'eau presque bouillante s'élève des bassins et remplit l'air de sa chaleur étouffante. En général, il n'y a pas de bassin creusé au milieu des salles; il y a seulement des robinets coulant toujours qui versent sur le plancher de marbre environ un demi-pouce d'eau. Cette eau s'écoule ensuite par des rigoles et est sans cesse renouvelée. Ce qu'on appelle bains dans l'Orient n'est pas une immersion complète, mais une aspersion successive plus ou moins chaude, et l'impression de la vapeur sur la peau.

Deux cents femmes de la ville et des environs étaient invitées ce jour-là au bain, et dans le nombre plusieurs jeunes femmes européennes; chacune y arriva enveloppée dans l'immense drap de toile blanche qui recouvre en entier le superbe costume des femmes quand elles sortent. Elles étaient toutes accompagnées de leurs esclaves noires, ou de leurs servantes libres; à mesure qu'elles arrivaient, elles se réunissaient en groupes, s'asseyaient sur des nattes et des coussins préparés dans le premier vestibule; leurs suivantes leur ôtaient le drap qui les enveloppait, et elles apparaissaient dans toute la riche et pittoresque magnificence de leurs habits et de leurs bijoux. Ces costumes sont très variés pour la couleur des étoffes et le nombre et l'éclat des joyaux; mais ils sont informes dans la coupe des vêtements.

Ces vêtements consistent dans un pantalon à larges plis, de satin rayé, noué à la ceinture par un tissu de soie rouge, et fermé au-dessus de la cheville du pied par un bracelet d'or ou d'argent ; une robe brochée en or, ouverte sur le devant et nouée sous le sein qu'elle laisse à découvert ; les manches sont serrées au-dessous de l'aisselle et ouvertes ensuite depuis le coude jusqu'au poignet ; elles laissent passer une chemise de gaze de soie qui couvre la poitrine. Elles portent par dessus cette robe une veste de velours de couleur éclatante doublée d'hermine ou de martre, et brodée en or sur toutes les coutures ; manches également ouvertes.

Les cheveux sont partagés au-dessus de la tête, une partie retombe sur le cou, le reste est tressé en nattes et descend jusqu'aux pieds, alongé par des tresses de soie noires qui imitent les cheveux. De petites torsades d'or ou d'argent pendent à l'extrémité de ces tresses et par leur poids les font flotter le long de la taille ; la tête des femmes est en outre semée de petites chaînes de perles, de sequins d'or enfilés, de fleurs naturelles, le tout mêlé et répandu avec une incroyable profusion. C'est comme si on avait versé pêle-mêle un écrin sur ces chevelures toutes brillantées, toutes parfumées de bijoux et de fleurs. Ce luxe barbare est de l'effet le plus pittoresque sur les jeunes figures de quinze à vingt ans ; au sommet de la tête, quelques femmes portent encore une calotte d'or ciselé en forme de coupe renversée ; du milieu de cette calotte sort un gland d'or qui porte une houpe de perles, et qui flotte sur le derrière de la tête.

Les jambes sont nues et les pieds ont pour chaussures des pantoufles de maroquin jaune que les femmes trainent en marchant.

Les bras sont couverts de bracelets d'or, d'argent, de perles; la poitrine, de plusieurs colliers qui forment une natte d'or ou de perles sur le sein découvert.

Quand toutes les femmes furent réunies, une musique sauvage se fit entendre : des femmes, dont le haut du corps était enveloppé d'une simple gaze rouge, poussaient des cris aigus et lamentables et jouaient du fifre et du tambourin; cette musique ne cessa pas de toute la journée, et donnait à cette scène de plaisir et de fête un caractère de tumulte et de frénésie tout-à-fait barbare.

Lorsque la fiancée parut, accompagnée de sa mère et de ses jeunes amies, et revêtue d'un costume si magnifique que ses cheveux, son cou, ses bras et sa poitrine disparaissaient entièrement sous un voile flottant de guirlandes, de pièces d'or et de perles, les baigneuses s'emparèrent d'elle et la dépouillèrent, pièce à pièce, de tous ses vêtements : pendant ce temps-là, toutes les autres femmes étaient déshabillées par leurs esclaves, et les différentes cérémonies du bain commencèrent. On passa, toujours aux sons de la même musique, toujours avec des cérémonies et des paroles plus bizarres, d'une salle dans une autre; on prit les bains de vapeurs, puis les bains d'ablution, puis on fit couler sur les femmes les eaux parfumées et savoneuses, puis enfin les jeux commencèrent, et toutes ces femmes firent, avec des gestes et des cris divers, ce que fait une troupe d'écoliers que l'on mene nager dans un fleuve, s'éclaboussant, se plongeant la tête dans l'eau, se jetant l'eau à la figure; et la musique retentissait plus fort et plus hurlante, chaque fois qu'un de ces tours d'enfantillage excitait le rire bruyant des jeunes filles arabes. Enfin, on sortit du bain; les esclaves et les suivantes tressèrent de nouveau les cheveux humides de leurs maîtresses, renouèrent les colliers et les bracelets, passèrent les robes de soie et les vestes de velours, étendirent des coussins sur des nattes dans les salles, dont on avait essuyé le plancher, et tirèrent des paniers et des enveloppes de soie les provisions apportées pour la collation; c'étaient des pâtisseries et des confitures de toute espèce, dans lesquelles les Turcs et les Arabes excellent; des sorbets, des fleurs d'orange et toutes ces boissons glacées dont les Orientaux font usage à tous les moments du jour. Les pipes et les narguilés furent apportés aussi pour les femmes plus âgées; un nuage de fumée odorante remplit et obscurcit l'atmosphère; le café, servi dans de petites tasses renfermées elles-mêmes dans de petits vases à jour en fil d'or et d'argent, ne cessa de circuler, et les conversations s'animèrent; puis vinrent les danseuses, qui exécutèrent, aux sons de cette même musique, les danses égyptiennes et les évolutions monotones de l'Arabie. La journée tout entière se passa ainsi, et ce ne fut qu'à la tombée de la nuit que ce cortége de femmes reconduisit la jeune fiancée chez sa mère. Cette cérémonie du bain a lieu ordinairement quelques jours avant le mariage.

NOTRE établissement étant complet, je m'occupe d'organiser ma caravane pour le voyage de l'intérieur de la Syrie et de la Palestine. J'ai acheté quatorze chevaux arabes, les uns du Liban, les autres d'Alep et du désert; j'ai fait faire les selles et les brides à la mode du pays, riches et ornées de franges de soie et de fil d'or et d'argent. Le respect qu'on obtient des Arabes est en raison du luxe qu'on étale; il faut les éblouir, pour frapper leur imagination et pour voyager avec une pleine sécurité parmi leurs tribus; je fais mettre nos armes en état et j'en achète de plus belles pour armer nos Carvas. Ces Carvas sont des Turcs qui remplacent les janissaires que la Porte accordait autrefois aux ambassadeurs ou aux voyageurs qu'elle voulait protéger; ce sont à-la-fois des soldats et des magistrats; ils répondent à-peu-près aux corps de gendarmerie des États de l'Europe. Chaque consul en a un ou deux attachés à sa personne; ils voyagent à cheval avec eux; ils les annoncent dans les villes qu'ils ont à traverser; ils vont prévenir le scheik, le pacha, le gouverneur; ils font vider et préparer pour eux la maison de la ville ou des villages qu'il leur a plu de choisir; ils protégent de leur présence et de leur autorité toute caravane à laquelle on les a attachés; ils sont revêtus de costumes plus ou moins splendides, selon le luxe ou l'importance de la personne qui les emploie. Les ambassadeurs ou les consuls européens sont les seuls étrangers qui aient le droit d'en avoir ; mais grace à l'obligeance de M. Jorelle et aux bontés du gouverneur égyptien de Bayruth, on m'en a accordé plusieurs. J'en laisserai à la maison pour le service de ma femme et de Julia, et pour leur sécurité quand elles auront à sortir, et j'emmène le plus jeune, le plus intelligent et le plus brave pour marcher à la tête de notre détachement. Ces hommes sont doux, serviables, attentifs, et n'exigent presque rien que de belles armes, de beaux chevaux et de beaux costumes ; ils vivent, comme tous mes autres Arabes, de galettes de farine d'orge et de fruits ; ils couchent en plein air, sous les mûriers des jardins, ou dans une tente que j'ai fait dresser auprès du lieu où sont les chevaux.

Le consul de Sardaigne, M. Bianco, que nous voyons tous les jours comme un ami de plusieurs années, nous facilite tous ces arrangements intérieurs, qui feront ma sécurité pour ma femme et mon enfant pendant mon absence, et qui contribueront aussi à notre propre sécurité en route ; j'achète des tentes, et il me prête la plus belle des siennes.

22 SEPTEMBRE 1832.

LES chaleurs étouffantes de septembre retardent de quelque temps notre départ. Nous passons les journées à rendre et à recevoir les visites de tous nos voisins, Grecs, Arabes, Maronites, et à former des relations qui doivent nous rendre ce séjour agréable. Nous ne trouverions nulle part, en Europe, plus de bienveillance et d'accueil qu'on ne nous en prodigue ici ; ces peuples sont accoutumés à ne voir arriver dans leur pays que des Européens adonnés au commerce, et dont toutes les relations ont un but intéressé ; ils ne comprennent pas d'abord que l'on vienne habiter et voyager parmi eux, uniquement pour les connaître et pour admirer leur belle nature et leurs monuments en ruine ; ils commencent par suspecter les intentions d'un voyageur, et comme les traditions leur font croire que des trésors sont enfouis dans toutes les ruines, ils pensent que nous avons le secret de déterrer ces trésors, et que c'est là le but de nos dépenses et de nos fatigues : mais quand une fois on a pu les convaincre que l'on ne voyage pas dans cette intention, que l'on vient seulement admirer l'œuvre de Dieu dans les plus belles contrées du monde, étudier les mœurs, voir et aimer des hommes ; quand de plus on leur offre des présents sans leur demander en échange autre chose que leur amitié ; quand on a avec soi, comme nous l'avons, un médecin et une pharmacie, et qu'on leur distribue gratis les recettes, les consultations et les médicaments ; quand ils voient que l'étranger qui leur arrive est fêté et considéré des autres Francs, qu'il a à lui un beau navire qui le porte à volonté d'un port à l'autre, et qui refuse de se charger d'aucun objet de commerce, leur imagination est frappée d'une idée de puissance, de grandeur et de désintéressement qui renverse tous leurs systèmes, et ils passent promptement de la défiance à l'admiration, et de l'admiration au dévouement.

Telle est leur disposition pour nous. Notre cour

est sans cesse remplie d'Arabes des montagnes, de moines maronites, de scheiks druzes, de femmes, d'enfants, de malades, qui viennent déja de quinze à vingt lieues pour nous voir, nous demander des consultations et nous offrir l'hospitalité, si nous voulons passer par leurs terres; presque tous se font précéder de quelques présents de vins ou de fruits du pays. Nous les recevons bien, nous leur faisons prendre le café, fumer la pipe, boire le sorbet glacé; je leur donne, en échange de leurs cadeaux, des présents d'étoffes d'Europe, quelques armes, une montre, de petits bijoux de peu de valeur, dont j'ai apporté une grande quantité; ils retournent enchantés de notre accueil, et vont porter au loin et répandre la réputation de l'*émir Frangi*, c'est ainsi qu'ils m'ont nommé, le *prince des Francs;* je n'ai pas d'autre nom dans tous les environs de Bayruth et dans la ville même; et comme cette considération peut nous être d'une grande utilité pour nos courses aventureuses dans toutes les contrées, M. Jorelle et les consuls européens ont la bonté de ne pas les détromper et de laisser passer l'humble poëte pour un homme puissant en Europe.

On ne peut se figurer avec quelle rapidité les nouvelles circulent de bouche en bouche dans l'Arabie; on sait déja à Damas, à Alep, à Latakié, à Saïde, à Jérusalem, qu'un étranger est arrivé en Syrie et qu'il va parcourir ces contrées. Dans un pays où il y a peu de mouvement dans les choses et dans les esprits, le plus petit événement inusité devient tout de suite le sujet des conversations; il circule, avec la rapidité de la parole, d'une tribu à l'autre ; l'imagination sensible , exaltée , des Arabes , grossit et colore tout , et une renommée est faite en quinze jours , à cent lieues de distance. Ces dispositions de ce pays dont lady Stanhope a fait l'épreuve autrefois , dans des circonstances à-peu-près semblables aux miennes , nous sont trop favorables pour nous en plaindre. Nous laissons faire , nous laissons dire , et j'accepte , sans les détromper , les titres , les richesses , les vertus imaginaires , dont l'imagination arabe m'a doté , pour les déposer ensuite humblement , en rentrant dans les justes proportions de ma médiocrité native.

27 SEPTEMBRE 1832, TOUR DE FACARDIN.

Nous avons passé toute la journée à la noce de la jeune syrienne grecque. La cérémonie a commencé par une longue procession de femmes grecques , arabes et syriennes, qui sont venues les unes à cheval, les autres à pied, par les sentiers d'aloës et de mûriers , assister la fiancée pendant cette fatigante journée. Depuis plusieurs jours et plusieurs nuits déja , un certain nombre de ces femmes ne quitte pas la maison d'Habib , et ne cesse de faire entendre des cris, des chants, des gémissements aigus et prolongés, semblables à ces éclats de voix que les vendangeurs et les faneurs poussent sur les coteaux de notre France pendant les récoltes. Ces clameurs, ces plaintes, ces larmes et ces joies convenues, doivent empêcher la mariée de dormir plusieurs nuits avant la noce. Les vieillards et les jeunes gens de la famille de l'époux en font autant de leur côté et ne lui laissent prendre presque aucun repos depuis huit jours. Nous ne comprenons rien aux motifs de cet usage.

Introduits dans les jardins de la maison d'Habib, on a fait entrer les femmes dans l'intérieur des divans pour faire leurs compliments à la jeune fille, admirer sa parure et voir les cérémonies. Pour nous, on nous a laissés dans la cour ou fait entrer dans un divan inférieur. Là, une table était dressée à l'européenne, chargée d'une multitude de fruits confits, de gâteaux au miel et au sucre, de liqueurs et sorbets, et pendant toute la soirée on a renouvelé cette collation à mesure que les nombreux visiteurs l'avaient épuisée. J'ai réussi à m'introduire par exception jusque dans le divan des femmes au moment où l'archevêque grec donnait la bénédiction nuptiale. La jeune fille était debout à côté de son fiancé, couverte de la tête aux pieds d'un voile de gaze rouge brodé en or. Un moment le prêtre a écarté le voile, et le jeune homme a pu entrevoir pour la première fois celle à qui il unissait sa vie; elle était admirablement belle. La pâleur dont la fatigue et l'émotion couvraient ses joues, pâleur relevée encore par les reflets du voile rouge et les innombrables parures d'or, d'argent, de perles, de diamants, dont elle était couverte, et par les longues nattes de ses cheveux noirs qui tombaient tout autour de sa taille, ses cils peints en noir ainsi que ses sourcils et le bord de ses yeux, ses mains dont l'extrémité des doigts et des ongles était teinte en rouge, avec le henné, et avait des compartiments et des dessins moresques; tout donnait à sa ravissante beauté un caractère de nouveauté et de solennité pour nous dont nous fûmes vivement frappés. Son mari eut à peine le temps de la regarder. Il semblait accablé et expirant lui-même sous le poids des veilles et des fatigues dont ces usages bizarres épuisent les forces de l'amour même. L'évêque prit des mains d'un de ses prêtres une couronne de fleurs naturelles, la posa sur la tête de la jeune fille, la reprit, la plaça sur les cheveux du jeune homme, la reprit encore pour la remettre sur le voile de l'épouse, et la passa ainsi plusieurs fois d'une tête à l'autre. Puis on leur passa également tour-à-tour des anneaux aux doigts l'un de l'autre. Ils rompirent ensuite le même morceau de pain, ils burent le vin consacré dans la même coupe. Après quoi on emmena la jeune mariée dans des appartements où les femmes seules purent la suivre pour changer encore sa toilette. Le père et les amis du mari l'emmenèrent de leur côté dans le jardin, et on le fit asseoir au pied d'un arbre entouré de tous les hommes de sa famille. Les musiciens et les danseurs arrivèrent alors et continuèrent jusqu'au coucher du soleil leurs symphonies barbares, leurs cris aigus et leurs contorsions autour du jeune homme qui s'était endormi au pied de l'arbre et que ses amis réveillaient en vain à chaque instant.

Quand la nuit fut venue, on le conduisit seul et processionnellement jusqu'à la maison de son père. Ce n'est qu'après huit jours que l'on permet au nouvel époux de venir prendre sa femme et de la conduire chez lui.

Les femmes qui remplissaient de leurs cris la maison d'Habib sortirent aussi un peu plus tard. Rien n'était plus pittoresque que cette immense procession de femmes et de jeunes filles dans les costumes les plus étranges et les plus splendides, couvertes de pierreries étincelantes, entourées chacune de leurs suivantes et de leurs esclaves, portant des torches de sapin résineux pour éclairer leur marche et prolongeant ainsi leur avenue lumineuse à travers les longs et étroits sentiers ombragés d'aloës et d'orangers, au bord de la mer, quelquefois dans un long silence, quelquefois poussant des cris qui retentissaient jusque sur les vagues ou sous les grands platanes du pied du Liban. Nous rentrâmes dans notre maison, voisine de la maison de campagne d'Habib, où nous entendions encore le bruit des conversations des femmes de la famille; nous montâmes sur nos terrasses, et nous suivîmes long-temps des yeux ces feux errants qui circulaient de tous côtés à travers les arbres dans la plaine.

29 SEPTEMBRE 1832.

ON parle d'une défaite d'Ibrahim. Si l'armée égyptienne venait à subir un revers, la vengeance des Turcs, opprimés aujourd'hui ici par les chrétiens du Liban, serait à craindre, et des excès pourraient avoir lieu dans les campagnes isolées, sur-tout comme la nôtre. Je me suis décidé à louer aussi par précaution une maison dans la ville; j'en ai trouvé une ce matin, qui peut nous loger tous; elle est composée, comme tous les palais arabes, d'un petit corridor obscur qui ouvre sur la rue par une porte surbaissée; ce corridor conduit à

une cour intérieure pavée de marbre et entourée
de divans ou salons ouverts; l'été on jette une tente
sur cette cour, et c'est là que se tiennent les Arabes
pour recevoir les visites; un jet d'eau coule et
murmure au milieu de la cour; quand il n'y a pas
d'eau courante, il y a au moins un puits fermé
dans un des angles; de cette cour on passe dans
plusieurs grandes pièces pavées aussi de mosaïques
ou de dalles de marbre, et décorées jusqu'à hauteur
d'appui, ou de marbre sculpté en niches, en pilastres, en petites fontaines, ou de boiseries de cèdre
jaune admirablement travaillé; la première partie
de ces divans est plus basse d'une marche que la seconde moitié, et cette seconde moitié de l'appartement est défendue par une balustrade en bois élé-
gamment sculptée; les esclaves et les serviteurs se
tiennent dans la première partie, debout, la tasse de
café, le sorbet ou la pipe à la main; les maîtres sont
assis sur des tapis et appuyés sur des coussins dans
la seconde; en général, au fond de la pièce, on
trouve un petit escalier de bois caché dans la boise-
rie et qui conduit à une espèce de tribune haute qui
occupe le fond de la chambre; cette tribune ouvre
d'un côté sur la rue par de petites fenêtres en ogives garnies de grillages, et du côté de l'appartement
elle est voilée aussi de grillages en bois, où les me-
nuisiers du pays étalent tout l'art de leurs dessins et
de leur travail; ces tribunes sont très étroites et ne
peuvent contenir qu'un divan recouvert de mate-
las et de coussins de soie; c'est là que les riches
Turcs ou Arabes se retirent pour la nuit; les autres
se contentent de faire étendre des coussins par terre
et y dorment tout habillés et sans autre couverture

que les lourdes et belles fourrures dont ils sont habituellement vêtus.

Il y a cinq ou six pièces semblables dans ma maison de ville au premier étage et autant au second, outre un grand nombre de petites pièces hautes et détachées pour des domestiques européens ; les janissaires, les saïs, des domestiques arabes, couchent à la porte de la rue, ou sous le corridor, ou dans la cour ; on ne s'occupe jamais de leur trouver une place ou un lit ; le peuple ici n'a d'autre lit que la terre et une natte de paille d'Égypte ; la beauté du climat a pourvu à tout, et nous éprouvons nous-mêmes qu'il n'y a pas de ciel de lit plus délicieux que ce beau firmament étoilé où les brises légères de la mer apportent un peu de fraîcheur et sollicitent au sommeil ; il y a peu ou point de rosée, et il suffit de se couvrir les yeux d'un mouchoir de soie pour dormir ainsi en plein air, sans aucun inconvénient.

Cette maison n'est qu'une sûreté pour ma femme et mon enfant, en cas de retraite d'Ibrahim-Pacha ; je me suis contenté d'en prendre les clefs, et nous ne l'occuperions que si le reste du pays devenait inhabitable. Sous la garantie des consuls européens, dans une ville fermée de murs, et à côté d'un port où des vaisseaux de toutes les nations sont sans cesse à l'ancre, il ne peut pas y avoir un péril imminent pour des voyageurs. J'ai loué la maison de ville pour un an, mille piastres, c'est-à-dire trois cents francs environ ; les cinq maisons de campagne réunies ne me coûtent que trois mille piastres, en tout treize cents francs par an, pour avoir six maisons, dont une seule, celle de la ville, coûterait au moins quatre à cinq mille francs en Europe.

Il y a, sur une langue de terre à gauche de la ville, une des plus délicieuses habitations que l'on puisse desirer au monde; elle appartient à un riche négociant turc, à qui j'ai fait proposer de me la céder; il n'a pas voulu me la louer, mais il m'a offert de me la vendre pour trente mille piastres, c'est-à-dire pour environ dix mille francs; elle s'élève au milieu d'un jardin très vaste, planté de cèdres, d'orangers, de vignes, de figuiers, et arrosé par une belle fontaine d'eau de roche; la mer l'entoure de deux côtés, et l'écume vient baigner le pied des murs; toute la belle rade de Bayruth s'étend devant vous avec ses navires à l'ancre, dont on entend de là le bruit du vent dans les cordages; elle est arrêtée par un vieux château moresque qui s'avance dans la mer, qui est joint à de belles pelouses vertes par des ponts, et dont les créneaux élevés se dessinent en sombre sur le fond des neiges du Sannin, laissant voir dans leurs intervalles les sentinelles d'Ibrahim qui s'y promènent en regardant la mer.

La maison est beaucoup plus belle que celle que je viens de louer. Tous les murs sont revêtus de marbres admirablement sculptés, ou de boiseries de cèdre du plus riche travail; des jets d'eau éternels murmurent au milieu des pièces du rez-de-chaussée, et des balcons grillés et saillants, qui font le tour des étages supérieurs, permettent aux femmes de passer, sans être vues, les jours et les nuits en plein air, et d'enivrer leurs regards du spectacle admirable de la mer, des montagnes et des scènes animées du port. Ce Turc m'a très bien reçu; il m'a prodigué les sorbets, les pipes et le café, et m'a conduit lui-même dans toutes les pièces de sa maison; il avait préalablement envoyé un eunuque noir avertir ses femmes de se retirer dans un pavillon du jardin; mais lorsque nous arrivâmes à leur appartement ou harem, l'ordre n'était pas encore exécuté, et nous aperçûmes cinq ou six jeunes femmes, les unes de quinze ou seize ans tout au plus, les autres de vingt à trente, dans ce beau et gracieux costume des femmes arabes, et dans tout le désordre de leur toilette d'intérieur, qui se levaient précipitamment de leurs nattes et de leurs divans et s'enfuyaient, les jambes et les pieds nus, celles-ci en jetant à la hâte un voile sur leurs visages, celles-là emportant de petits enfants à leurs mamelles, dans toute la honte, dans toute la confusion naturelles à une pareille surprise; elles se glissèrent dans un corridor sombre, et l'eunuque se plaça à la porte. Le négociant arabe ne parut nullement embarrassé ni affligé de cette circonstance, et nous visitâmes toutes les piéces intérieures du harem comme nous aurions pu faire dans une maison d'Européens.

∘∘∘

VISITE

A LADY ESTHER STANHOPE.

L ADY Esther Stanhope, niéce de M. Pitt, après la mort de son oncle, quitta l'Angleterre et parcourut l'Europe. Jeune, belle et riche, elle fut accueillie par-tout avec l'empressement et l'intérét que son rang, sa fortune, son esprit et sa beauté devaient lui attirer; mais elle se refusa con-

stamment à unir son sort au sort de ses plus dignes
admirateurs, et après quelques années passées
dans les principales capitales de l'Europe, elle
s'embarqua avec une suite nombreuse pour Constantinople. On n'a jamais su le motif de cette ex-
patriation : les uns l'ont attribuée à la mort d'un
jeune général anglais, tué à cette époque en Espagne, et que d'éternels regrets devaient conserver à jamais présent dans le cœur de lady Esther ;
les autres à un simple goût d'aventures, que le caractère entreprenant et courageux de cette jeune
personne pouvait faire présumer en elle. Quoi qu'il
en soit, elle partit; elle passa quelques années à
Constantinople, et s'embarqua enfin pour la Syrie
sur un bâtiment anglais qui portait aussi la plus
grande partie de ses trésors et des valeurs immenses en bijoux et en présents de toute espèce.

La tempête assaillit le navire dans le golfe de
Macri, sur la côte de Caramanie, en face de l'île
de Rhodes : il échoua sur un écueil à quelques
milles du rivage. Le vaisseau fut en peu d'instants
brisé, et les trésors de lady Stanhope furent engloutis dans les flots; elle-même échappa avec
peine à la mort, et fut portée, sur un débris du
bâtiment, à une petite île déserte où elle passa
vingt-quatre heures sans aliments et sans secours :
enfin, des pêcheurs de Marmoriza, qui recher-
chaient les débris du naufrage, la découvrirent et
la conduisirent à Rhodes, où elle se fit reconnaître
du consul anglais. Ce déplorable événement n'attiédit pas sa résolution. Elle se rendit à Malte, de
là en Angleterre. Elle rassembla les débris de sa
fortune; elle vendit à fonds perdu une partie de

ses domaines; elle chargea un second navire de richesses et de présents pour les contrées qu'elle devait parcourir, et elle mit à la voile. Le voyage fut heureux, et elle débarqua à Latakié, l'ancienne Laodicée, sur la côte de Syrie, entre Tripoli et Alexandrette. Elle s'établit dans les environs, apprit l'arabe, s'entoura de toutes les personnes qui pouvaient lui faciliter des rapports avec les différentes populations arabes, druzes, maronites du pays, et se prépara, comme je le faisais alors moi-même, à des voyages de découverte dans les parties les moins accessibles de l'Arabie, de la Mésopotamie et du désert.

Quand elle fut bien familiarisée avec la langue, le costume, les mœurs et les usages des pays, elle organisa une nombreuse caravane, chargea des chameaux de riches présents pour les Arabes, et parcourut toutes les parties de la Syrie. Elle séjourna à Jérusalem, à Damas, à Alep, à Koms, à Balbeck et à Palmyre : ce fut dans cette dernière station que les nombreuses tribus d'Arabes errants, qui lui avaient facilité l'accès de ces ruines, réunis autour de sa tente, au nombre de quarante ou cinquante mille, et charmés de sa beauté, de sa grace et de sa magnificence, la proclamèrent reine de Palmyre, et lui délivrèrent des firmans par lesquels il était convenu que tout Européen protégé par elle pourrait venir en toute sûreté visiter le désert et les ruines de Balbeck et de Palmyre, pourvu qu'il s'engageât à payer un tribut de mille piastres. Ce traité existe encore et serait fidèlement exécuté par les Arabes, si on leur donnait des preuves positives de la protection de lady Stanhope.

A son retour de Palmyre, elle faillit cependant être enlevée par une tribu nombreuse d'autres Arabes, ennemis de ceux de Palmyre. Elle fut avertie à temps par un des siens, et dut son salut et celui de sa caravane à une marche forcée de nuit, et à la vitesse de ses chevaux qui franchirent un espace incroyable dans le désert en vingt-quatre heures. Elle revint à Damas, où elle résida quelques mois sous la protection du pacha turc à qui la Porte l'avait vivement recommandée.

Après une vie errante dans toutes les contrées de l'Orient, lady Esther Stanhope se fixa enfin dans une solitude presque inaccessible, sur une des montagnes du Liban, voisine de Saïde, l'antique Sidon. Le pacha de Saint-Jean-d'Acre, Abdala-Pacha, qui avait pour elle un grand respect et un dévouement absolu, lui concéda les restes d'un couvent et le village de Dgioun, peuplé par des Druzes. Elle y bâtit plusieurs maisons, entourées d'un mur d'enceinte, semblable à nos fortifications du moyen-âge : elle y créa artificiellement un jardin charmant, à la mode des Turcs ; jardin de fleurs et de fruits, berceaux de vignes, kiosques enrichis de sculptures et de peintures arabesques ; eaux courantes dans des rigoles de marbre, jets d'eau au milieu des pavés des kiosques ; voûte d'orangers, de figuiers et de citronniers. Là, lady Stanhope vécut plusieurs années dans un luxe tout-à-fait oriental, entourée d'un grand nombre de drogmans européens ou arabes, d'une suite nombreuse de femmes, d'esclaves noirs, et dans des rapports d'amitié et même de politique soutenus avec la Porte, avec Abdala - Pacha, avec l'émir

Beschir, souverain du Liban, et sur-tout avec les scheiks arabes des déserts de Syrie et de Bagdad.

Bientôt sa fortune, considérable encore, diminua par le dérangement de ses affaires qui souffraient de son absence; et elle se trouva réduite à trente ou quarante mille francs de rente qui suffisent encore dans ce pays-là au train que lady Stanhope est obligée de conserver. Cependant les personnes qui l'avaient accompagnée d'Europe moururent ou s'éloignèrent; l'amitié des Arabes, qu'il faut entretenir sans cesse par des présents et prestiges, s'attiédit : les rapports devinrent moins fréquents, et lady Esther tomba dans le complet isolement où je la trouvai moi-même; mais c'est là que la trempe héroïque de son caractère montra toute l'énergie, toute la constance de résolution de cette ame. Elle ne songea pas à revenir sur ses pas; elle ne donna pas un regret au monde et au passé; elle ne fléchit pas sous l'abandon, sous l'infortune, sous la perspective de la vieillesse et de l'oubli des vivants : elle demeura seule où elle est encore, sans livres, sans journaux, sans lettres d'Europe, sans amis, sans serviteurs même attachés à sa personne, entourée seulement de quelques négresses et de quelques enfants esclaves noirs, et d'un certain nombre de paysans arabes pour soigner son jardin, ses chevaux et veiller à sa sûreté personnelle. On croit généralement dans le pays, et mes rapports avec elle me fondent moi-même à croire, qu'elle trouve la force surnaturelle de son ame et de sa résolution, non seulement dans son caractère, mais encore dans des idées religieuses exaltées, où l'illuminisme d'Europe se trouve con-

fondu avec quelques croyances orientales et sur-
tout avec les merveilles de l'astrologie. Quoi qu'il
en soit, lady Stanhope est un grand nom en Orient
et un grand étonnement pour l'Europe. Me trou-
vant si près d'elle, je desirais la voir : sa pensée de
solitude et de méditation avait tant de sympathie
apparente avec mes propres pensées, que j'étais
bien aise de vérifier en quoi nous nous touchions
peut-être. Mais rien n'est plus difficile pour un
Européen que d'être admis auprès d'elle; elle se
refuse à toute communication avec les voyageurs
anglais, avec les femmes, avec les membres même
de sa famille. Je n'avais donc que peu d'espoir de
lui être présenté, et je n'avais aucune lettre d'in-
troduction : sachant néanmoins qu'elle conservait
quelques rapports éloignés avec les Arabes de la
Palestine et de la Mésopotamie, et qu'une recom-
mandation de sa main auprès de ces tribus pourrait m'être d'une extrême utilité pour mes courses
futures, je pris le parti de lui envoyer un Arabe
porteur de cette lettre :

« MILADY,

« Voyageur comme vous, étranger comme vous
dans l'Orient; n'y venant chercher comme vous que
le spectacle de sa nature, de ses ruines et des œuvres
de Dieu, je viens d'arriver en Syrie avec ma famille.
Je compterais au nombre des jours les plus intéressants de mon voyage celui où j'aurais connu une
femme qui est elle-même une des merveilles de cet
Orient que je viens visiter.

« Si vous voulez bien me recevoir, faites-moi dire

le jour qui vous conviendra, et faites-moi savoir si je dois aller seul ou si je puis vous mener quelques uns de mes amis qui m'accompagnent et qui n'attacheraient pas moins de prix que moi-même à l'honneur de vous être présentés.

« Que cette demande, milady, ne contraigne en rien votre politesse à m'accorder ce qui répugnerait à vos habitudes de retraite absolue. Je comprends trop bien moi-même le prix de la liberté et le charme de la solitude pour ne pas comprendre votre refus et pour ne pas le respecter.

« Agréez, etc. »

Je n'attendis pas long-temps la réponse; le 3o à trois heures de l'après-midi, l'écuyer de lady Stanhope, qui est en même temps son médecin, arriva chez moi avec l'ordre de m'accompagner à Dgioun, résidence de cette femme extraordinaire.

Nous partîmes à quatre heures. J'étais accompagné du docteur Léonardi, de M. de Parseval, d'un domestique et d'un guide; nous étions tous à cheval. Je traversai, à une demi-heure de Bayruth, un bois de sapins magnifiques plantés originairement par l'émir Fakardin sur un promontoire élevé, dont la vue s'étend à droite sur la mer orageuse de Syrie, et à gauche sur la magnifique vallée du Liban, — point de vue admirable, où les richesses de la végétation de l'Occident, la vigne, le figuier, le mûrier, le peuplier pyramidal, s'unissent à quelques colonnes élevées de palmiers de l'Orient, dont le vent jetait comme un panache les larges feuilles sur le fond bleu du firmament. A quelques pas de là, on entre dans une espèce de désert de sable rouge accumulé en vagues énormes et mobiles comme celles de l'Océan. — C'était une soirée de forte brise, et le vent les sillonnait, les ridait, les cannelait, comme il ride et fait frémir les ondes de la mer. — Ce spectacle était nouveau et triste comme une apparition du vrai et vaste désert que je devais bientôt parcourir. — Nulle trace d'hommes ou d'animaux ne subsistait sur cette arène ondoyante; nous n'étions guidés que par le mugissement des flots d'un côté et par les cimes transparentes des sommets du Liban de l'autre. — Nous retrouvâmes bientôt une espéce de chemin ou de sentier semé d'énormes blocs de pierres angulaires. — Ce chemin, qui suit la mer jusqu'en Égypte, nous conduisit jusqu'à une maison ruinée, débris d'une vieille tour fortifiée, où nous passâmes les heures sombres de la nuit, couchés sur une natte de jonc, et enveloppés dans nos manteaux. — Dès que la lune fut levée, nous remontâmes à cheval. — C'était une de ces nuits où le ciel est éclatant d'étoiles, où la sérénité la plus parfaite semble régner dans ces profondeurs éthérées que nous contemplons de si bas, mais où la nature autour de nous semble gémir et se torturer dans de sinistres convulsions. — L'aspect désolé de la côte ajoutait depuis quelques lieues à cette pénible impression. — Nous avions laissé derrière nous, avec le crépuscule, les belles pentes ombragées, les verdoyantes vallées du Liban. — D'âpres collines, semées de haut en bas de pierres noires, blanches et grises, débris des tremblements de terre, s'élevaient tout près de nous; à notre gauche et à notre droite, la mer, soulevée depuis le matin par une sourde tempéte, déroulait ses vagues lourdes et menaçantes, que nous voyions venir de loin, à l'ombre

qu'elles jetaient devant elles, qui frappaient ensuite
le rivage, en jetant chacune son coup de tonnerre,
et qui prolongeaient enfin leur large et bouillonnante écume jusque sur la lisière de sable humide
où nous cheminions, inondant à chaque fois les
pieds de nos chevaux et menaçant de nous entraîner
nous-mêmes; — une lune, aussi brillante qu'un soleil d'hiver, répandait assez de rayons sur la mer
pour nous en découvrir la fureur, et pas assez de
clarté sur notre route pour rassurer l'œil sur les périls du chemin. — Bientôt la lueur d'un incendie se
fondit sur la cime des montagnes du Liban avec les
brumes blanches ou sombres du matin, et répandit
sur toute cette scène une teinte fausse et blafarde,
qui n'est ni le jour ni la nuit, qui n'est ni l'éclat de l'un
ni la sérénité de l'autre; heure pénible à l'œil et à la
pensée, lutte de deux principes contraires dont la
nature offre quelquefois l'image affligeante, et que
plus souvent on retrouve dans son propre cœur. —
A sept heures du matin, par un soleil déja dévorant,
nous quittions Saïde, l'antique Sidon, qui s'avance
sur les flots comme un glorieux souvenir d'une domination passée, et nous gravissions des collines
crayeuses, nues, déchirées, qui, s'élevant insensible-
ment d'étage en étage, nous menaient à la solitude
que nous cherchions vainement des yeux. Chaque
mamelon gravi nous en découvrait un plus élevé
qu'il fallait tourner ou gravir encore; les montagnes
s'enchaînaient aux montagnes, comme les anneaux
d'une chaîne pressée, ne laissant entre elles que des
ravins profonds sans eau, blanchis, semés de quar-
tiers de roches grisâtres. Ces montagnes sont complètement dépouillées de végétation et de terre. Ce sont

des squelettes de collines que les eaux et les vents ont rongés depuis des siècles. — Ce n'était pas là que je m'attendais à trouver la demeure d'une femme qui avait visité le monde, et qui avait eu tout l'univers à choisir. — Enfin du haut d'un de ces rochers mes yeux tombèrent sur une vallée plus profonde, plus large, bornée de toutes parts par des montagnes plus majestueuses, mais non moins stériles. Au milieu de cette vallée, comme la base d'une large tour, la montagne de Dgioun prenait naissance, et s'arrondissait en bancs de rochers circulaires, qui, s'amincissant en s'approchant de leurs cimes, formaient enfin une esplanade de quelques centaines de toises de largeur, et se couronnaient d'une belle, gracieuse et verte végétation. — Un mur blanc, flanqué d'un kiosque à l'un de ses angles, entourait cette masse de verdure. — C'était là le séjour de lady Esther. Nous l'atteignîmes à midi. La maison n'est pas ce qu'on appelle ainsi en Europe, ce n'est pas même ce qu'on nomme maison en Orient; c'est un assemblage confus et bizarre de dix ou douze petites maisonnettes, ne contenant chacune qu'une ou deux chambres au rez-de-chaussée, sans fenêtres, et séparées les unes des autres par de petites cours ou petits jardins, assemblage tout-à-fait pareil à l'aspect de ces pauvres couvents qu'on rencontre en Italie ou en Espagne sur les hautes montagnes et appartenant à des ordres mendiants. — Selon son habitude, lady Stanhope n'était pas visible avant trois ou quatre heures après midi. On nous conduisit chacun dans une espèce de cellule étroite, sans jour et sans meubles. On nous servit à déjeûner, et nous nous jetâmes sur un divan en attendant le

réveil de l'hôtesse invisible du romantique séjour.
— Je dormais; à trois heures, on vint frapper à
ma porte et m'annoncer qu'elle m'attendait; je traversai une cour, un jardin, un kiosque à jour, à
tenture de jasmin, puis deux ou trois corridors
sombres, et je fus introduit par un petit enfant nè-
gre, de six ou huit ans, dans le cabinet de lady
Esther. — Une si profonde obscurité y régnait que
je pus à peine distinguer les traits nobles, graves,
doux et majestueux de la figure blanche qui, en
costume oriental, se leva du divan et s'avança en
me tendant sa main. Lady Esther paraît avoir cinquante ans; elle a de ces traits que les années ne
peuvent altérer; la fraîcheur, la couleur, la grace,
s'en vont avec la jeunesse; mais quand la beauté
est dans la forme même, dans la pureté des lignes,
dans la dignité, dans la majesté, dans la pensée
d'un visage d'homme ou de femme, la beauté
change aux différentes époques de la vie, mais elle
ne passe pas. — Telle est celle de lady Stanhope. —
Elle avait sur la tête un turban blanc, sur le front
une bandelette de laine couleur de pourpre et retombant de chaque côté de la tête jusque sur les
épaules. Un long châle de cachemire jaune, une
immense robe turque de soie blanche à manches
flottantes enveloppaient toute sa personne dans des
plis simples et majestueux, et l'on apercevait seulement dans l'ouverture que laissait cette première
tunique sur sa poitrine, une seconde robe d'étoffe
de Perse à mille fleurs qui montait jusqu'au col et
s'y nouait par une agrafe de perle. — Des bottines
turques de maroquin jaune brodé en soie complétaient ce beau costume oriental, qu'elle portait avec

la liberté et la grace d'une personne qui n'en a pas porté d'autre depuis sa jeunesse.

— Vous êtes venu de bien loin pour voir une ermite, me dit-elle; soyez le bienvenu; je reçois peu d'étrangers, un ou deux à peine par année; mais votre lettre m'a plu et j'ai desiré connaître une personne qui aimait, comme moi, Dieu, la nature et la solitude. — Quelque chose, d'ailleurs, me disait que nos étoiles étaient amies, et que nous nous conviendrions mutuellement. Je vois avec plaisir que mon pressentiment ne m'a pas trompée, et vos traits que je vois maintenant, et le seul bruit de vos pas, pendant que vous traversiez le corridor, m'en ont assez appris sur vous, pour que je ne me repente pas d'avoir voulu vous voir. — Asseyons-nous et causons. — Nous sommes déja amis. — Comment, lui dis-je, milady, honorez-vous si vite du nom d'ami un homme dont le nom et la vie vous sont complétement inconnus? vous ignorez qui je suis. — C'est vrai, reprit-elle; je ne sais ni ce que vous êtes selon le monde, ni ce que vous avez fait pendant que vous avez vécu parmi les hommes; mais je sais déja ce que vous êtes devant Dieu. Ne me prenez point pour une folle, comme le monde me nomme souvent; mais je ne puis résister au besoin de vous parler à cœur ouvert. Il est une science, perdue aujourd'hui dans votre Europe, science qui est née en Orient, qui n'y a jamais péri, qui y vit encore. — Je la posséde. — Je lis dans les astres. Nous sommes tous enfants de quelqu'un de ces feux célestes qui présidèrent à notre naissance, et dont l'influence heureuse ou maligne est écrite dans nos yeux, sur nos fronts, dans nos traits, dans les délinéaments de notre main, dans la forme de notre pied, dans notre geste, dans notre démarche; je ne vous vois que depuis quelques minutes; eh bien! je vous connais comme si j'avais vécu un siècle avec vous. — Voulez-vous que je vous révèle à vous-même? voulez-vous que je vous prédise votre destinée? — Gardez-vous-en bien, milady, lui répondis-je en souriant; je ne nie pas ce que j'ignore; je n'affirmerai pas que dans la nature visible et invisible où tout se tient, où tout s'enchaîne, des êtres d'un ordre inférieur, comme l'homme, ne soient pas sous l'influence d'êtres supérieurs, comme les astres ou les anges, mais je n'ai pas besoin de leur révélation pour me connaître moi-même, — corruption, infirmité et misère! — Et quant aux secrets de ma destinée future, je croirais profaner la Divinité, qui me les cache, si je les demandais à la créature. — En fait d'avenir, je ne crois qu'à Dieu, à la liberté et à la vertu. — N'importe, me dit-elle, croyez ce qu'il vous plaira; quant à moi, je vois évidemment que vous êtes né sous l'influence de trois étoiles heureuses, puissantes et bonnes, qui vous ont doué de qualités analogues et qui vous conduisent à un but que je pourrais, si vous vouliez, vous indiquer dès aujourd'hui.—C'est Dieu qui vous amène ici pour éclairer votre ame; vous êtes un de ces hommes de desir et de bonne volonté dont il a besoin, comme d'instruments, pour les œuvres merveilleuses qu'il va bientôt accomplir parmi les hommes.—Croyez-vous le règne du messie arrivé? — Je suis né chrétien, lui dis-je, c'est vous répondre. — Chrétien! reprit-elle avec un léger signe d'humeur; — moi aussi je suis chrétienne; mais celui que vous appelez le Christ n'a-t-il pas dit : « Je vous parle encore par paraboles, mais celui qui viendra après moi vous parlera en esprit et en vérité. » — Eh bien! c'est celui-là que nous attendons! Voilà le messie qui n'est pas venu encore, qui n'est pas loin, que nous verrons de nos yeux, et pour la veuue de qui tout se prépare dans le monde! — Que répondrez-vous? et comment pourrez-vous nier ou rétorquer les paroles mêmes de votre évangile que je viens de vous citer? quels sont vos motifs pour croire au Christ? — Permettez-moi, repris-je, milady, de ne pas entrer avec vous dans une semblable discussion, je n'y entre pas avec moi-même. — Il y a deux lumières pour l'homme : l'une qui éclaire l'esprit, qui est sujette à la discussion, au doute, et qui souvent ne conduit qu'à l'erreur et à l'égarement; l'autre, qui éclaire le cœur et qui ne trompe jamais; car elle est à-la-fois évidence et conviction, et pour nous autres, misérables mortels, la vérité n'est qu'une conviction. Dieu seul possède la vérité autrement et comme vérité; nous ne la possédons que comme foi! — Je crois au Christ, parcequ'il a apporté à la terre la doctrine la plus sainte, la plus féconde et la plus divine qui ait jamais rayonné sur l'intelligence humaine. — Une doctrine si céleste ne peut être le fruit de la déception et du mensonge. — Le Christ l'a dit comme le dit la raison. — Les doctrines se connaissent à leur morale, comme l'arbre se connaît à ses fruits; les fruits du christianisme, je parle de ses fruits à venir plus encore que de ses fruits déja cueillis et corrompus, sont infinis, parfaits et divins; — donc la doctrine elle-même est divine; — donc l'auteur est un verbe divin, comme il se nommait lui-même. — Voilà pourquoi je suis

chrétien, voilà toute ma controverse religieuse avec
moi-même; avec les autres je n'en ai point; on ne
prouve à l'homme que ce qu'il croit déja. — Mais
enfin, reprit-elle, trouvez-vous donc le monde social, politique et religieux bien ordonné? et ne sen-
tez-vous pas ce que tout le monde sent, le besoin, la
nécessité d'un révélateur, d'un rédempteur, du messie
que nous attendons et que nous voyons déja dans
nos desirs? — Oh! pour cela, lui dis-je, c'est une
autre question. — Nul plus que moi ne souffre et
ne gémit du gémissement universel de la nature,
des hommes et des sociétés. — Nul ne confesse plus
haut les énormes abus sociaux, politiques et religieux. — Nul ne desire et n'espère davantage un
réparateur à ces maux intolérables de l'humanité.
— Nul n'est plus convaincu que ce réparateur ne
peut être que divin! — Si vous appelez cela attendre
un messie, je l'attends comme vous, et plus que
vous je soupire après sa prochaine apparition ;
comme vous, et plus que vous, je vois, dans les
croyances ébranlées de l'homme, dans le tumulte
de ses idées, dans le vide de son cœur, dans la dé-
pravation de son état social, dans les tremblements
répétés de ses institutions politiques, tous les symptômes d'un bouleversement, et par conséquent,
d'un renouvellement prochain et imminent. Je crois
que Dieu se montre toujours au moment précis
ou tout ce qui est humain est insuffisant, où l'homme
confesse qu'il ne peut rien pour lui-même. — Le
monde en est là. Je crois donc à un messie voisin
de notre époque; mais dans ce messie je ne vois
point le Christ qui n'a rien de plus à nous donner
en sagesse, en vertu et en vérité; je vois celui que

le Christ a annoncé devoir venir après lui, — cet esprit saint toujours agissant, toujours assistant l'homme, toujours lui révélant, selon le temps et les besoins, ce qu'il doit faire et savoir. — Que cet esprit divin s'incarne dans un homme ou dans une doctrine, dans un fait ou dans une idée, peu importe, c'est toujours lui; homme ou doctrine, fait ou idée, je crois en lui, j'espère en lui et je l'attends, et plus que vous, milady, je l'invoque! Vous voyez donc que nous pouvons nous entendre et que nos étoiles ne sont pas si divergentes que cette conversation a pu vous le faire penser. — Elle sourit; ses yeux, quelquefois voilés d'un peu d'humeur pendant que je lui confessais mon rationalisme chrétien, s'éclairèrent d'une tendresse de regard et d'une lumière presque surnaturelle. — Croyez ce que vous voudrez, me dit-elle, vous n'en êtes pas moins un de ces hommes que j'attendais, que la Providence m'envoie, et qui ont une grande part à accomplir dans l'œuvre qui se prépare; bientôt vous retournerez en Europe; l'Europe est finie, la France seule a une grande mission à accomplir encore; vous y participerez, je ne sais pas encore comment, mais je puis vous le dire ce soir, si vous le desirez, quand j'aurai consulté vos étoiles. — Je ne sais pas encore le nom de toutes, j'en vois plus de trois maintenant; j'en distingue quatre, peut-être cinq, et, qui sait? plus encore. L'une d'elles est certainement Mercure, qui donne la clarté et la couleur à l'intelligence et à la parole; vous devez être poëte : cela se lit dans vos yeux et dans la partie supérieure de votre figure; plus bas, vous êtes sous l'empire d'astres tout différents, presque opposés; il y a une influence d'énergie et d'action ; il y a du soleil aussi, dit-elle tout-à-coup, dans la pose de votre tête et dans la manière dont vous la rejetez sur votre épaule gauche. — Remerciez Dieu : il y a peu d'hommes qui soient nés sous plus d'une étoile, peu dont l'étoile soit heureuse, moins encore dont l'étoile, même favorable, ne soit contrebalancée par l'influence maligne d'une étoile opposée. Vous, au contraire, vous en avez plusieurs, et toutes sont en harmonie pour vous servir, et toutes s'entr'aident en votre faveur. — Quel est votre nom ? — Je le lui dis. — Je ne l'avais jamais entendu ! reprit-elle avec l'accent de la vérité. — Voilà, milady, ce que c'est que la gloire. — J'ai composé quelques vers dans ma vie, qui ont fait répéter un million de fois mon nom par tous les échos littéraires de l'Europe ; mais cet écho est trop faible pour traverser votre mer et vos montagnes, et ici je suis un homme tout nouveau, un homme complètement inconnu, un nom jamais prononcé ! Je n'en suis que plus flatté de la bienveillance que vous me prodiguez : je ne la dois qu'à vous et à moi. — Oui, me dit-elle, poëte ou non, je vous aime et j'espere en vous ; nous nous reverrons, soyez-en certain ! Vous retournerez dans l'Occident, mais vous ne tarderez pas beaucoup à revenir en Orient : c'est votre patrie. — C'est du moins, lui dis-je, la patrie de mon imagination. — Ne riez pas, reprit-elle ; c'est votre patrie véritable, c'est la patrie de vos pères. — J'en suis sûre maintenant ; regardez votre pied ! — Je n'y vois, lui dis-je, que la poussière de vos sentiers qui le couvre, et dont je rougirais dans un salon de la vieille Europe. — Rien, ce n'est pas cela, reprit-elle encore : — regardez votre pied. — Je n'y avais pas encore pris garde moi-même. — Voyez le coude-pied est très élevé, et il y a entre votre talon et vos doigts, quand votre pied est à terre, un espace suffisant pour que l'eau y passe sans vous mouiller. — C'est le pied de l'Arabe ; c'est le pied de l'Orient ; vous êtes un fils de ces climats, et nous approchons du jour où chacun rentrera dans la terre de ses pères. — Nous nous reverrons. — Un esclave noir entra alors, et se couchant devant elle, le front sur le tapis et les mains sur la tête, lui dit quelques mots en arabe. — Allez, me dit-elle, vous êtes servi ; dînez vite et revenez bientôt ; je vais m'occuper de vous et voir plus clair dans la confusion de mes idées sur votre personne et votre avenir. Moi, je ne mange jamais avec personne ; je vis trop sobrement ; du pain, des fruits, à l'heure où le besoin se fait sentir, me suffisent ; je ne dois pas mettre un hôte à mon régime. — Je fus conduit sous un berceau de jasmin et de laurier-rose, à la porte de ses jardins. — Le couvert était mis pour M. de Parseval et pour moi ; nous dînâmes très vite, mais elle n'attendit même pas que nous fussions hors de table, et elle envoya Léonardi me dire qu'elle m'attendait. — J'y courus ; je la trouvai fumant une longue pipe orientale ; elle m'en fit apporter une. J'étais déja accoutumé à voir fumer les femmes les plus élégantes et les plus belles de l'Orient ; je ne trouvais plus rien de choquant dans cette attitude gracieuse et nonchalante, ni dans cette fumée odorante s'échappant en légères colonnes des lèvres d'une belle femme, et interrompant la conversation sans la refroidir. — Nous causâmes long-temps ainsi et toujours sur le sujet favori, sur le thème unique et mystérieux de cette femme extraor-

dinaire, magicienne moderne, rappelant tout-à-fait
les magiciennes fameuses de l'antiquité ! — Circé
des déserts. Il me parut que les doctrines religieuses
de lady Esther étaient un mélange habile, quoique
confus, des différentes religions au milieu desquelles
elle s'est condamnée à vivre; mystérieuse comme les
Druzes, dont, seule peut-être au monde, elle connaît
le secret mystique; résignée comme le musulman,
et fataliste comme lui; avec le juif, attendant le messie; et avec le chrétien, professant l'adoration du
Christ et la pratique de sa charitable morale. Ajoutez à cela les couleurs fantastiques et les rêves sur-
naturels d'une imagination teinte d'Orient et échauf-
fée par la solitude et la méditation, quelques révélations, peut-être, des astrologues arabes; et vous aurez
l'idée de ce composé sublime et bizarre qu'il est plus
commode d'appeler folie que d'analyser et de comprendre. Non, cette femme n'est point folle.—La folie,
qui s'écrit en traits trop évidents dans les yeux, n'est
point écrite dans son beau et droit regard; la folie,
qui se trahit toujours dans la conversation, dont elle
interrompt toujours involontairement la chaîne par
des écarts brusques, désordonnés et excentriques, ne
s'aperçoit nullement dans la conversation élevée,
mystique, nuageuse, mais soutenue, liée, enchaînée
et forte, de lady Esther. S'il me fallait prononcer, je
dirais plutôt que c'est une folie volontaire, étudiée,
qui se connaît soi-même, et qui a ses raisons pour
paraître folie. — La puissante admiration que son
génie a exercée et exerce encore sur les populations
arabes qui entourent les montagnes prouve assez
que cette prétendue folie n'est qu'un moyen. Aux
hommes de cette terre de prodiges, à ces hommes des

rochérs est des déserts, dont l'imagination et plus
colorée et plus brumeuse que l'horizon de leurs sables ou de leurs mers, il faut la parole de Mahomet
ou de lady Stanhope! Il faut le commerce des astres,
les prophéties, les miracles, la seconde vue du génie!
— Lady Stanhope l'a compris, d'abord par la haute
portée de son intelligence vraiment supérieure; puis
peut-être, comme tous les êtres doués de puissantes
facultés intellectuelles, a-t-elle fini par se séduire
elle-même, et par être la première néophyte du symbole qu'elle s'était créé pour d'autres. — Tel est l'effet que cette femme a produit sur moi. On peut en
la juger ni la classer d'un mot; c'est une statue à immenses dimensions : — on ne peut la juger qu'à son
point de vue. — Je ne serais pas surpris qu'un jour
prochain ne réalisât une partie de la destinée qu'elle
se promet à elle-même : un empire dans l'Arabie, un
trône dans Jérusalem ! — La moindre commotion
politique, dans la région de l'Orient qu'elle habite,
pourrait la soulever jusque-là. — Je n'ai à ce sujet,
lui dis-je, qu'un reproche à faire à votre génie, c'est
celui d'avoir été trop timide avec les événements, et
de n'avoir pas encore poussé votre fortune jusqu'où
elle pouvait vous conduire. — Vous parlez, me dit-
elle, comme un homme qui croit encore trop à la
volonté humaine, et pas assez à l'irrésistible empire
de la destinée seule ; ma force à moi est en elle. —
Je l'attends, je ne l'appelle pas; je vieillis, j'ai dimi-
nué de beaucoup ma fortune, je suis maintenant
seule et abandonnée à moi-même sur ce rocher désert, en proie au premier audacieux qui voudrait
forcer mes portes, entourée d'une bande de domestiques infidèles et d'esclaves ingrats, qui me dépouil-

lent tous les jours et menacent quelquefois ma vie ;
dernièrement encore, je n'ai dû mon salut qu'à ce
poignard, dont j'ai été forcée de me servir pour défendre ma poitrine contre celui d'un esclave noir
que j'ai élevé ! Eh bien, au milieu de toutes ces tri-
bulations, je suis heureuse ; je réponds à tout par le
mot sacré des musulmans : Allah Kenim ! la volonté
de Dieu ! et j'attends avec confiance l'avenir dont je
vous ai parlé, et dont je voudrais vous inspirer à
vous-même la certitude que vous devez en avoir !

Après avoir fumé plusieurs pipes, bu plusieurs
tasses de café, que les esclaves nègres apportaient de
quart d'heure en quart d'heure : Venez, dit-elle, je
vais vous conduire dans un sanctuaire où je ne laisse
pénétrer aucun profane, c'est mon jardin. Nous y
descendîmes par quelques marches, et je parcourus
avec elle, dans un véritable enchantement, un des
plus beaux jardins turcs que j'aie encore vus en
Orient. — Des treilles sombres, dont les voûtes de
verdure portaient, comme des milliers de lustres,
les raisins étincelants de la Terre promise ; des kiosques où les arabesques sculptés s'entrelaçaient aux
jasmins et aux plantes grimpantes, lianes de l'Asie ;
des bassins où une eau artificielle, il est vrai, venait d'une lieue de loin murmurer et jaillir dans les
jets d'eau de marbre ; des allées jalonnées de tous
les arbres fruitiers de l'Angleterre, de l'Europe, de
ces beaux climats ; de vertes pelouses semées d'arbustes en fleurs, et des compartiments de marbre
entourant des gerbes de fleurs nouvelles pour mes
yeux ; — voilà ce jardin ; — nous nous reposâmes
tour-à-tour dans plusieurs des kiosques dont il est
orné, et jamais la conversation intarissable de lady

Esther ne perdit le ton mystique et l'élévation de sujet qu'elle avait eus le matin. — Puisque la destinée, me dit-elle à la fin, vous a envoyé ici, et qu'une sympathie si étonnante entre nos astres me permet de vous confier ce que je cacherais à tant de profanes, venez, je veux vous faire voir de vos yeux un prodige de la nature, dont la destination n'est connue que de moi et de mes adeptes; — les prophéties de l'Orient l'avaient annoncé depuis bien des siécles, et vous allez juger vous-même si ces prophéties sont accomplies. — Elle ouvrit une porte du jardin, qui donnait sur une petite cour intérieure où j'aperçus deux magnifiques juments arabes de première race et d'une rare perfection de formes. Approchez, me dit-elle, et regardez cette jument baie; voyez si la nature n'a pas accompli en elle tout ce qui est écrit sur la jument qui doit porter le messie : elle naîtra toute sellée. — Je vis en effet sur ce bel animal un jeu de la nature assez rare pour servir l'illusion d'une crédulité vulgaire chez des peuples à demi barbares; — la jument avait au défaut des épaules une cavité si large et si profonde, et imitant si bien la forme d'une selle turque, qu'on pouvait dire avec vérité qu'elle était née toute sellée, et, aux étriers près, on pouvait en effet la monter sans éprouver le besoin d'une selle artificielle; — cette jument, magnifique du reste, semblait accoutumée à l'admiration et au respect que lady Stanhope et ses esclaves lui témoignent, et pressentir la dignité de sa future mission; jamais personne ne l'a montée, et deux palefreniers arabes la soignent et la surveillent constamment sans la perdre un seul instant de vue. Une autre jument blanche, et à mon avis infiniment plus belle, partage, avec la jument du messie, le respect et les soins de lady Stanhope ; nul ne l'a montée non plus. Lady Esther ne me dit pas, mais me laissa à entendre que, quoique la destinée de la jument blanche fût moins sainte, elle en avait une cependant mystérieuse et importante aussi ; et je crus comprendre que lady Stanhope la réservait pour la monter elle-même le jour où elle ferait son entrée, à côté du messie, dans la Jérusalem reconquise. Après avoir fait promener quelque temps ces deux bêtes sur une pelouse hors de l'enceinte de la forteresse, et joui de la souplesse et de la grace de ces superbes animaux, nous rentrâmes, et je renouvelai à lady Esther mes instances pour qu'elle me permit enfin de lui présenter M. de Parseval, mon ami, et mon compagnon de voyage, qui m'avait suivi, malgré moi, chez elle, et qui attendait vainement depuis le matin une faveur dont elle est si avare. — Elle y consentit enfin, et nous rentrâmes tous trois pour passer la soirée ou la nuit dans le petit salon que j'ai déja dépeint. Le café et les pipes reparurent avec la profusion orientale, et le salon fut bientôt rempli d'un tel nuage de fumée, que la figure de lady Stanhope ne nous apparaissait plus qu'à travers une atmosphère semblable à l'atmosphère magique des évocations. Elle causa avec la même force, la même grace, la même abondance, mais avec infiniment moins de surnaturel, sur des sujets moins sacrés pour elle, qu'elle ne l'avait fait avec moi seul dans tout le cours de la journée. — J'espère, me dit-elle tout-à-coup, que vous êtes aristocrate ; je n'en doute pas en vous voyant. — Vous vous trompez, Milady, lui dis-je. Je ne suis ni aristocrate, ni démocrate ; j'ai assez vécu pour voir les deux revers de la médaille de l'humanité, et pour les trouver aussi creux l'un que l'autre ; je ne suis ni aristocrate, ni démocrate ; je suis homme et partisan exclusif de ce qui peut améliorer et perfectionner l'homme tout entier, qu'il soit né au sommet ou au pied de l'échelle sociale ! je ne suis ni pour le peuple, ni pour les grands, mais pour l'humanité tout entière ; et je ne crois ni aux institutions aristocratiques ni aux institutions démocratiques la vertu exclusive de perfectionner l'humanité ; cette vertu n'est que dans une morale divine, fruit d'une religion parfaite ! la civilisation des peuples, c'est leur foi !—Cela est vrai, répondit-elle ; mais cependant je suis aristocrate malgré moi, et vous conviendrez, ajouta-t-elle, que s'il y a des vices dans l'aristocratie, au moins il y a de hautes vertus à côté pour les racheter et les compenser, tandis que dans la démocratie je vois bien les vices, et les vices les plus bas et les plus envieux, mais je cherche en vain les hautes vertus. — Ce n'est pas cela, Milady, lui dis-je ; il y a des deux parts vices et vertus ; mais dans les hautes classes, ces vices même ont un côté brillant ; dans la classe inférieure, au contraire, ces vices se montrent dans toute leur nudité, et blessent davantage le sentiment moral dans le regard qui les contemple ; la différence est dans l'apparence, et non dans le fait ; mais, en réalité, le même vice est plus vice dans l'homme riche, élevé et instruit, que dans l'homme sans lumières et sans pain, — car chez l'un le vice est de choix, chez l'autre de nécessité ; — méprisez-le donc par-tout, et plus encore chez l'aristocratie vicieuse, et ne jugeons pas l'humanité par classe, mais par homme ; les grands auraient les vices du peuple, s'ils étaient peuple, et les petits auraient les vices des grands, s'ils étaient grands! La balance est égale, ne pesons pas. — Eh bien! passons, me dit-elle; mais laissez-moi croire que vous êtes aristocrate comme moi; il m'en coûterait trop de vous croire du nombre de ces jeunes Français qui soulèvent l'écume populaire contre toutes les notabilités que Dieu, la nature et la société ont faites, et qui renversent l'édifice pour se faire, de ses ruines, un piédestal à leur envieuse bassesse! — Non, lui dis-je, tranquillisez-vous; je ne suis pas de ces hommes; je suis seulement de ceux qui ne méprisent pas ce qui est au-dessous d'eux dans l'ordre social, tout en respectant ce qui est au-dessus, mais dont le desir ou le rêve serait d'appeler tous les hommes, indépendamment de leur degré dans les hiérarchies arbitraires de la politique, à la même lumière, à la même liberté et à la même perfection morale! et puisque vous êtes religieuse, que vous croyez que Dieu aime également tous ses enfants et que vous attendez un second messie pour redresser toutes choses, vous pensez, sans doute, comme eux et comme moi. — Oui, reprit-elle, mais je ne m'occupe plus de politique humaine, j'en ai assez, j'en ai trop vu pendant dix ans que j'ai passés dans le cabinet de M. Pitt, mon oncle, et que toutes les intrigues de l'Europe sont venues retentir autour de moi; — j'ai méprisé, jeune, l'humanité, je n'en veux plus entendre parler; tout ce que font les hommes pour les hommes est sans fruit! les formes me sont indifférentes. — Et à moi aussi, lui dis-je. — Le fond des choses, c'est Dieu et la vertu! — Je pense exactement ainsi, lui répondis-je ; ainsi n'en parlons plus, nous voilà d'accord.

Passant à des sujets moins graves, et plaisantant sur l'espéce de divination qui lui faisait comprendre un homme tout entier au premier regard et à la seule inspection de son étoile, je mis sa sagesse à l'épreuve, et je l'interrogeai sur deux ou trois voyageurs de ma connaissance, qui depuis quinze ans étaient venus passer sous ses yeux. Je fus frappé de la parfaite justesse de son coup-d'œil sur deux de ces hommes. Elle analysa entre autres avec une prodigieuse perspicacité d'intelligence le caractère de l'un d'eux, qui m'était parfaitement connu à moi-méme, caractère difficile à comprendre à la première vue, grand, mais voilé sous les apparences de bonhomie les plus simples et les plus séduisantes : et ce qui mit le comble à mon étonnement, et me fit admirer le plus la mémoire inflexible de cette femme, c'est que ce voyageur n'avait passé que deux heures chez elle, et que seize années s'étaient écoulées entre la visite de cet homme et le compte que je lui demandais de ses impressions sur lui. La solitude concentre et fortifie toutes les facultés de l'ame. — Les prophétes, les saints, les grands hommes et les poëtes l'ont merveilleusement compris ; — et leur nature leur fait chercher à tous le désert ou l'isolement parmi les hommes.—

Le nom de Buonaparte tomba comme toujours dans la conversation. Je croyais, lui dis-je, que votre fanatisme pour cet homme mettrait une barrière entre nous. — Je n'ai été, me dit-elle, fanatique que de ses malheurs et de pitié pour lui.—Et moi aussi, lui dis-je, et ainsi nous nous entendons encore.

Je ne pouvais m'expliquer comment une femme religieuse et morale adorait la force seule sans religion, sans morale et sans liberté! Buonaparte fut un grand reconstructeur, sans doute; il refit le monde social, mais il ne regarda pas assez aux éléments dont il le recomposait: il pétrit sa statue avec de la boue et de l'intérêt personnel, au lieu de la tailler dans les sentiments divins et moraux, la vertu et la liberté! —

La nuit s'écoula ainsi à parcourir librement et sans affectation de la part de lady Esther tous les sujets qu'un mot amène et emporte dans une conversation à tout hasard. — Je sentais qu'aucune corde ne manquait à cette haute et ferme intelligence, et que toutes les touches du clavier rendaient un son juste, fort et plein, — excepté peut-être la corde métaphysique, que trop de tension et de solitude avaient faussée ou élevée à un diapason trop haut pour l'intelligence mortelle. — Nous nous séparâmes avec un regret sincère de ma part, avec un regret obligeant témoigné de la sienne.

Point d'adieu, me dit-elle, nous nous reverrons souvent dans ce voyage et plus souvent encore dans d'autres voyages que vous ne projetez pas même encore. Allez vous reposer, et souvenez-vous que vous laissez une amie dans les solitudes du Liban. — Elle me tendit la main; je portai la mienne sur mon cœur, à la manière des Arabes, et nous sortîmes.

Le lendemain, à quatre heures du matin, nous étions, M. de Parseval et moi, à cheval sur la pente escarpée qui descend de son monastère dans la profonde vallée du torrent Belus; nous franchîmes à gué les eaux épuisées par l'été, et nous commençâmes à gravir les hautes montagnes du Liban qui séparent Dgioun de Deïr-el-Kammar, ou le couvent de la Lune, palais de l'émir Beschir, prince souverain des Druzes et de toutes les montagnes du Liban. Lady Esther nous avait donné son médecin pour nous servir de drogman, et un de ses palefreniers arabes pour guide. — Nous arrivâmes, après deux heures de marche, à une vallée plus profonde, plus étroite et plus pittoresque qu'aucune de celles que nous avions déja parcourues. A droite et à gauche s'élevaient, comme deux remparts perpendiculaires, hauts de trois à quatre cents pieds, deux chaînes de montagnes qui semblaient avoir été séparées récemment l'une de l'autre par un coup de marteau du fabricateur des mondes , ou peut-être par le tremblement de terre qui secoua le Liban jusque dans ses fondements , quand le fils de l'homme rendant son ame à Dieu, non loin de ces mêmes montagnes , poussa ce dernier soupir qui refoula l'esprit d'erreur , d'oppression et de mensonge, et souffla la vérité, la liberté et la vie dans un monde renouvelé. — Les blocs gigantesques , détachés des deux flancs des montagnes, semés comme des cailloux par la main des enfants, dans le lit d'un ruisseau, formaient le lit horrible, profond, immense, hérissé, de ce torrent à sec ; quelques unes de ces pierres étaient des masses plus élevées et plus longues que de hautes maisons. Les unes étaient posées d'aplomb comme des cubes solides et éternels ; les autres, suspendues sur leurs angles et soutenues par la pression d'autres roches invisibles, semblaient tomber encore, rouler toujours, et présentaient l'image d'une ruine en action, d'une chute incessante, d'un chaos de pierres, d'une avalanche intarissable de rochers : — rochers de couleur funèbre, gris, noirs, marbrés de feu et de blanc, opaques ; vagues pétrifiées d'un fleuve de granit ; pas une goutte d'eau dans les profonds interstices de ce lit calciné par le soleil brûlant de la Syrie ; pas une herbe, une tige, une plante grimpante, ni dans ce torrent, ni sur les pentes crénelées et ardues des deux côtés de l'abîme ; c'était un océan de pierres, une cataracte de rochers à laquelle la diversité de leurs formes, la variété de leurs poses, la bizarrerie de leurs chutes, le jeu des ombres ou de la lumière sur leurs flancs ou sur leur surface, semblaient prêter le mouvement de la fluidité. Si le Dante eût voulu peindre dans un des cercles de son enfer l'enfer des pierres, l'enfer de l'aridité, de la ruine, de la chute des choses, de la dégradation des mondes, de la caducité des âges, voilà la scène qu'il aurait dû simplement copier : — c'est un fleuve des dernières heures du monde quand le feu aura tout consumé, et que la terre, dévoilant ses entrailles, ne sera plus qu'un bloc mutilé de pierres calcinées sous les pas du terrible juge qui viendra la visiter. Nous suivîmes cette vallée des lamentations pendant deux heures, sans que la scène variât autrement que par les circuits divers que le torrent suivait lui-même entre les montagnes, et par là manière plus ou moins terrible dont les rochers se groupaient dans leur lit écumant de pierres. — Jamais cette vallée ne s'effacera de mon imagination. Cette terre a dû être, la première, la terre de la poésie terrible et des lamentations humaines ; l'accent pathétique et grandiose des prophéties s'y fait sentir dans sa sauvage, pathétique et grandiose nature. Toutes les images de la poésie biblique sont gravées en lettres majuscules sur la face sillonnée du Liban et de ses cimes dorées, et de ses vallées ruisselantes, et de ses vallées muettes et mortes. L'esprit divin, l'inspiration surhumaine qui a soufflé dans les ames et dans les harpes du peuple poétique à qui Dieu parlait par symboles et par images, frappait ainsi plus fortement les yeux des bardes sacrés dès leur enfance, et les nourrissait d'un lait plus fort que nous, vieux et pâles héritiers de la harpe antique; nous qui n'avons sous les yeux qu'une nature gracieuse, douce et cultivée, nature civilisée et décolorée comme nous. —

A midi, nous atteignîmes les plus hautes montagnes que nous avions à franchir. Nous commençâmes à redescendre par les sentiers les plus escarpés, où les pieds de nos chevaux tremblaient sur la pierre roulante qui nous séparait seule des précipices. — Après une heure de descente, nous aperçûmes au tournant d'une colline le palais fantastique de Dptédin, près de Deïr-el-Kammar. Nous jetâmes un cri de surprise et d'admiration, et, d'un mouvement involontaire, nous arrêtâmes nos chevaux pour contempler la scène neuve, pittoresque, orientale, qui s'ouvrait devant nos regards.

A quelques pas de nous, une immense nappe d'eau écumante sortait de l'écluse d'un moulin et tombait, d'une hauteur de cinquante à soixante pieds, sur des rochers qui la brisaient en lambeaux flottants; le bruit de cette chute d'eau et la fraîcheur qu'elle répandait dans l'air, et qui venait humecter nos fronts brûlants, préparait délicieusement nos sens à l'admiration dont ils aimaient à jouir. — Au-dessus de cette chute d'eau qui se perdait dans les abîmes dont nous ne pouvions apercevoir le fond, s'ouvrait en entonnoir une vaste et profonde vallée, cultivée depuis le pied jusqu'au sommet, en mûriers, en vignes, en figuiers, et où la terre était par-tout revêtue de la verdure la plus fraîche et la plus légère; quelques beaux villages étaient suspendus en terrasses sur les déclivités de toutes les montagnes qui entouraient la vallée de Deïr-el-Kammar. — D'un seul côté l'horizon s'entr'ouvrait et laissait voir, par-dessus des sommets moins élevés du Liban, la mer de Syrie. *Ecce mare magnum!* — dit David. — voilà là-bas la grande mer bleue avec ses vagues et ses mugissements et ses immenses reptiles! — David était *là*, peut-être, quand il jeta cette exclamation poétique! — En effet on aperçoit la mer d'Égypte, teinte d'un bleu plus foncé que le ciel, et fondue au loin avec l'horizon par la brume vaporeuse et violette qui voile tous les rivages de cette partie de l'Asie. Au fond de cette immense vallée, la colline de Dptédin, qui porte le palais de l'émir, prenait naissance et s'élevait, comme une tour immense, flanquée de rochers couverts de lierre, et laissant pendre, de ses fissures et de ses créneaux, des gerbes de verdure flottante. Cette colline montait jusqu'au niveau du chemin en précipice où nous étions suspendus nous-mêmes; un abîme étroit et mugissant nous en séparait. A son sommet, et à quelques pas de nous, le palais moresque de l'émir s'étendait majestueusement sur tout le plateau de Dptédin, avec ses tours carrées, percées d'ogives crénelées à leur sommet; les longues galeries s'élevant les unes sur les autres, et présentant de longues files d'arcades élancées et légères comme les tiges des palmiers qui les couronnaient de leurs panaches aériens; ses vastes cours descendaient en degrés immenses, depuis le sommet de la montagne jusqu'aux murs d'enceinte des fortifications; à l'extrémité de la plus vaste de ces cours, sur lesquelles nos regards plongeaient de l'élévation où nous étions placés, la façade irrégulière du palais des femmes se présentait à nous, ornée de légères et gracieuses colonnades dont les troncs minés et effilés, et de formes irrégulières et inégales, se dressaient jusqu'aux toits, et portaient comme un parasol les légères tentures de bois peint qui servaient de portique à ce palais. — Un escalier de marbre, décoré de balustrades sculptées en arabesques, conduisait de ce portique à la porte de ce palais des femmes : cette porte, sculptée en bois de diverses couleurs, encadrée dans le marbre et surmontée d'inscriptions arabes, était entourée d'esclaves noirs, vêtus magnifiquement, armés de pistolets argentés et de sabres de Damas étincelants d'or et de ciselures ; les vastes cours qui faisaient face au palais étaient remplies elles-mêmes d'une foule de serviteurs, de courtisans, de prêtres ou de soldats sous tous les costumes variés et pittoresques que les cinq populations du Liban affectent : le Druze, le Chrétien, l'Arménien, le Grec, le Maronite, le Métualis. — Cinq à six cents chevaux arabes étaient attachés par les pieds et par la tête à des cordes tendues qui traversaient les cours, sellés, bridés et couverts de housses éclatantes de toutes les couleurs ; quelques groupes de chameaux, les uns couchés, les autres debout, d'autres à genoux pour se faire charger ou décharger ; et sur la terrasse la plus élevée de la cour intérieure, quelques jeunes pages, courant à cheval les uns sur les autres, se lançaient le dgérid, s'évitaient en se couchant sur leurs chevaux; revenaient à toute bride sur leur adversaire désarmé, et faisaient, avec une grace et une vigueur admirables, toutes les évolutions rapides que ce jeu militaire exige. — Après avoir contemplé quelques instants cette scène orientale si nouvelle pour nous, nous nous approchâmes de la porte immense et massive de le première cour du palais, gardée par des Arabes armés de fusils et de longues lames légères, semblables à la tige d'un long roseau. — Là nous envoyâmes porter au prince les lettres que nous avions pour lui. Peu d'instants après, il nous envoya son premier médecin, M. Bertrand, né en Syrie, d'une famille française et ayant conservé encore la langue et le souvenir de sa patrie. — Il nous conduisit dans l'appartement que l'hospitalité de l'émir nous offrait, et des esclaves emmenèrent notre suite et nos chevaux dans un autre quartier du palais. Notre appartement consistait en une jolie cour décorée de pilastres arabesques, avec une fontaine jaillissante au milieu, coulant dans un large bassin de marbre; autour de cette cour, trois pièces et un divan, c'est-à-dire un appartement plus large que les autres, formé par une arcade qui s'ouvre sur la cour intérieure, et qui n'a ni portes ni rideaux qui la referment : c'est une transition entre la maison et la rue, qui sert de jardin aux paresseux Musulmans, et dont l'ombre immobile remplace pour eux celle des arbres, qu'ils n'ont ni l'industrie de planter, ni la force d'aller chercher où la nature les a fait croître pour eux. Nos chambres, quoique dans ce magnifique palais, auraient paru trop délabrées au plus pauvre physan de nos chaumières ; les fenêtres n'avaient point de vitres, luxe inconnu dans l'Orient, malgré les rigueurs de l'hiver dans ces montagnes ; ni lits, ni meubles, ni chaises ; rien que les murailles nues, décrépites, percées de trous de rats et de lézards ; et pour plancher, de la terre battue, inégale, mêlée de paille hachée. — Des esclaves apportèrent des nattes de jonc, qu'ils étendirent sur ce plancher, et des tapis de Damas, dont ils recouvrirent les nattes ; ils apportèrent ensuite une petite table de Béthléem, en bois incrusté de nacre de perles ; ces tables n'ont pas un demi-pied de diamètre et pas davantage d'élévation ; elles ressemblent à un tronçon de colonne brisée, et ne peuvent porter qu'un plateau sur lequel les Musulmans placent les cinq ou six plats dont leur repas se compose.

Notre dîner, placé sur cette table, se composait d'un pilau, d'un plat de lait aigri que l'on mêle avec de l'huile, et de quelques morceaux de mouton haché, que l'on pile avec du riz bouilli, et dont on farcit certaines courges semblables à nos concombres. — C'est le mets le plus recherché et le plus savoureux, en effet, que l'on puisse manger dans tout l'Orient ; pour boisson, de l'eau pure que l'on boit dans des jattes de terre à longs becs, qu'on passe de main en main et dont on fait couler l'eau dans sa bouche entr'ouverte, sans que le vase touche les lèvres. Ni couteaux, ni cuillers, ni fourchettes ; on mange avec les mains, mais les ablutions multipliées rendent cette coutume moins révoltante pour les Musulmans.

A peine avions-nous fini de dîner, que l'émir nous envoya dire qu'il nous attendait. Nous traversâmes une vaste cour ornée de fontaines, et un portique formé de hautes colonnes grêles qui partent de terre et portent le toit du palais. — Nous fûmes introduits dans une très belle salle dont le pavé était de marbre et les plafonds et les murs peints de couleurs vives et d'arabesques élégants par des peintres de Constantinople. — Des jets d'eau murmuraient dans les angles de l'appartement ; et dans le fond, derrière une colonnade dont les entrecolonnements étaient grillés et vitrés, on apercevait un tigre énorme, dormant la tête appuyée sur ses pattes croisées. — La moitié de la chambre était remplie de secrétaires avec leurs longues robes et leur écritoire d'argent, passée en guise de poignard dans leur ceinture ; d'Arabes richement vêtus et armés ; de nègres et de mulâtres attendant les ordres de leur maître, et de quelques officiers égyptiens revêtus de vestes européennes et coiffés du bonnet grec de drap rouge, avec une longue houppe bleue pendant jusque sur les épaules. — L'autre partie de l'appartement était plus élevée d'environ un pied, et un large divan de velours rouge régnait tout autour. L'émir était accroupi à l'angle de ce divan. — C'était un beau vieillard à l'œil vif et pénétrant, au teint frais et animé, à la barbe grise et ondoyante ; une robe blanche, serrée par une ceinture de cachemire, le couvrait tout entier, et le manche éclatant d'un long et large poignard sortait des plis de sa robe à la hauteur de la poitrine, et portait une gerbe de diamants de la grosseur d'une orange. — Nous le saluâmes à la manière du pays, en portant notre main au front d'abord, puis sur le cœur ; il nous rendit notre salut avec grace et en souriant, et nous fit signe de nous approcher et de nous asseoir près de lui sur le divan. — Un interprète était à genoux entre lui et nous. — Je pris la parole et lui exprimai le plaisir que j'éprouvais à visiter l'intéressante et belle contrée qu'il gouvernait avec tant de fermeté et de sagesse, et lui dis, entre autres choses, que le plus bel éloge que je pouvais faire de son administration, c'était de me trouver là; que la sûreté des routes, la richesse de la culture, l'ordre et la paix dans les villes, étaient les témoignages parlants de la vertu et de l'habileté du prince. — Il me remercia, et me fit, sur l'Europe, et principalement sur la politique de l'Europe dans la lutte des Turcs et des Égyptiens, une foule de demandes qui montraient à-la-fois tout l'intérêt que cette question avait pour lui, et les connaissances et l'intelligence des affaires, peu communes dans un prince de l'Orient. On apporta le café, les longues pipes, qu'on renouvela plusieurs fois, et la conversation continua pendant près d'une heure.

Je fus ravi de la sagesse, des lumières, des manières nobles et dignes de ce vieux prince, et je me levai, après une longue conversation, pour l'accompagner dans ses bains, qu'il voulut nous montrer lui-même. Ces bains consistent en cinq ou six salles pavées de marbre à compartiments, et dont les voûtes et les murs étaient enduits de stucs et peints à la détrempe, avec beaucoup de goût et d'élégance, par des peintres de Damas. Des jets d'eau chaude, froide, ou tiède, sortaient du pavé et répandaient leur température dans les salles. La dernière était un bain de vapeur où nous ne pûmes rester une minute. Plusieurs beaux esclaves blancs, le torse nu et les jambes entourées d'un schall de soie écrue, se tenaient dans ces salles, prêts à exercer leurs fonctions de baigneurs. Le prince nous fit proposer de prendre le bain avec lui; nous n'acceptâmes pas, et nous le laissâmes entre les mains de ses esclaves qui s'apprêtaient à le déshabiller.

Nous allâmes de là, avec un de ses écuyers, visiter les cours et les écuries où ses magnifiques étalons arabes étaient enchaînés. Il faut avoir visité les écuries de Damas, ou celles de l'émir Beschir, pour avoir une idée du cheval arabe. Ce superbe et gracieux animal perd de sa beauté, de sa douceur et de sa forme pittoresque, quand on le transplante, de son pays natal et de ses habitudes familières, dans nos climats froids, et dans l'ombre et la solitude de nos écuries. Il faut le voir à la porte de la tente des Arabes du désert, la tête entre les jambes, secouant sa longue crinière noire, comme un parasol mobile, et balayant ses flancs polis comme du cuivre ou comme de l'argent, avec le fouet tournant de sa queue, dont l'extrémité est toujours teinte en pourpre avec le henné: il faut le voir vêtu de ses housses éclatantes, relevées d'or et de broderies de perles; la tête couverte d'un réseau de soie bleue ou rouge, tissé d'or ou d'argent, avec des aiguillettes sonores et flottantes qui tombent de son front sur ses naseaux, et dont il voile ou dévoile tour-à-tour, à chaque ondulation de son cou, le globe enflammé, immense, intelligent, doux et fier, de son œil à fleur de tête; il faut le voir sur-tout en masse, comme il était là, de deux à trois cents chevaux; les uns couchés dans la poussière de la cour, les autres entravés par des anneaux de fer et attachés à de longues cordes qui traversaient ces cours, d'autres échappés sur le sable et franchissant d'un bond les files de chameaux qui s'opposaient à leurs courses; ceux-ci tenus à la main par de jeunes esclaves noirs, vêtus de vestes écarlates, et reposant leurs têtes caressantes sur l'épaule de ces enfants; ceux-là jouant ensemble libres et sans lesse comme des poulains dans une prairie, se dressant l'un contre l'autre, ou se frottant le front contre le front, ou se léchant mutuellement leur beau poil luisant et argenté : tous nous regardant avec une attention inquiète et curieuse à cause de nos costumes européens et de notre langue étrangère, mais se familiarisant bientôt, et venant gracieusement tendre leur cou aux caresses et au bruit flatteur de notre main. C'est une chose incroyable que la mobilité et la transparence de la physionomie de ces chevaux quand on n'en a pas été témoin. Toutes leurs pensées se peignent dans leurs yeux et dans le mouvement convulsif de leurs joues, de leurs lèvres, de leurs naseaux, avec autant d'évidence, avec autant de caractère et de mobilité que les impressions de l'ame sur le visage d'un enfant. Quand nous approchions d'eux pour la première fois, ils faisaient des moues et des grimaces de répugnance et de curiosité tout-à-fait semblables à celles qu'un homme impressionnable aurait pu faire à l'aspect d'un objet imprévu et inquiétant. Notre langue sur-tout les frappait et les étonnait vivement; et le mouvement de leurs oreilles dressées et renversées en arrière, ou tendues en avant, témoignait de leur surprise et de leur inquiétude : j'admirais sur-tout plusieurs juments sans prix, réservées pour l'émir lui-méme. Je fis proposer par mon drogman à l'écuyer jusqu'à dix mille piastres d'une des plus jolies; mais à aucun prix on ne décide un Arabe à se défaire d'une jument de premier sang; et je ne pus rien acheter cette fois.

Nous rentrâmes à la fin du jour dans notre appartement, et l'on nous apporta un souper semblable au dîner. Plusieurs officiers de l'émir vinrent nous rendre visite de sa part. M. Bertrand, son premier médecin, passa la soirée avec nous. Nous pûmes causer, grace à un peu d'italien et de français qu'il avait conservé du souvenir de sa famille. Il nous donna tous les renseignements les plus intéressants sur la vie intérieure de l'émir des Druzes. Ce prince, quoique âgé de soixante-douze ans, ayant perdu récemment sa première femme à qui il devait toute sa fortune, venait de se remarier. Nous regrettâmes de n'avoir pas pu apercevoir sa nouvelle femme : elle est, dit-on, remarquablement belle. Elle n'a que quinze ans; c'est une esclave circassienne que l'émir a envoyé acheter à Constantinople, et qu'il a faite chrétienne avant de l'épouser; car l'émir Beschir est lui-même chrétien et même catholique, ou plutôt il est comme la loi dans tous les pays de tolérance, il est de tous les cultes officiels de son pays; musulman pour les musulmans, Druze pour les Druzes, chrétien pour les chrétiens. Il y a chez lui des mosquées et une église; mais depuis quelques années sa religion de famille, la religion du cœur, est le catholicisme. Sa politique est telle, et la terreur de son nom si bien établie, que sa foi chrétienne n'inspire ni défiance ni répugnance aux Arabes musulmans, aux Druzes et aux Métualis qui vivent sous son empire. Il fait justice à tous, et tous le respectent également.

Le soir après souper, l'émir nous envoya quelques uns de ses musiciens et de ses chanteurs qui improvisèrent des vers arabes en notre honneur. Il a parmi ses serviteurs des Arabes uniquement consacrés à ces sortes de cérémonies. Ils sont exactement ce qu'étaient les troubadours dans les châteaux du moyen âge, ou en Écosse les poëtes populaires. Debout derrière le coussin de l'émir ou de ses fils pendant qu'ils prennent leur repas, ils chantent des vers à la louange des maîtres qu'ils servent ou des convives que l'émir veut honorer. Nous nous fîmes traduire par M. Bertrand quelques uns de ces toasts poétiques : ils étaient en général très insignifiants ou d'une telle recherche d'idées, qu'il serait impossible de les rendre avec des idées et des images appropriées à nos langues d'Europe.

Voici la seule pensée un peu claire que je trouve notée sur mon album.

« Votre vaisseau avait des ailes, mais le cour-
« sier de l'Arabe a des ailes aussi. Ses naseaux, quand
« il vole sur nos montagnes, font le bruit du vent
« dans les voiles du navire. Le mouvement de son
« galop rapide est comme le roulis pour le cœur
« des faibles; mais il réjouit le cœur de l'Arabe.
« Puisse son dos être pour vous un siége d'hon-
« neur et vous porter souvent au divan de
« l'émir ! »

Parmi les secrétaires de l'émir se trouvait alors un des plus grands poëtes de l'Arabie. Je l'ignorais et je ne l'ai su que plus tard. Quand il apprit par d'autres Arabes de Syrie que j'étais moi-même un poëte en Europe, il m'écrivit des vers toujours imprégnés de cette affectation et de cette recherche, toujours gâtés par ces jeux de mots qui sont le caractère des langues et des civilisations vieillies, mais où l'on sent néanmoins une grande élévation de talent et un ordre d'idées bien supérieur à ce que nous nous figurons en Europe.

Nous dormions sur des coussins du divan étendus sur une natte, au bruit des jets d'eau murmurant de toutes parts dans les jardins, dans les cours et dans les salles de cette partie du palais. Quand il fit jour, je vis à travers les grilles plusieurs musulmans qui faisaient leur prière dans la grande cour du palais. Ils étendent un tapis par terre pour ne point toucher la poussière; ils se tiennent un moment debout, puis ils s'inclinent d'une seule pièce, et touchent plusieurs fois le tapis du front, le visage toujours tourné du côté de la mosquée; ils se couchent ensuite à plat ventre sur le tapis; ils frappent la terre du front; ils se relèvent et recommencent un grand nombre de fois les mêmes cérémonies, en reprenant les mêmes attitudes et en murmurant des prières. Je n'ai jamais pu trouver le moindre ridicule dans ces attitudes et dans ces cérémonies, quelque bizarres qu'elles semblent à notre ignorance. La physionomie des Musulmans est tellement pénétrée du sentiment religieux qu'ils expriment par ces gestes, que j'ai toujours profondément respecté leur prière; le motif sanctifie tout. Par-tout où l'idée divine descend et agit dans l'homme, elle lui imprime une dignité surhumaine. On peut dire :

— Je ne prie pas comme toi, mais je prie avec toi le maître commun, le maître que tu crois et que tu veux reconnaître et honorer, comme je veux le reconnaître et l'honorer moi-même sous une autre forme. Ce n'est pas à moi de rire de toi, c'est à Dieu de nous juger.

Nous passâmes la matinée à visiter les palais des fils de l'émir, qui sont à peu de distance du sien; une petite église catholique, toute semblable à nos églises modernes de village en France ou en Italie, et les jardins du palais. L'émir Beschir a fait bâtir un autre palais de campagne à un mille environ de Dptédin. C'est le seul but de ses promenades à cheval, et c'est presque le seul chemin où un cheval, même arabe, puisse galoper sans péril; par-tout ailleurs les sentiers qui mènent à Dptédin sont tellement escarpés et suspendus sur les bords à pic de tels précipices, qu'on ne peut y passer sans frémir, même au pas.

Avant de quitter Dptédin et Deïr-el-Kammar, je transcris des notes véridiques et curieuses, que j'ai recueillies sur les lieux, concernant le vieillard habile et guerrier que nous venons de voir.

NOTES

SUR L'ÉMIR BESCHIR.

La mort du dernier descendant de l'émir Fakardin, le commandement de la montagne passa dans les mains de la famille Chab. Cette famille ne se trouve établie au Liban que depuis cent dix ans environ. Voici ce qu'en rapportent les vieilles chroniques arabes du désert de Damas.

Vers le commencement du premier siècle de l'hégire, à l'époque où les armées d'Abubekr envahirent la Syrie, un homme d'une haute bravoure, nommé Abdalla, habitant du petit village de Bet-Chiabi, dans le désert de Damas, se couvrit de gloire au siége de cette ville et fut tué sous ses murs. Le général musulman combla de bienfaits sa famille, qui alors quitta Bet-Chiabi pour aller s'établir à Housbaye, sur l'anti-Liban. On y trouve encore la souche primitive de cette famille, d'où est sortie la branche qui régne aujourd'hui sur le Liban.

L'émir Beschir, un des descendants d'Abdalla, resta orphelin dans un âge peu avancé. Son père, l'émir Hassem, avait été revêtu de la pelisse de kakem et avait reçu l'anneau de commandement lorsque son oncle, l'émir Milhem, eut quitté les affaires pour aller finir paisiblement ses jours dans la retraite; mais l'administration d'Hassem

fut inhabile et sans énergie, et Milhem, forcé
de reprendre le commandement, dut réparer les
fautes de son neveu et apaiser les troubles que
son impéritie avait suscités.

Ainsi que Volney l'a rapporté, le pouvoir passa
ensuite et successivement de Mansour à Joussef,
l'un père, l'autre fils de Milhem. Lorsque Joussef
prit le commandement pour la première fois, l'émir
Beschir n'avait que sept ans. Joussef l'attacha à sa
personne et le fit élever avec soin. Quelques années après, ayant reconnu en lui un esprit vif et
courageux, il le fit entrer dans les affaires de son
gouvernement.

A cette époque, Djezar, pacha d'Acre, qui avait
succédé à Dahor, fatiguait depuis long-temps l'émir
Joussef par des attaques et des impôts exorbitants.
La guerre éclata; mais Beschir ne put suivre son
oncle dans cette expédition; ce ne fut qu'en 1784
qu'il participa à la seconde expédition contre Djezar-
Pacha. Le jeune Beschir, alors âgé de vingt-un ans,
courut un grand danger dans la ville de Ryde,
dont les Druzes s'étaient emparés. Poursuivi par
un corps de troupes du pacha, et forcé d'évacuer
la ville, il se trouva, dans sa retraite, cerné par
l'ennemi. La situation était critique : Beschir poussa
vivement son cheval vers une muraille, du haut
de laquelle il se précipita sous une grêle de balles;
heureusement il ne fut point atteint, mais son cheval se tua dans cette chute.

De retour au Liban, l'émir Beschir s'appliqua
tout entier aux affaires et voulut ramener l'ordre
dans l'administration de l'émir Joussef; bientôt
l'ambition s'éveilla dans son ame; il se rappela

de qui il était fils, et, quoique pauvre, il convoita le souverain pouvoir; ses manières et son courage lui avaient attiré l'amitié de plusieurs familles puissantes; il travailla à s'en attacher d'autres que dégoûtait la mauvaise administration de l'émir Joussef, et réussit à mettre dans ses intérêts une famille considérable et très influente, celle de Kantar, dont le chef, l'homme le plus habile qui fût alors dans le Liban, était immensément riche, et portait le titre de scheik Beschir, c'est-à-dire grand et illustre. Il ne manquait plus à l'émir qu'une occasion : elle se présenta.

Depuis 1785, époque à laquelle Djezar-Pacha avait rendu à Joussef le commandement dont il l'avait privé pendant plus d'un an, les hostilités avaient complétement cessé entre ces deux princes. l'émir Joussef envoyait tous les ans à Saint-Jean-d'Acre des officiers qui lui rapportaient la pelisse avec les compliments d'usage; cependant il craignait toujours une mésintelligence entre lui et le pacha; ce qui ne tarda pas à arriver.

En 1789, une rupture violente éclata entre ces deux princes; et l'émir Joussef, hors d'état de résister, résolut d'abdiquer. Beschir avait du crédit; Joussef l'aimait : il l'appela près de lui, et lui conseilla d'aller à Saint-Jean-d'Acre demander l'anneau de commandement. Beschir refusa d'abord, et fit entendre à son oncle qu'il se verrait alors obligé de l'éloigner de ses états, parceque le pacha l'exigerait, et que sa présence dans le Liban serait un éternel aliment pour les factions. Joussef en proposant cette démarche à son parent avait deux raisons : d'empêcher que le pouvoir sortît de sa famille; et de conserver le commandement, lorsque Beschir aurait aplani les difficultés, soit par conciliation, soit par la voie des armes.

Il insista donc: et sur la promesse qu'il fit de quitter le pays dès que l'émir Beschir aurait reçu le commandement, le jeune prince partit pour Saint-Jean-d'Acre. Djezar-Pacha l'accueillit avec bonté, lui confia le commandement du Liban, et lui donna huit mille hommes, pour asseoir son pouvoir et s'emparer de l'émir Joussef. Beschir, arrivé au pont de Gesser-Cadi, écrivit secrètement à son oncle, lui fit part des instructions qu'il avait reçues du pacha, et il l'engagea à se retirer. L'émir Joussef se replia sur Gibel, dans le Kosrouan, où il rassembla ses partisans. Beschir joignit à ses soldats ceux qu'il avait ramenés d'Acre, et marcha contre Joussef qu'il rencontra dans le Kosrouan : il lui livra bataille et lui fit perdre beaucoup de monde; cependant plusieurs mois s'écoulèrent sans résultats définitifs.

Pour terminer ce différend, Joussef envoya à Saint-Jean-d'Acre un exprès qui promit au pacha un tribut plus fort que celui que payait Beschir, s'il voulait lui rendre le commandement. Djezar y consentit, l'appela à Acre, lui remit la pelisse, et lui donna, pour chasser Beschir, les mêmes huit mille hommes qui avaient combattu contre lui. L'émir Beschir se retira dans le district de Mar-Méri, d'où il travailla à faire tomber son rival, en offrant plus encore que l'émir Joussef n'avait promis; le pacha accepta, et Joussef fut de rechef obligé de céder la place. Il retourna à Acre pour tenter de nouvelles intrigues, mais Beschir offrit au pacha 4,000 bourses (de 500 pièces de 40 cent.

chaque), s'il faisait mourir Joussef, voulant ainsi mettre un terme aux troubles qui agitaient la montagne.

Djezar se trouvait alors à Damas. Son douanier (Grec qui possédait toute sa confiance, et qui était considéré, en son absence, comme le pacha d'Acre), traita en son nom et informa son maître du marché qu'il avait conclu. La proposition plut d'abord beaucoup à Djezar, qui ratifia l'engagement et ordonna de pendre l'émir Joussef et son ministre Gandour.

A peine Djezar eut-il expédié cet ordre, qu'il s'en repentit; il lui sembla que l'inimitié des deux princes était utile à ses intérêts et il envoya un second ordre qui révoquait le premier; mais, soit qu'il arrivât trop tard, soit que le ministre fût gagné, l'émir Joussef fut pendu. Cette exécution irrita le pacha; il se rendit à Acre, se fit rendre compte de l'affaire, prétendit qu'il avait été trompé, et fit noyer son douanier, et avec lui toute sa famille ainsi que plusieurs autres personnes accusées d'avoir trempé dans cette affaire.

Djezar confisqua les immenses trésors de son favori, et écrivit une lettre de reproches à l'émir Beschir. Le ton de la dépêche montra à ce jeune prince qu'il était compromis. Il essaya de se justifier auprès du pacha, qui dissimula jusqu'à l'époque de la réélection du gouverneur; alors Djezar invita le prince à venir à Saint-Jean-d'Acre prendre l'investiture.

Il vint sans défiance avec son ministre le scheik Beschir; mais ils ne furent pas plus tôt arrivés qu'ils furent jetés dans un cachot où ils eurent à endurer toutes sortes de maux, pendant dix-huit ou vingt mois de captivité. Le but de Djezar, en les traitant ainsi, était de les amener à payer une riche rançon; mais le prince n'avait rien; il avait commandé trop peu de temps pour amasser de grandes richesses; son ministre y suppléa. Il envoya secrètement auprès du pacha la veuve d'un prince druze, nommé Sest-Abbous, avec laquelle il avait eu des relations intimes; il la chargea d'offrir au pacha la somme exigée, et de feindre d'engager elle-même ses propres bijoux, pour compléter la rançon. Elle partit. C'était une femme adroite, hardie et d'une grande habileté. Elle trouva le pacha à Acre, et le gagna si bien, par les graces de sa personne et de son esprit, que Djezar réduisit considérablement la somme qu'il avait d'abord demandée. L'investiture fut rendue à l'émir Beschir, qui rentra dans les bonnes graces du pacha.

Pendant cette captivité, le frère de l'émir Joussef et son cousin l'émir Kaïdar de Bubda s'étaient emparés du pouvoir et avaient pris les mesures nécessaires pour empêcher l'émir Beschir de rentrer dans ses états, si Djezar venait à lui rendre la liberté. Dès qu'il fut sorti de sa prison, le prince, ne jugeant pas prudent de reparaître encore au milieu des siens, envoya son ministre, le scheik Beschir, pour sonder l'esprit public, et se retira dans le village de Homs pour attendre l'effet de ses négociations. Il travailla en outre à gagner l'esprit de l'émir Abbets, prince druze de Solima, qui jusque-là avait gardé la neutralité, et qui jouissait de la plus haute considération parmi les Druzes et les Chrétiens, sur-tout ceux du district de Marcaeutre.

L'émir Abbets, jugeant la cause de l'émir Beschir juste, prit parti pour lui et le sollicita de venir près de lui. Comme les communications étaient fort difficiles, il lui transmit sa dépêche par un Italien, frère laïc d'un couvent de Solima. Beschir se rendit au milieu de ses partisans, dont le scheik Beschir avait augmenté le nombre par ses largesses et son habileté, fondit avec impétuosité sur l'armée de ses rivaux, la dispersa, s'empara des deux princes et les fit étrangler sans autre formalité.

Paisible possesseur de la puissance, l'émir Beschir se maria avec la veuve d'un prince turc, comme lui de la famille de Chab, et qu'il avait fait périr deux ans auparavant. Cette union le rendit maître d'une fortune immense. Avant d'épouser cette princesse, qui était d'une grande beauté, il la fit baptiser. Ce mariage fut des plus heureux. A l'âge de soixante-huit ans, la princesse était accablée d'infirmités et d'une paralysie qui lui ôtait l'usage des jambes ; ils offraient cependant l'exemple de l'affection la plus vive et de la plus parfaite union.

En mourant, l'émir Joussef avait laissé trois enfants en bas âge. Giorgios-Bey et son frère Abdalla les élevèrent avec soin, dans l'espérance qu'ils ranimeraient un jour le parti de Joussef et renverseraient l'émir Beschir ; mais celui-ci triompha de tous ces obstacles et jouit paisiblement du pouvoir jusqu'en 1804.

Des événements de la plus haute importance se passaient en Égypte : Bonaparte, entré en Syrie avec un corps d'armée, arrivait devant Saint-Jean-d'Acre qui devait lui ouvrir les portes de l'Orient. Le général français engagea par des lettres pressantes et des émissaires le prince du Liban à entrer dans ses intérêts, et à l'aider à se rendre maître de la place. L'émir Beschir répondit qu'il était disposé à se réunir à lui, mais qu'il ne le ferait qu'après la prise d'Acre. Un Français reprochait un jour à l'émir de n'avoir pas embrassé avec enthousiasme la cause de l'armée française et d'avoir peut-être par là empêché la régénération de l'Orient; il lui répondit: « Malgré le vif desir que j'avais de me joindre au général Bonaparte, malgré la haine profonde que j'avais vouée au pacha, je ne pus embrasser la cause de l'armée française. Les quinze ou vingt mille hommes que j'aurais envoyés de la montagne n'eussent rien fait pour le succès du siége. Si Bonaparte eût enlevé la place sans mon assistance, il aurait envahi la montagne sans combat; car les Druzes et les chrétiens le desiraient ardemment; j'aurais donc perdu mon commandement : au contraire, si j'eusse aidé le général Bonaparte et que nous n'eussions pas emporté la place (ce qui serait arrivé), le pacha d'Acre m'eût fait pendre ou jeter dans un cachot. Qui m'aurait secouru alors? Quelle protection aurais-je implorée? aurait-ce été celle de la France... qui était si loin, qui avait l'Angleterre et l'Europe sur les bras, et qui était elle-même déchirée par la guerre civile et les factions?... »

Le général Bonaparte comprit la position du prince Beschir, et, pour preuve de son amitié, il lui fit présent d'un superbe fusil que Beschir a conservé en mémoire du grand capitaine.

Avant de reprendre l'histoire des évènements qui suivirent la ruine du parti de l'émir Joussef, il serait à propos de raconter une aventure qui peut-être rendit le pacha Djezar si féroce et si cruel.

Dans les premières années de son commandement, il allait, selon l'usage, à la rencontre de la caravane qui revenait du pélerinage de la Mecque. (Par la suite, le pacha de Damas fut chargé de cette cérémonie, et celui d'Acre ne fut plus tenu que de subvenir aux dépenses de la caravane et de payer un tribut aux Arabes du désert.) Les Mamelouks à qui, en son absence, Djezar avait laissé la garde de son sérail, en forcèrent les portes et se livrèrent à toute la brutalité de leurs passions. Le pacha revint; et loin de fuir à son approche, les Mamelouks s'emparent du trésor, ferment les portes de la ville, décidés à répondre à la force par la force. Avec la faible escorte qui l'accompagnait, Djezar ne pouvait vaincre : cependant les Mamelouks lui mandèrent que, s'il voulait les laisser se retirer avec leurs armes et leurs chevaux, on lui ouvrirait les portes de la ville; sinon, qu'ils acceptaient la guerre, et mourraient plutôt les armes à la main que de se rendre.

Djezar-Pacha n'avait pas à réfléchir long-temps : il savait qu'il était haï des Turcs aussi bien que des chrétiens, à cause de ses exactions; il n'ignorait pas non plus que si l'émir Joussef venait à connaitre sa position, il se liguerait avec les Mamelouks, et lui ferait une guerre qui pourrait lui devenir fatale.

Il accorda aux Mamelouks ce qu'ils demandaient, et ceux-ci s'éloignèrent rapidement tandis que le pacha entrait dans la ville. A peine Djezar fut-il dans son palais, qu'il expédia sa cavalerie à la poursuite des fuyards, mais ce fut en vain; les Mamelouks arrivèrent sains et saufs en Égypte. Djezar se vengea alors sur ses femmes : il les fit toutes fustiger, ensuite jeter dans une grande fosse, puis recouvrir dc chaux vive. Il excepta de cette exécution atroce sa favorite, qu'il fit parer de ses bijoux et de ses plus beaux habits, puis enfermer dans une caisse et jeter à la mer.

Cet événement assombrit le caractère de Djezar. Il était avare et spoliateur. Il devint farouche et cruel ; il ne parlait plus que de couper des nez, d'abattre des oreilles, d'arracher des yeux. Au moment de sa mort, ne pouvant plus parler, ni ordonner d'exécutions, il faisait signe à ceux qui l'entouraient en montrant le chevet de son lit. Heureusement il ne fut pas compris. On trouva après sa mort une longue liste de personnes qu'il avait condamnées à mourir, lorsqu'il serait revenu à la santé. Sa férocité le suivit jusque dans le tombeau.

Revenons au prince Beschir. Dès que les fils de l'émir Joussef furent assez grands pour disputer la puissance, Giorgios-Bey et Abdalla résolurent de mettre leurs projets à exécution. Ils profitèrent d'un moment de froideur entre Djezar et le prince Beschir, et soulevèrent le parti de leurs pupilles. L'émir, pris au dépourvu, fut obligé de se retirer dans le Huran et invoqua la médiation du pacha, dont il flatta l'avarice et la cupidité. Djezar intervint, et imposa un traité qui conciliait les deux partis, mais qui favorisait beaucoup plus Beschir, à qui il donnait le pays des Druzes, tandis qu'aux fils de Joussef restait celui de Gibel et de Kosrouan.

Ce traité fut observé peu d'années. Les fils de Joussef cherchaient tous les moyens possibles de renverser leur ennemi. Comme ils étaient les plus forts, ils y réussirent, et, Djezar ne voulant plus écouter les représentations de Beschir, l'usurpation fut sanctionnée. L'émir n'avait plus dès lors d'autre ressource que de se jeter dans les bras du vice-roi d'Égypte.

L'amiral anglais Sidney-Smith se trouvait à cette époque avec quelques vaisseaux dans les parages de la Syrie. Beschir le supplia de le recevoir à son bord et de le transporter en Égypte. Après être resté plusieurs mois sur mer, et avoir touché Cypre, Smyrne, Candie et Malte, il débarqua à Alexandrie, où il alla trouver le vice-roi, suivi de quelques amis restés fidèles à sa fortune.

Le vice-roi lui fit un accueil des plus flatteurs, le traita avec tous les égards dus à sa position, le combla de présents, et le fit repartir pour la Syrie sur un des vaisseaux de l'amiral Sidney-Smith, avec une lettre pour Djezar pleine de reproches et de menaces, dans laquelle il lui intimait l'ordre de rétablir l'émir Beschir dans son commandement.

Le vice-roi était puissant: Djezar-Pacha se hâta d'obéir, car le ton de la dépêche lui fit sentir qu'il ne devait rien négliger pour satisfaire le prince Beschir. Il enjoignit donc aux fils de Joussef, qui n'osèrent y apporter aucune résistance, de se conformer en tout au traité, et, jusqu'à sa mort, la paix la plus profonde régna entre les deux partis.

L'émir Beschir cependant ne se reposait pas entièrement sur la seule protection de Méhémet-Ali; il voyait le parti des trois princes s'augmenter de jour en jour, et craignait de succomber sous quelque trame, car il connaissait la soif ardente de vengeance qui les animait contre lui. L'habileté de leurs ministres, Giorgios-Bey et Abdalla, augmentait encore ses inquiétudes. Il résolut donc d'en finir avec eux par un coup décisif, capable d'imprimer la terreur dans l'ame de ses ennemis. Il profita, pour accomplir son projet, de l'investiture de Soliman-Pacha, qui succédait à Djezar. A cette époque, tout paraissait tranquille dans le Liban : les trois princes gouvernaient en paix leurs provinces, et semblaient se soumettre, sans arrière-pensée, à la suprématie que le traité accordait à leur ennemi, tandis que leurs ministres préparaient tout secrétement pour une nouvelle attaque.

L'émir Beschir prit les devants. Instruit du moment favorable par ses affidés, il mande Giorgios-Bey à Deïr-el-Kammar, sous prétexte d'affaires; en même temps, son frère, l'émir Hassem, fond sur Gibel, s'empare des princes, et fait pendre Abdalla. Les trois frères furent conduits à Yong-Michaël, où on leur creva les yeux. Leurs biens furent confisqués au profit de l'émir Beschir. A la nouvelle de ces événements, Giorgios-Bey se précipita d'une fenêtre de sa prison, et se tua, ce qui n'empêcha pas l'émir de le faire pendre pour servir d'exemple à ses ennemis. Cinq chefs de Deïr-el-Kammar, et un frère du scheik Beschir, tous de la maison de Gruimbelad-el-Bescantar, accusés d'avoir aidé les princes vaincus, furent mis à mort et leurs biens confisqués.

Ces exécutions faites, le prince Beschir prit l'autorité suprême sur tout le Liban, donnant à son frère Hassem le commandement du Kosrouan, dont le chef-lieu était Gazyr : mais comme il mourut peu de temps après, on accusa l'émir Beschir de l'avoir empoisonné, parcequ'il lui soupçonnait des desseins ambitieux. Cette accusation est sans fondement, et l'opinion publique en a fait justice.

Vers 1819, les pays de Gibel-Biscarra, de Gibes et du Kosrouan s'insurgèrent à l'occasion d'une contribution qui excita le mécontentement général. Les révoltés, sur l'avis de l'évêque Joussef, résolurent d'aller attaquer l'émir Beschir dans le pays des Druzes, où il se trouvait alors. Le prince, sans donner aux insurgés le temps de réunir leurs forces, alla lui-même les chercher à la tête d'un petit corps d'armée, après avoir ordonné à son lieutenant-général, le scheik Beschir, de le suivre avec trois mille hommes qu'il avait rassemblés à la hâte. L'émir entra dans le pays de Gibes, et campa dans une vallée du district d'Agousta, entre Djani et le territoire de Gazyr. La nuit suivante et le lendemain matin il reçut une vive fusillade de plusieurs détachements ennemis qui tenaient les hauteurs. Sa tente fut criblée de balles; et malgré les instances de son fils Halil, il ne voulut pas changer de position. Lorsque le jour fut plus avancé, la fusillade de l'ennemi devenant plus nourrie, Beschir pensa que les rebelles avaient augmenté leurs forces et voulaient lui fermer le passage. Alors il se leva du tapis sur lequel il était resté pendant la fusillade, monta à cheval et marcha droit à l'ennemi, accompagné de sa petite escorte. A son approche, les insurgés se dispersèrent sans résistance, et il arriva à Gibes où il prit des mesures énergiques, afin d'empêcher l'accroissement de leurs forces.

Son lieutenant-général, le scheik Beschir, qui le

suivait à petites journées, passa le fleuve du Chien et s'empara, avec ses trois mille hommes, des deux premiers villages du Kosrouan, le Yong-Michaël et le Yong-Monsbak, qui se trouvaient sur son passage: le jour même de cette occupation, les avant-postes arrêtèrent un prêtre qui portait des dépêches à l'évêque Joussef: le scheik Beschir ayant lu ces lettres, présenta son kangiar à celui qui les lui avait apportées, et lui ordonna de tuer le prêtre et de l'enterrer à la place où il avait été arrêté.

Peu d'heures après un autre messager secret eut le même sort.

Le jour suivant, le scheik Beschir se remit en marche, envahit sans obstacle le Kosrouan et fit étrangler tous ceux que l'émir Beschir avait inscrits sur une note qu'il lui avait envoyée. Il arriva ainsi jusqu'à Gibel-Biscarra, où il joignit le prince, qui venait de Gibes. L'émir Beschir resta neuf jours dans cette province, pendant lesquels il acheva d'étouffer la révolte en faisant pendre et étrangler tous les rebelles de distinction des trois districts de Gibes, du Kosrouan et de Gibel-Biscarra; on donna la bastonnade à plusieurs autres, de qui on exigea en outre des rançons ruineuses.

Au nombre de ces derniers était un pauvre vieillard de soixante-quinze ans, condamné à 70 bourses; il ne pouvait les payer; son fils lui écrivit qu'il allait faire un emprunt, en le priant de l'y autoriser; le vieillard répondit qu'il ne paierait rien, ajoutant des expressions peu bienveillantes pour le prince. La lettre fut interceptée, et le vieillard condamné à la peine des osselets; cet infortuné, déja accablé par l'âge, ne put résister à tant de douleur, et lorsque, sur l'ordre du scheik Beschir, il fut rapporté chez lui, il mourut après vingt jours de souffrance; son fils hérita de la condamnation du père; ses biens furent confisqués au profit de l'émir, qui ne lui laissa que 1,000 piastres.

L'émir Beschir monta à Eden, passa les Cédres, et descendit à Balbeck par l'autre côté de la montagne, tandis que le scheik Beschir occupait la province insurgée. En arrivant à Balbeck, le prince ordonna à son lieutenant-général de retourner par le même chemin qu'il avait tenu, et de frapper, en passant, les trois provinces d'une contribution de 400 bourses (de 500 pièces chacune).

Il serait miraculeux qu'avec trois mille hommes le prince du Liban eût pu étouffer une sédition dans trois provinces aussi fortes, si on ne se rappelait que les insurrections étaient partielles, et que le parti de Beschir, dans ces provinces, aida beaucoup à en triompher.

Le pacha de Damas avait, dans cet intervalle, envoyé au Bkaa un aga chargé de prélever, selon l'usage, les récoltes des terres qui étaient sous la dépendance de son pachalik. Cet officier pénétra dans le village de Haunie, qui dépendait de la principauté du Liban, et y frappa des contributions en bestiaux et en argent; les habitants, ne voulant pas s'y soumettre, prévinrent le prince Beschir, qui écrivit à l'aga, en lui témoignant son mécontentement; mais celui-ci ne tint aucun compte de ses remontrances, commit les plus grandes exactions et retourna chez lui; le prince Beschir, irrité, en donna avis au pacha d'Acre, en exprimant d'une manière énergique son ressentiment. Abdalla, soit par considération pour

Beschir, soit qu'il eût à se venger personnellement de l'aga, manda au pacha de Damas de le corriger sévèrement; celui-ci répondit évasivement, s'étonnant de la part que le pacha d'Acre prenait à une affaire qui regardait des chrétiens; Abdalla transmit cette réponse à Beschir, en l'engageant à tirer lui-même vengeance du pacha de Damas. Le prince du Liban rassembla à la hâte dix mille hommes, et se dirigea sur Damas; le pacha sortit à sa rencontre, et les deux armées en vinrent aux mains plusieurs fois, mais l'avantage resta toujours au prince Beschir.

Pendant ce temps-là, Abdalla lança un faux firman qui déclarait le pacha de Damas déchu de son pachalik qui était réuni à celui d'Acre. Mais le pacha de Damas s'étant adressé aux pachas voisins et à la cour de Constantinople, celle-ci condamna à mort le pacha d'Acre et destitua le prince Beschir de son gouvernement. L'émir était déja aux portes de Damas, lorsque le firman arriva. Il vit alors que celui d'Abdalla était supposé, et il jugea prudent de se retirer dans la province de Deïr-el-Kammar, d'où, apprenant que le sort d'Abdalla lui était réservé, il fut se réfugier dans les environs de Bayruth, demandant au gouverneur de le recevoir avec son escorte. Celui-ci s'y refusa, prétendant que la présence de l'émir dans la ville y exciterait une sédition. Le prince ayant fait savoir alors à son frère, l'émir Abets, à qui il avait laissé le commandement de la montagne, qu'il voulait revenir dans ses Etats et tenter la voie des armes contre les pachas envoyés par la sublime Porte, son frère lui répondit que la montagne était sans vivres et sans argent, et qu'il lui conseillait vivement de ne pas tenter un projet aussi périlleux.

Dans ces tristes conjonctures, le prince tourna encore les yeux vers l'Égypte, et s'adressa à un Franc, le priant de lui faciliter les moyens de quitter la Syrie. M. Aubin le fit embarquer, entre Bayruth et Saïde, sur un bâtiment français qui faisait voile pour Alexandrie. Après son départ, le scheik Beschir et son frère l'émir Abets se liguèrent avec les pachas coalisés et briguèrent le commandement de la montagne. Ce qui fut la source des divisions qui déchirèrent le Liban en 1823.

Les troupes combinées mirent le siége devant Saint-Jean-d'Acre en juillet 1822, et le continuèrent sans succès jusqu'en avril 1823, époque à laquelle il fut levé. Alors le jeune pacha d'Acre, extrêmement avare, imagina un moyen de se dispenser du tribut qu'il devait à la Porte. Pour cela, il fit assassiner, près de Latakié, les officiers qui portaient le tribut, et se fit rendre l'argent par les assassins. Il se plaignit ensuite auprès de la Porte du meurtre commis sur ses agents et du vol d'une redevance appartenant au grand-seigneur. Le pacha d'Acre, par cette odieuse conduite, espérait d'abord s'exempter du tribut, et ensuite compromettre le pacha de Latakié, à qui le grand-seigneur enverrait le cordon en réunissant son pachalik à celui d'Acre. Mais Abdalla-Pacha se trompa.

Le grand-seigneur, informé de la perfidie du pacha d'Acre, demanda sa tête pour la seconde fois. Mais que pouvaient contre Acre les pachas de Damas, d'Alep et d'Adana avec une armée de 12,000 hommes de toutes armes, mal disciplinée, sans artillerie qui pût faire une brèche, n'ayant que quelques pièces de gros calibre auxquelles la grosseur des boulets ne répondait pas, 3 à 4,000 cavaliers sans bagages, et une infanterie qui passait le jour et la nuit à fumer sous la tente? Aussi, Abdalla-Pacha, maître de la première place forte de l'Orient, se prépara-t-il sans crainte à une vigoureuse défense.

Une corvette anglaise, à l'ancre dans la rade, offrit un officier de son bord pour diriger l'artillerie des assiégeants. Les pachas acceptèrent et mirent les bouches à feu sous ses ordres. Mais, au bout de trois jours, il vit qu'il n'emporterait jamais la place avec des Turcs qui ne voulaient pas s'approcher des murs avec leurs canons, le seul moyen cependant de faire brèche.

Malgré l'armée des pachas, Abdalla resta en repos. Il n'avait rien à craindre, du côté de la terre, de la part de troupes si mal organisées, et répondait à leurs coups de canon par des coups de fusil pour montrer combien il méprisait leurs attaques. Il avait de bons soldats bien payés; les vivres et les munitions de guerre lui arrivaient en abondance par des bâtiments, soit d'Europe, soit d'Asie; on le soupçonna même d'avoir des intelligences avec les Grecs de la Morée.

L'émir Beschir, qui, à cette époque, était déjà sous la protection du vice-roi d'Égypte, entretenait une correspondance régulière avec Abdalla qui, par l'entremise de Méhémet-Ali, sollicita la paix et son pardon de la Porte. Si le pacha n'avait rien à craindre du côté de la terre, il devait redouter que le divan de Constantinople, bloquant la place par mer, n'interceptât ses communications avec l'étranger, ce qui eût réduit son peuple à la famine, insurgé ses soldats, et l'eût forcé lui-même à tendre le cou au cordon de la sublime Porte. Le divan lui pardonna, sachant qu'Abdalla aurait pu livrer la place aux insurgés de la Morée; mais il le condamna à une amende de 3,000 bourses et aux frais de la guerre.

Le vice-roi, ayant obtenu la grace d'Abdalla-Pacha, demanda aussi et obtint celle de l'émir Beschir qui reprit son commandement. Il profita de cette circonstance pour faire sentir son crédit au divan, et pour prendre une influence immédiate sur le prince du Liban, dont les intérêts politiques se trouvent aujourd'hui liés avec ceux de Méhémet-Ali.

A la fin de l'année 1823, l'émir Beschir débarqua à Saint-Jean-d'Acre pour régler avec Abdalla les dépenses du siège de la place et fixer la somme à laquelle devait s'élever sa part dans la dette.

A sa rentrée au Liban, il frappa une contribution de mille bourses, car il était dans une position peu aisée par suite de son exil et des dépenses qu'avait occasionées son séjour en Égypte. Son peuple aussi était pauvre; et ne voulant pas l'indisposer contre lui par un impôt aussi fort, il résolut de le faire payer à son ancien lieutenant-général, le scheik Beschir, voulant se venger ainsi des intrigues qu'il avait eues avec son frère Abets pour lui enlever le commandement de la montagne. Le scheik Beschir refusa de payer, et se retira dans le Karan, province du Liban : il revint ensuite à son palais de Moctura, d'où il s'entendit avec le prince Abets pour renverser Beschir; il parvint même à faire entrer dans la conspiration trois jeunes frères du prince, qui jusque-là étaient restés tranquilles dans leurs provinces.

Cette conspiration aurait pu devenir fatale à l'émir Beschir, sans le secours d'Abdalla-Pacha.

Le scheik Beschir fut poursuivi et arrêté dans les plaines de Damas, avec une escorte de deux cents personnes; il eût pu facilement se sauver, mais sur l'assurance que lui donna un officier turc, au nom du pacha de Damas, que le prince du Liban lui pardonnait, il se remit entre ses mains, et fut conduit à Damas. Là, on le dépouilla de ses habits, on lui lia les mains, l'une sur la poitrine, l'autre sur le dos, et on le jeta dans une prison, où il resta plusieurs mois. On instruisit son procès à Constantinople, et il fut condamné à mort. Lorsqu'on lui présenta le cordon, il ne pâlit pas, et demanda seulement à parler au pacha et au prince : on lui répondit que c'était inutile; que ni l'un ni l'autre ne pouvaient plus rien, la condamnation émanant de Constantinople. Alors le scheik Beschir se soumit à sa destinée. Il fut étranglé, puis décapité, et son corps coupé en morceaux et jeté aux chiens.

Cette exécution eut lieu au commencement de 1824. Les trois frères du prince furent ensuite arrêtés; on leur coupa la langue et on leur creva les yeux; puis ils furent exilés avec leurs familles, chacun dans un village, éloignés l'un de l'autre. Depuis lors la tranquillité régna au Liban, les Chab jouirent en paix du pouvoir, grace à la police active que l'émir établit dans son gouvernement, et à l'amitié d'Abdalla-Pacha, qui n'ignorait cependant pas les liens intimes qui unissaient le grand prince à Méhémet-Ali.

Telle est la politique qu'a suivie, jusqu'à ce jour, l'émir Beschir, et tout annonce qu'il la suivra encore avec succès dans la nouvelle crise où l'a placé la lutte de Méhémet-Ali contre l'empire Ottoman; l'émir n'a pris aucune part à la guerre jusqu'au moment où Ibrahim-Pacha, vainqueur de Saint-Jean-d'Acre, a envoyé Abdalla-Pacha, vaincu et prisonnier, à son père, en Égypte, et est entré en Syrie; le prince du Liban a dû alors se déclarer; et selon l'usage des Orientaux, il a vu le doigt de Dieu dans la victoire, et il s'est rangé du côté du succès. Néanmoins il l'a fait comme à regret, et en se ménageant, selon toute apparence, le prétexte de la contrainte vis-à-vis de la Porte. Il est à croire que si Ibrahim-Pacha venait à essuyer des revers, l'émir Beschir se tournerait encore du côté des Turcs, et les aiderait à écraser les Arabes; Ibrahim, qui se doute de cette politique à deux tranchants, compromet tant qu'il peut le prince; il l'a forcé à lui donner un de ses fils et quelques uns de ses meilleurs cavaliers, pour l'accompagner du côté de Homs; et ses autres fils, descendus de la montagne, gouvernent militairement, au nom des Égyptiens, les principales villes de la Syrie.

La tête de l'émir Beschir tient au triomphe d'Ibrahim à Homs; si celui-ci est vaincu, la réaction des Turcs contre les chrétiens du Liban et contre le prince lui-même, sera implacable; d'un autre côté, si Ibrahim reste maître de la Syrie, il ne pourra voir long-temps sans ombrage une puissance indépendante de la sienne, et il tâchera ou de la détruire par la politique, ou de la renverser à jamais en détruisant la famille de Chab. Si l'émir Beschir était plus jeune et plus actif, il pourrait résister à ces deux agressions et constituer pour long-temps, et peut-être pour toujours, sa domination et celle de ses fils sur la partie la plus inaccessible, la plus peuplée et la plus riche de la Syrie; les montagnards qu'il commande sont braves, intelligents, disciplinés; les routes, pour arriver au centre du Liban, sont impraticables; les Maronites, qui deviennent très-nombreux dans le Liban, seraient dévoués à l'émir par le sentiment commun de christianisme et par la haine et la terreur de la domination turque. Le seul obstacle à la création d'une puissance nouvelle dans ces contrées, c'est la différence de religion entre les Maronites, les Druzes et les Métualis, qui peuplent, à-peu-près à nombre égal, les montagnes soumises à l'autorité de l'émir; le plus fort lien de nationalité, c'est la communauté des pensées religieuses, ou plutôt cela a été jusqu'à présent ainsi. La civilisation, en avançant, réduit la pensée religieuse à l'individualisme, et d'autres intérêts communs forment la nationalité; ces intérêts étant moins graves que l'intérêt de religion, les nationalités vont en s'affaiblissant; car quoi de plus fort pour l'homme que le sentiment religieux, que son dogme, que sa foi intime? C'est la voix de son intelligence, c'est la pensée dans laquelle il résume toutes les autres : mœurs, lois, patrie, tout est pour un peuple dans sa religion; c'est ce qui fait, je crois, que l'Orient se constituera si difficilement en une seule et grande nation ; c'est ce qui fait que l'empire turc s'écroule. Vous n'apercevez de signes d'une existence commune, de symptômes d'une nationalité possible, que dans les parties de l'empire où les tribus d'un même culte sont aglomérées; parmi la race grecque, asiatique, parmi les Arméniens, parmi les Bulgares et parmi les Serviens; partout ailleurs, vous voyez des hommes, mais pas de nation.

FIN DES NOTES SUR L'ÉMIR BESCHIR.

J'ai descendu aujourd'hui les basses pentes du Liban qui inclinent de Deïr-el-Kammar vers la Méditerranée, et je suis venu coucher dans un kan isolé de ces montagnes.

A cinq heures du matin nous montions à cheval dans la cour du palais de l'émir. En sortant de la porte du palais, on commence par descendre dans un sentier taillé dans le roc et qui tourne autour du mamelon de Dptédin. A droite et à gauche de ces sentiers, les coins de terre que soutiennent les terrasses artificielles sont plantés de mûriers, et admirablement cultivés. L'ombre des arbres et des vignes couvre par-tout le sol, et des ruisseaux nombreux, dirigés par les Arabes cultivateurs, viennent du haut de la montagne se diviser en rigoles et arroser le pied des arbres et les jardins. L'ombre gigantesque du palais et des terrasses de Dptédin plane au-dessus de toute cette scène et vous suit jusqu'au pied de ce mamelon où vous recommencez à gravir une autre montagne qui porte la ville de Deïr-el-Kammar sur son sommet. En un quart d'heure de marche nous y fûmes arrivés. Deïr-el-Kammar est la capitale de l'émir Beschir et des Druzes; la ville renferme une population de dix à douze mille ames. Mais, excepté un ancien édifice orné de sculptures moresques et de hauts balcons tout-à-fait semblables aux restes d'un de nos châteaux du moyen âge, Deïr-el-Kammar n'a rien d'une ville, encore moins d'une capitale; cela ressemble parfaitement à une bourgade de Savoie ou d'Auvergne; à un gros village d'une province éloignée en France. Le jour ne faisait que de naître quand nous le traversâmes; les troupeaux de juments et de chameaux sortaient des cours des maisons, et se répandaient sur les places et dans les rues non pavées de la ville; sur une place un peu plus vaste que les autres, quelques tentes noires de zingari étaient dressées; des hommes, des enfants, des femmes, demi-nus ou enveloppés de l'immense couverture de laine blanche qui est leur seul vêtement, étaient accroupis autour d'un feu, et se peignaient les cheveux ou cherchaient les insectes qui les dévoraient. Quelques Arabes au service de l'émir passaient à cheval dans leur magnifique costume, avec des armes superbes à la ceinture et une lance de douze à quinze pieds de long dans la main. Les uns allaient porter à l'émir des nouvelles de l'armée d'Ibrahim; les autres descendaient vers la côte pour transmettre les ordres du prince aux détachements commandés par ses fils et qui sont campés dans la plaine. Rien n'est plus imposant et plus riche que le costume et l'armure de ces guerriers druzes. Leur turban immense et sur lequel serpentent, en rouleaux gracieux, des châles de couleurs éclatantes, projette sur leur visage bruni et sur leurs yeux noirs une ombre qui ajoute encore à la majesté et à la sauvage énergie de leurs physionomies; de longues moustaches couvrent leurs lèvres et retombent des deux côtés de la bouche; une espèce de tunique courte et de couleur rouge est un vêtement uniforme pour tous les Druzes et pour tous les montagnards : cette tunique est, selon l'importance et la richesse de celui qui la porte, tissue en coton et or, ou seulement en coton et soie, et des dessins élégants où la diversité des couleurs contraste avec l'or ou l'argent du tissu brillent sur la poitrine ou sur le dos. D'immenses pantalons à mille plis couvrent les jambes; les pieds sont chaussés de bottines de maroquin rouge et de pantoufles de maroquin jaune par-dessus la bottine; des vestes fourrées, à manches pendantes, sont jetées sur les épaules. Une ceinture de soie ou de maroquin, semblable à celle des Albanais, entoure le corps de ses plis nombreux et sert au cavalier à porter ses armes. On voit toujours les poignées de deux ou trois kangiars ou yatagans, poignards et sabres courts des Orientaux, sortir de cette ceinture et briller sur la poitrine; ordinairement les talons de deux ou trois pistolets incrustés d'argent ou d'or complètent cet arsenal portatif. Les Arabes ont tous en outre une lance dont le manche est d'un bois mince, souple et dur, semblable à un long roseau. Cette lance, leur arme principale, est décorée de houpes flottantes et de cordons de soie; ils la tiennent ordinairement dans la main droite, le fer vers le ciel et la tige touchant presqu'à terre; mais quand ils lancent leurs chevaux au galop, ils la brandissent horizontalement au-dessus de leur tête, et dans leurs jeux militaires ils la lancent à une distance énorme, et vont la ramasser en se penchant jusqu'à terre. Avant de la lancer, ils lui impriment long-temps un mouvement d'oscillation qui ajoute ensuite beaucoup à la force du jet, et la fait porter jusqu'à un but qu'ils désignent. Nous rencontrâmes un assez grand nombre de ces cavaliers dans la journée. L'émir Beschir nous en avait donné lui-même quelques uns pour nous guider et nous faire honneur; tous nous saluèrent avec une extrême politesse, et arrêtèrent leurs chevaux pour nous laisser le sentier.

Environ à deux milles de Deïr-el-Kammar, on a une des plus belles vues du Liban que l'on puisse imaginer. D'un côté ses gorges profondes où l'on va descendre, s'ouvrent tout-à-coup sous vos pas. De l'autre, le château de Dptédin pyramide au sommet de son mamelon revêtu de verdure et sillonné d'eaux écumantes; et devant vous les montagnes qui s'abaissent graduellement jusqu'à la mer, les unes noires, les autres frappées par la lumière, se déroulent comme une cataracte de collines et vont cacher leurs pieds soit dans des lisières verdoyantes de bois d'oliviers dans les plaines de Sidon, soit dans des falaises d'un sable couleur de brique, le long des rivages de Bayruth. Çà et là, la couleur des flancs de ces montagnes et les lignes variées de leur immense horizon descendant, sont tranchées et coupées par des cimes de cèdres, de sapins ou de pins à larges têtes; et de nombreux villages brillent à leurs bases ou sur leurs sommets. La mer termine cet horizon; on suit de l'œil, comme sur une carte immense ou sur un plan en relief, les découpures, les échancrures, les ondulations des côtes, des caps, des promontoires, des golfes de son littoral, depuis le Carmel jusqu'au cap Batroun, dans une étendue de cinquante lieues. L'air est si pur que l'on s'imagine toucher, en quelques heures de descente, à des points où l'on n'arriverait pas en trois ou quatre jours de marche. A ces distances, la mer se confond, au premier regard, tellement avec le firmament qui touche à l'horizon, qu'on ne peut distinguer d'abord les deux éléments, et que la terre semble nager dans un immense et double océan. Ce n'est qu'en fixant avec plus d'attention les regards sur la mer et en voyant briller les petites voiles blanches sur sa couche bleue, que l'on peut se rendre raison de ce qu'on voit. Une brume légère et plus ou moins dorée flotte à l'extrémité des flots et sépare le ciel et l'eau. Par moments, de légers brouillards, soulevés des flancs des montagnes par les brises du matin, se détachaient comme des plumes blanches qu'un oiseau aurait livrées au vent, et étaient emportés sur la mer, ou s'évaporaient dans les rayons du soleil qui commençait à nous brûler. Nous quittâmes à regret cette magnifique scène, et nous commençâmes à descendre par un sentier tel que je n'en ai jamais vu de plus périlleux dans les Alpes. La pente est à pic, le sentier n'a pas deux pieds de largeur; des précipices sans fond le bordent d'un côté, des murs de rochers de l'autre; le lit du sentier est pavé de roches roulantes, ou de pierres tellement polies par les eaux et par le fer des chevaux et le pied des chameaux, que ces animaux sont obligés de chercher avec soin une place où poser leurs pieds : comme ils le placent toujours au même endroit, ils ont fini par creuser dans la pierre des cavités où leur sabot s'emboîte à quelques pouces de profondeur, et ce n'est que grace à ces cavités, qui offrent un point de résistance au fer du cheval, que cet animal peut se soutenir. De temps en temps on trouve des degrés taillés aussi dans le roc à deux pieds de hauteur, ou des blocs de granit arrondis qui seraient infranchissables et qu'il faut contourner dans des interstices à peine aussi larges que les jambes de sa monture : tels sont presque tous les chemins dans cette partie du Liban. De temps en temps les flancs des montagnes s'écartent ou s'aplatissent, et l'on marche plus à l'aise sur des couches de poussière jaune, de grès ou de terre végétale. On ne peut concevoir comment un pareil pays est peuplé d'un si grand nombre de beaux chevaux et comment l'usage en est habituel. Aucun Arabe, quelque inaccessible que soit son village ou sa maison, n'en sort qu'à cheval, et nous les voyions descendre ou monter insouciants, et la pipe à la bouche, par des escarpements que les chevreuils de nos montagnes auraient peine à gravir.

Après une heure et demie de descente, nous commençâmes à entrevoir le fond de la gorge que nous avions à traverser et à suivre. Un fleuve retentissait dans ses profondeurs encore voilées par le brouillard de ses eaux et par les têtes de noyers, de caroubiers, de platanes et de peupliers de Perse, qui croissaient sur les dernières pentes du ravin. De belles fontaines sortaient à droite de la route des grottes de rochers tapissés de mille plantes grimpantes inconnues, ou du sein des pelouses gazonnées et semées de fleurs d'automne. Bientôt nous aperçûmes une maison, entre les arbres, au bord du fleuve; et nous traversâmes à gué ce fleuve ou ce torrent. Là nous nous arrêtâmes pour faire reposer nos chevaux et pour jouir un moment nous-mêmes d'un des sites les plus extraordinaires que nous ayons rencontrés dans notre course.

La gorge au fond de laquelle nous étions descendus, était remplie toute entière par les eaux du fleuve, qui bouillonnaient autour de quelques masses de rochers écroulés dans son lit. Çà et là, quelques îles de terre végétale donnaient pied à des peupliers gigantesques qui s'élevaient à une prodigieuse hauteur, et jetaient leur ombre pyramidale contre les flancs de la montagne où nous étions assis. Les eaux du fleuve s'encaissaient à gauche entre deux parois de granit qu'elles semblaient avoir fendues pour s'y engouffrer; ces parois s'élevaient à quatre ou cinq cents pieds et, se rapprochant à leur extrémité supérieure, semblaient une arcade immense que le temps aurait fait écrouler sur elle-même. Là, des cimes de pins d'Italie étaient jetées comme des bouquets de giroflée sur les ruines des vieux murs et se détachaient en vert sombre sur le bleu vif et cru du ciel. A droite la gorge serpentait pendant un quart de mille entre des rives moins étroites et moins escarpées; les eaux du fleuve s'étendaient en liberté, embrassant une multitude de petites îles ou de promontoires verdoyants; toutes ces îles, toutes ces langues de terre étaient couvertes de la plus riche et de la plus gracieuse végétation. C'était la première fois que je revoyais le peuplier, depuis les bords du Rhône et de la Saône. Il jetait son voile pâle et mobile sur toute cette vallée du fleuve; mais comme il n'est pas ébranché ni planté par la main de l'homme, il y croît par groupes et y étend ses rameaux en liberté avec bien plus de majesté, de diversité de formes et de grâce que dans nos contrées. Entre les groupes de ces arbres et quelques autres groupes de jonc et de grands roseaux qui couvraient aussi les îles, nous apercevions les arches brisées d'un vieux pont bâti par les

anciens émirs du Liban et tombé depuis des siècles.
Au-delà des arches de ce pont en ruine, la gorge
s'ouvrait en entier sur une immense scène intérieure
de vallées, de plaines et de collines semées de villages habités par les Druzes, et tout était enveloppé,
comme un amphithéâtre, par une chaîne circulaire
de hautes montagnes : ces collines étaient presque
toutes vertes, et toutes vêtues de forêts de pins. Les
villages, suspendus les uns au-dessus des autres, semblaient se toucher à l'œil; mais quand nous en eûmes traversé quelques uns, nous reconnûmes que la
distance était considérable de l'un à l'autre, par la
difficulté des sentiers et par la nécessité de descendre et de remonter les ravins profonds qui les séparent. Il y a tel de ces villages d'où l'on peut facilement entendre la voix d'un homme qui parle dans
un autre village, et il faut cependant une heure pour
aller de l'un à l'autre. Ce qui ajoutait à l'effet de ce
beau paysage, c'était deux vastes monastères plantés,
comme des forteresses, au sommet de deux collines
derrière le fleuve, et qui ressemblaient eux-mêmes à
deux blocs de granit noirci par le temps : l'un est
habité par des Maronites qui se consacrent à l'ins-
truction des jeunes Arabes destinés au sacerdoce.
L'autre était désert, il avait appartenu jadis à la con-
grégation des Lazaristes du Liban; il servait maintenant d'asile et de refuge à deux jeunes jésuites envoyés là par leur ordre, sur la demande de l'évêque
maronite, pour donner des réglements et des modè-
les aux maîtres arabes; ils vivent là dans une complète solitude, dans la pauvreté et dans une sainteté
exemplaire. (Je les ai connus plus tard.) L'un apprend l'arabe et cherche inutilement à convertir

quelques Druzes des villages voisins : c'est un homme de beaucoup d'esprit et de lumières ; l'autre s'occupe de médecine, et parcourt le pays en distribuant des médicaments gratuits ; tous deux sont aimés et respectés par les Druzes et même par les Métualis. Mais ils ne peuvent espérer aucun fruit de leur séjour en Syrie. Le clergé maronite est très attaché à l'église romaine ; cependant ce clergé a ses traditions, son indépendance, sa discipline à lui, qu'il ne laisserait pas envahir par l'esprit des jésuites ; il est la véritable autorité spirituelle, le gouverneur des esprits dans tout le Liban ; il aurait bien vite des rivaux dans des corporations européennes agissantes et remuantes, et cette rivalité l'inquiéterait avec raison.

Après nous être reposés une demi-heure dans ce site enchanté, nous remontâmes à cheval, et nous commençâmes à gravir la côte escarpée qui se dressait devant nous. Le sentier devenait de plus en plus rude en s'élevant sur la dernière chaîne du Liban qui nous séparait des côtes de Syrie. Mais à mesure que nous nous élevions, l'aspect du bassin immense que nous laissions à notre droite, devenait plus imposant et plus vaste.

Le fleuve que nous avions quitté à la halte serpentait au milieu de cette plaine légèrement ondulée de collines, et quelquefois s'étendait en flaques d'eau bleue et brillante comme les lacs de Suisse. Les collines noires, couronnées à leur sommet de bouquets de pins, interrompaient à chaque instant son cours, et le divisaient à nos yeux en mille tronçons lumineux. De degré en degré, des collines partant de la plaine, s'élevaient, s'accumulaient, s'appuyaient les unes contre les autres, toutes couvertes de bruyères en fleurs, et portant çà et là, à de grands intervalles, des arbres à large tête, qui jetaient des taches sombres sur leurs flancs. De grands bois de cèdres et de sapins descendaient plus haut des cimes élevées, et venaient mourir par bouquets et par clairières autour de nombreux villages druzes dont nous voyions surgir les terrasses, les balcons, les fenêtres en ogive, du sein de la verdure des sapins. Les habitants, couverts de leur beau manteau écarlate, et le front ceint de leur turban à larges plis rouges, montaient sur leurs terrasses pour nous voir passer, et ajoutaient eux-mêmes, par l'éclat de leur costume et par la majesté de leurs attitudes, à l'effet grandiose, étrange, pittoresque, du paysage. Par-tout de belles fontaines turques coulaient à l'entrée ou à la sortie de ces villages. Les femmes et les filles qui venaient chercher de l'eau dans leurs cruches longues et étroites, étaient groupées autour des bassins, et écartaient un coin de leur voile pour nous entrevoir. La population nous a paru superbe. Hommes, femmes, enfants, tout a la couleur de la force et de la santé. Les femmes sont très belles. Les traits du visage portaient en général l'empreinte de la fierté et de la noblesse sans expression de férocité.

Nous fûmes salués par-tout avec politesse et grace. On nous offrit l'hospitalité dans tous ces hameaux. Nous ne l'acceptâmes nulle part, et nous continuâmes à gravir, pendant environ trois heures, des pentes escarpées sous des bois de sapins. Nous touchâmes enfin à la dernière crête blanche et nue des montagnes, et l'immense horizon de la côte de Syrie se déroula d'un seul regard devant nous. C'était un aspect tout différent de celui que nous avions sous les yeux depuis quelques jours : c'était l'horizon de Naples, vu du sommet du Vésuve, ou des hauteurs de Castellamare. L'immense mer était à nos pieds, sans limites, ou seulement avec quelques nuages amoncelés à l'extrémité de ses vagues. Sous ces nuages on aurait pu croire que l'on apercevait une terre, la terre de Cypre, qui est à trente lieues en mer, le mont Carmel à gauche, et à perte de vue, sur la droite, la chaîne interminable des côtes de Bayruth, de Tripoli de Syrie, de Latakié, d'Alexandrette ; enfin, confusément et sous les brumes dorées du soir, quelques aiguilles resplendissantes des montagnes du Taurus ; mais ce pouvait être une illusion, car la distance est énorme. Immédiatement sous nos pieds la descente commençait ; et après avoir glissé sur les rochers et les bruyères séches de la cime où nous étions placés, elle s'adoucissait un peu et se déroulait de sommets en sommets, d'abord par des têtes grises de collines rocailleuses, ensuite sur les têtes vert-sombre des pins, des cédres, des caroubiers, des chênes verts ; puis sur des pentes plus douces, sur la verdure plus pâle et plus jaune des platanes et des sycomores : enfin, venaient des collines grises, toutes veloutées de la feuille des bois d'oliviers. Tout allait s'éteindre et mourir dans l'étroite plaine qui sépare le Liban de la mer. Là, sur les caps, on voyait de vieilles tours moresques qui gardent le rivage ; au fond des golfes, des villes ou de gros villages avec leurs murs brillant au soleil, et leurs anses creusées entre les sables, et leurs barques échouées sur les bords, ou leurs voiles sortant des ports ou y rentrant. Saïde et Bayruth sur-tout, entourées de leurs riches plaines d'oliviers, de citronniers, de mûriers, avec leurs minarets, leurs dômes de mosquées, leurs châteaux et leurs murs crénelés, sortaient de cet océan de couleurs et de lignes, et arrêtaient les regards sur deux points avancés dans les flots. Au-delà de la plaine de Bayruth, le grand Liban, interrompu par le cours du fleuve, recommençait à s'élever, d'abord jaune et doré comme les colonnes de Pæstum; ensuite gris, sombre, terne; puis vert et noir dans la région des forêts : enfin, dressant ses aiguilles de neige, qui semblaient se fondre dans la transparence du ciel, et où les blancs rayons du jour dormaient dans une éternelle sérénité, sur des couches d'éternelle blancheur. Naples ni Sorrente, Rome ni Albano n'ont un pareil horizon.

Après avoir descendu environ deux heures, nous trouvâmes un kan isolé sous de magnifiques platanes, au bord d'une fontaine. Il faut décrire une fois pour toutes ce qu'on appelle un kan dans la Syrie et en général dans toutes les contrées de l'Orient : c'est une cabane dont les murs sont de pierres mal jointes, sans ciment, et laissant passer le vent ou la pluie : ces pierres sont généralement noircies par la fumée du foyer, qui filtre continuellement à travers leurs interstices. Les murs ont à-peu-près sept à huit pieds de haut; ils sont recouverts de quelques pièces de bois brut avec l'écorce et les principaux rameaux de l'arbre ; le tout est ombragé de fagots desséchés qui servent de toit; l'intérieur n'est pas pavé, et, selon la saison, c'est un lit de poussière ou de boue. Un ou deux poteaux servent d'appui au toit de feuilles, et on y suspend le mantean ou les armes du voyageur. Dans un coin est un petit foyer exhaussé sur quelques pierres brutes ; sur ce foyer brûle sans cesse un feu de charbon, et une ou deux cafetières de cuivre, toujours pleines du café épais et farineux, rafraîchissement habituel et besoin unique des Turcs et des Arabes. Il y a ordinairement deux chambres semblables à celle que je viens de décrire. Un ou deux Arabes sont autorisés, au prix d'une redevance qu'ils paient au pacha, à faire les honneurs de cette hospitalité et à vendre le café et les galettes de farine d'orge aux caravanes. Quand le voyageur arrive à la porte de ces kans, il descend de chameau ou de cheval, il fait détacher les nattes de paille et les tapis de Damas qui doivent lui servir de couche : on les étend dans un coin de la maison enfumée : il s'y assied, demande le café, fait allumer sa pipe ou son narguilé, et il attend que ses esclaves aient rassemblé un peu de bois sec pour lui préparer son repas. Ce repas consiste ordinairement en deux ou trois galettes à peine cuites sur un caillou chauffé, et en quelques morceaux de mouton haché que l'on fait cuire dans une marmite de cuivre avec du riz. Le plus souvent on ne trouve ni riz ni mouton à acheter dans le kan, et l'on se contente des galettes et de l'eau excellente et fraîche qui ne manque jamais dans le voisinage des kans. Les domestiques, les esclaves, les moukres (conducteurs des chameaux) et les chevaux restent en plein air autour du kan. Il y a ordinairement dans le voisinage quelque arbre renommé et séculaire qui sert de loin de point de reconnaissance à la caravane ; c'est le plus souvent un immense figuier-sycomore, arbre que je n'ai jamais vu en Europe ; il est de la taille des plus gros

chênes; il atteint des années plus longues encore;
son tronc a quelquefois jusqu'à trente ou quarante
pieds de tour, souvent beaucoup plus; ses rameaux,
qui commencent à s'ouvrir à quinze ou vingt pieds
de terre, s'étendent horizontalement, d'abord à une
immense portée, puis les rameaux supérieurs se
groupent en cônes moins élargis, et présentent de
loin la forme de nos hêtres. L'ombre de ces arbres,
que la Providence semble avoir jetés çà et là comme
un nuage hospitalier sur le sol brûlant du désert,
s'étend à une grande distance du tronc, et il n'est
pas rare de voir une soixantaine de chameaux, de
chevaux et autant d'Arabes campés pendant la chaleur du jour sous l'abri d'un seul de ces arbres. Mais
ici, comme en tout, on retrouve avec douleur cette
incurie des Orientaux et de leur gouvernement. Ces
platanes, qui devraient être conservés avec soin,
comme des hôtelleries naturelles, pour les nécessi-
tés des caravanes, sont abandonnés à la stupide
imprévoyance de ceux qu'ils abritent; les Arabes
allument leur feu au pied du sycomore, et la plupart
de ces beaux arbres ont le tronc tout noirci et tout
creusé par la flamme de ces foyers. Notre petite caravane s'établit sous un de ces majestueux sycomores, et nous passâmes la nuit enveloppés dans
nos manteaux et couchés sur une natte de paille
dans un coin du kan.

4 OCTOBRE 1832.

Nous sommes repartis ce matin du kan, et, après quelques heures de marche sur des escarpements rapides du Liban, nous sommes arrivés aux beaux villages qui sont à mi-côte. Là, toute l'aspérité des montagnes disparaît, et on marche pendant deux heures au milieu des coteaux les plus riants et les mieux cultivés que l'on puisse se figurer. Cela ressemble à la Toscane. Les murs d'appui soutiennent par-tout des terrasses de terre où les vignes et les arbres s'entrelacent, ombrageant, sans les empêcher de fleurir, des récoltes de tout genre. Des villages, où tout annonce l'ordre, la paix, le travail, la richesse, sont épars sur ces collines; les maisons, ou plutôt les châteaux des scheiks, les dominent comme nos châteaux gothiques dominaient jadis nos bourgades. D'immenses couvents de moines maronites occupent les sommets des mamelons comme des forteresses. On voit entrer et sortir les moines qui conduisent la charrue dans les champs, ou qui vont ramasser la feuille des mûriers. Les Arabes, sans distinction de sexe, travaillent paisiblement dans les enclos, et nous regardent passer en souriant de nos costumes européens. Le scheik et ses principaux serviteurs sont ordinairement assis sur un tapis à la porte de son château ou sous un grand sycomore au milieu du chemin; il fume, et nous fait un salut en portant la main sur son cœur, et en nous disant : *Sala el kaer !* Que le jour soit béni pour vous, voyageurs !

Nous touchons enfin à la plaine, que nous traversons sous une voûte de verdure formée par les longs roseaux, les palmiers, les figuiers, les vignes et les mûriers. De temps en temps, une maison isolée de cultivateur arabe ou grec-syrien sort de cette forêt de feuillages ; les enfants jouent avec les moutons de Syrie à large queue sur le devant de la porte ; de belles jeunes filles, le visage découvert, portent les cruches d'eau sur leurs têtes, et le père et la mere travaillent, au pied des mûriers, à ces belles étoffes de soie de mille couleurs, dont ils attachent les fils d'un arbre à l'autre et qu'ils tissent en marchant à leur ombre. L'Écosse, la Saxe, la Savoie, la Suisse, ne présentent pas au voyageur plus de scènes de vie, de bonheur et de paix, que le pied de ces montagnes du Liban où l'on ne s'attend à trouver que des barbares.

5 OCTOBRE 1832

J'ai retrouvé ma femme et mon enfant, en bonne santé et occupées à embellir et à orner notre séjour d'hiver. J'ai passé quelques jours avec elles avant de partir pour la Palestine et l'Égypte. Ibrahim-Pacha a remporté une victoire décisive à Homs, il s'avance vers la Caramanie, et passera le Taurus en refoulant les Turcs. Il n'y a plus d'inquiétude sur la tranquillité et la sûreté de ce pays ci. Je voyagerai l'esprit en repos sur ce que j'ai de plus cher dans la vie. Nos nouveaux amis de Bayruth, MM. Bianco, Jorelle, Faren, Laurella, Abost, pourvoiront, en mon absence, à toutes les éventualités qui pourraient survenir. Je vais organiser définitivement ma caravane et partir aussitôt que la première pluie aura abaissé la chaleur de trente degrés qui règne encore sur la côte de Syrie.

FIN DU TOME PREMIER.